2024 Fuzhou Statistical Yearbook

福州统计年鉴

福州市统计局
国家统计局福州调查队 编

中国统计出版社
China Statistics Press

图书在版编目（CIP）数据

福州统计年鉴. 2024 = Fuzhou Statistical Yearbook 2024 / 福州市统计局，国家统计局福州调查队编. -- 北京 : 中国统计出版社，2024. 12. -- ISBN 978-7-5230-0672-6

Ⅰ. C832.571-54

中国国家版本馆 CIP 数据核字第 2024CK1852 号

福州统计年鉴 2024

作　　者/ 福州市统计局　国家统计局福州调查队
责任编辑/ 钟钰
装帧设计/ 潘弘昊、徐梦瑶
出版发行/ 中国统计出版社有限公司
地　　址/ 北京市丰台区西三环南路甲 6 号
邮政编码/ 100073
电　　话/ 邮购（010）63376909　书店（010）68783171
网　　址/ http://www.zgtjcbs.com
印　　刷/ 福建东南彩色印刷有限公司
经　　销/ 新华书店
开　　本/ 890mm×1240mm　1/16
字　　数/ 702.27 千字
印　　张/ 21 彩页 1
版　　别/ 2024 年 12 月第 1 版
版　　次/ 2024 年 12 月第 1 次印刷
定　　价/ 300.00 元

本书附同版本 CD-ROM 一张，光盘内容以书面文字为准。
如有印装差错，由本社发行部调换。

《福州统计年鉴 2024》
编委会和编辑人员

编 委 会

编 辑 部

编 者 说 明

一、《福州统计年鉴 2024》是一部全面反映福州市国民经济和社会发展情况的资料性年刊。全书收录了 2023 年福州市及所辖各县（市）区、各部门经济和社会发展等方面的统计数据，以及历史重要年份福州市国民经济主要指标的统计数据。

二、全书内容分为 16 个篇目：（一）综合；（二）国民经济核算；（三）人口；（四）就业与职工工资；（五）农林牧渔业；（六）工业与交通；（七）建筑业；（八）批发零售、住宿餐饮与旅游业；（九）对外经济；（十）价格指数；（十一）财政金融；（十二）人民生活；（十三）科技、教育与文化；（十四）卫生、体育与其他；（十五）城市比较；（十六）附录。在城市比较部分，收集了福建省各设区市、全国省会城市及副省级城市主要经济指标对比资料，各篇末均附有《主要统计指标解释》。

三、本年鉴重要统计数据的资料来源、计算口径等均在各篇另有注明。

四、本年鉴使用的度量衡单位均采用国家统一标准计量单位。

五、本年鉴表中的符号使用如下：

“空格”表示该项指标无数据、未掌握该指标数据或不足小数位的数据；“#”表示其中项。

六、本年鉴“规模以上”工业企业系指年主营业务收入 2000 万及以上的工业企业；“限额以上”批发零售和住宿餐饮业分别指年主营业务收入 2000 万元及以上的批发企业、年主营业务收入 500 万元及以上的零售企业和主营业务收入 200 万元及以上的住宿餐饮企业。

七、本年鉴中地区生产总值、农林牧渔业总产值、工业总产值等总量指标按当年价格计算，增长速度和产值指数按可比价格计算。

八、本年鉴根据年报制度的变化对某些篇章的统计指标进行了规范和调整。

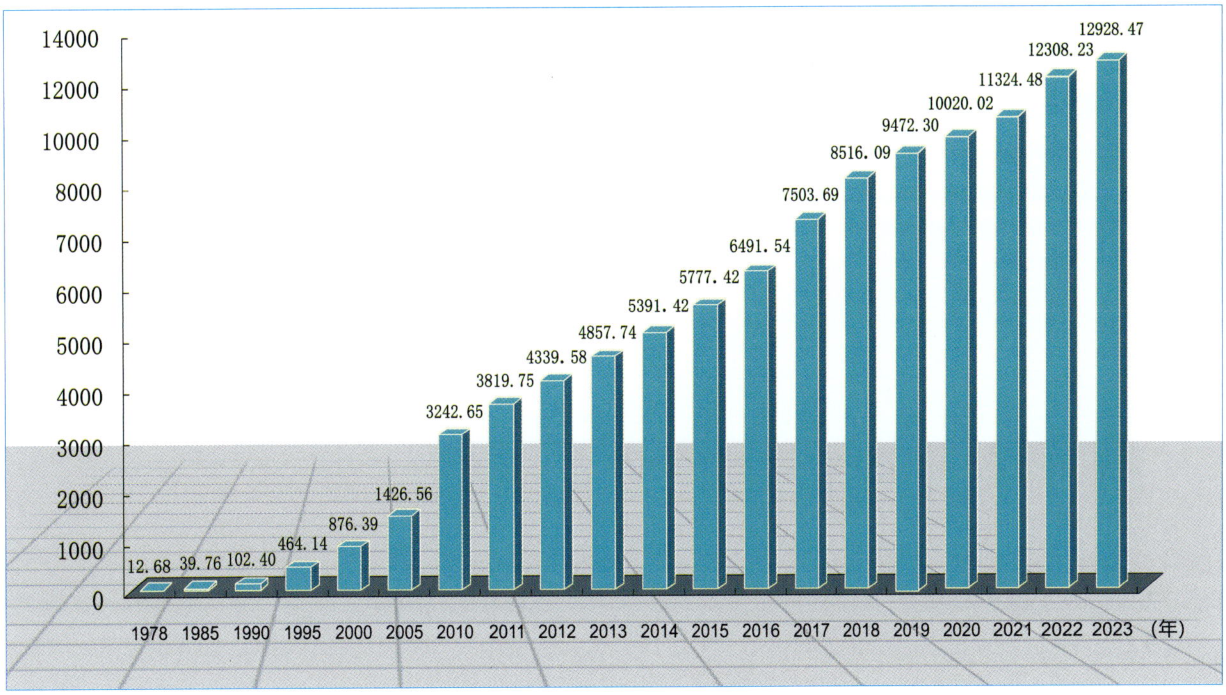

生产总值（亿元）

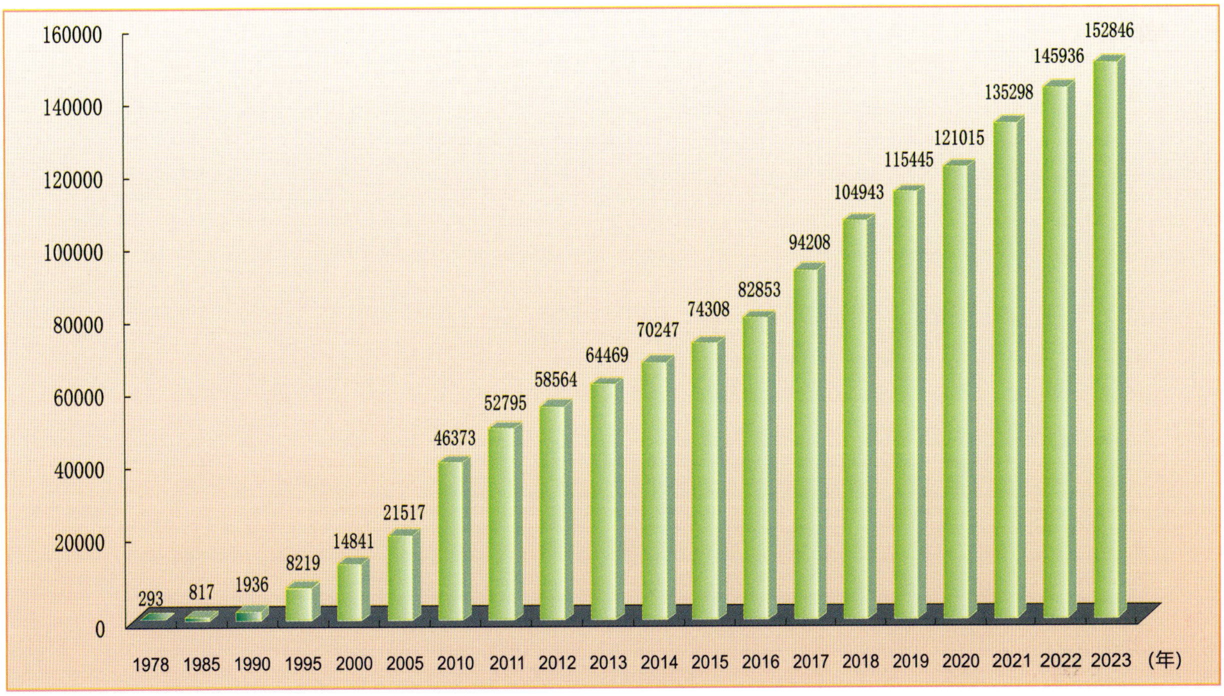

人均生产总值（元）

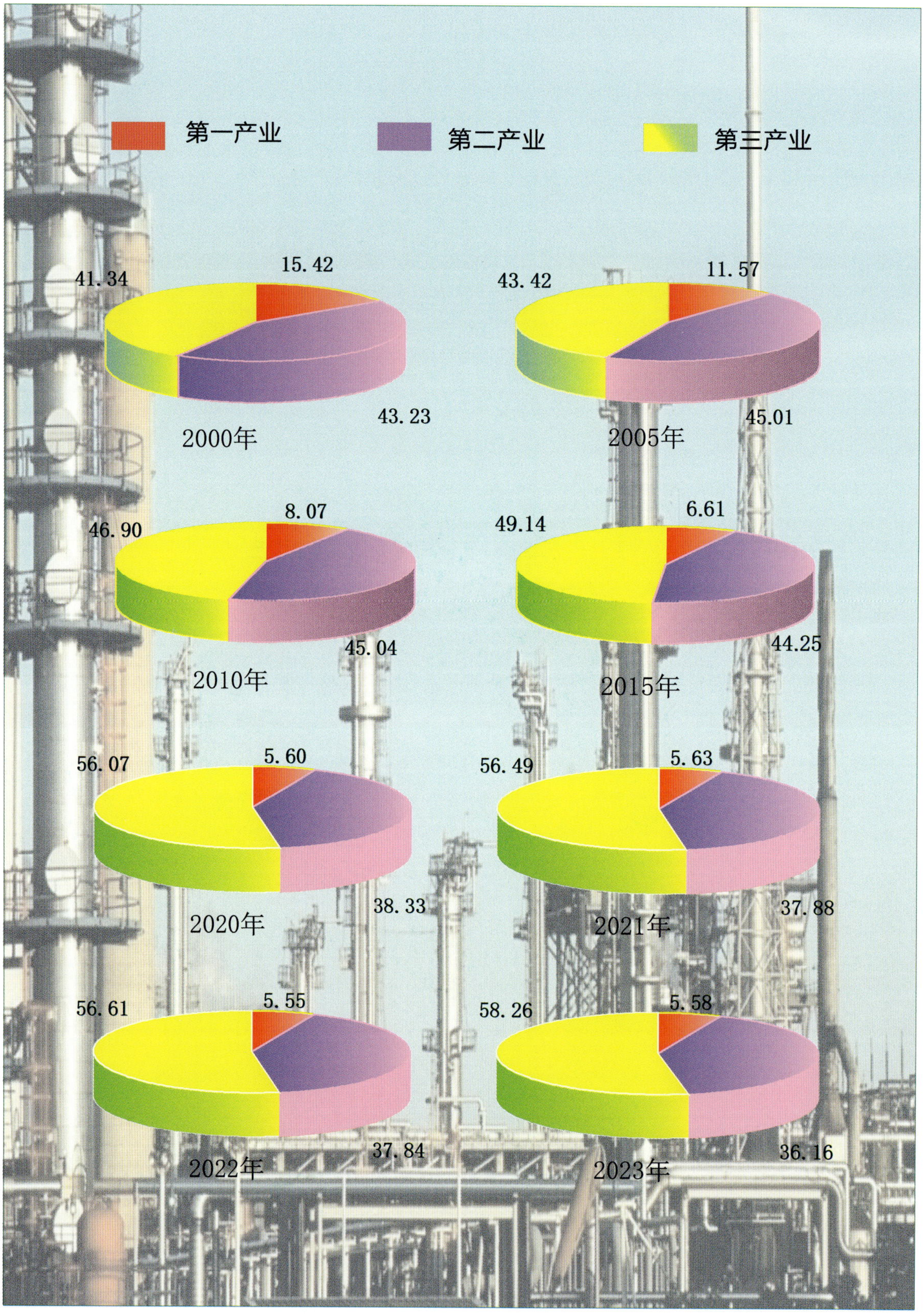
第一产业
第二产业
第三产业
41.34
15.42
43.23
2000年
43.42
11.57
45.01
2005年
46.90
8.07
45.04
2010年
49.14
6.61
44.25
2015年
56.07
5.60
38.33
2020年
56.49
5.63
37.88
2021年
56.61
5.55
37.84
2022年
58.26
5.58
36.16
2023年

三次产业比例（%）

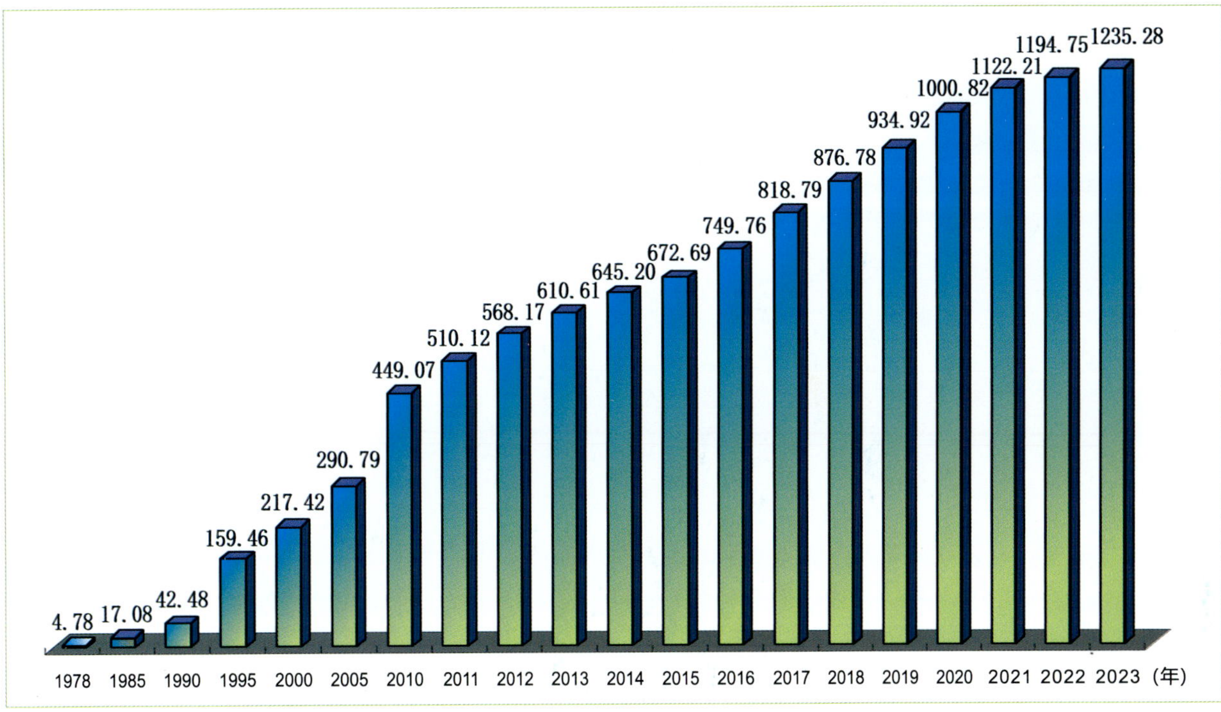

农林牧渔业总产值（亿元）

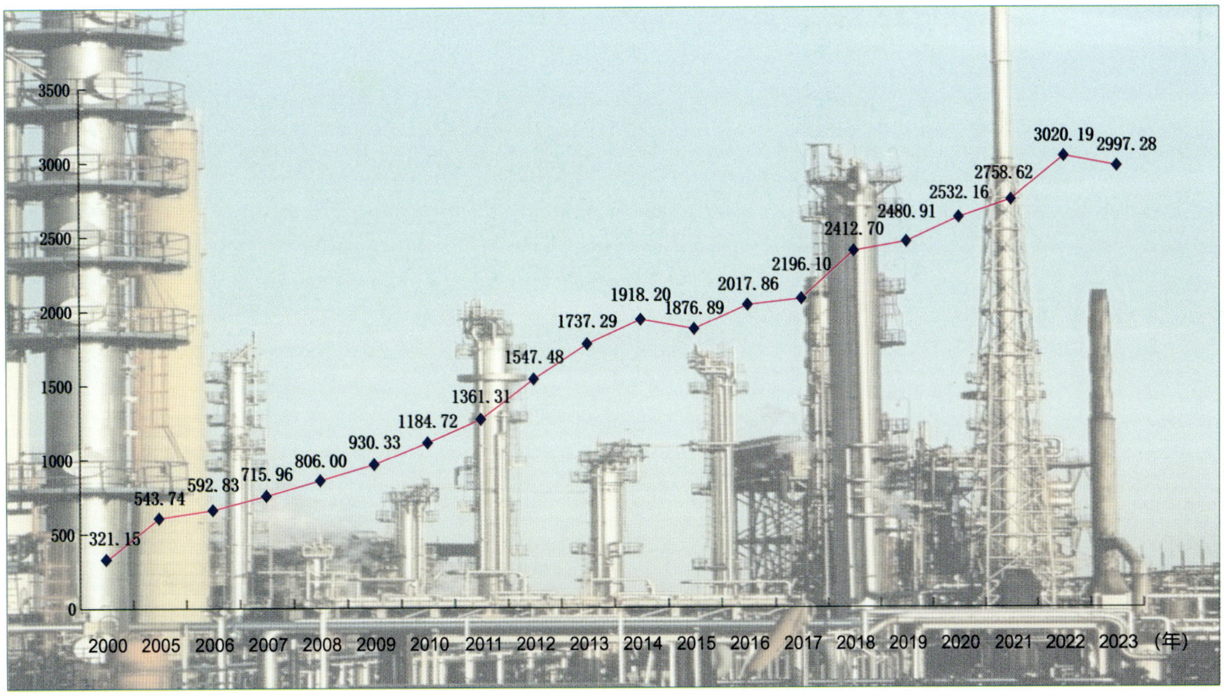

工业增加值（亿元）

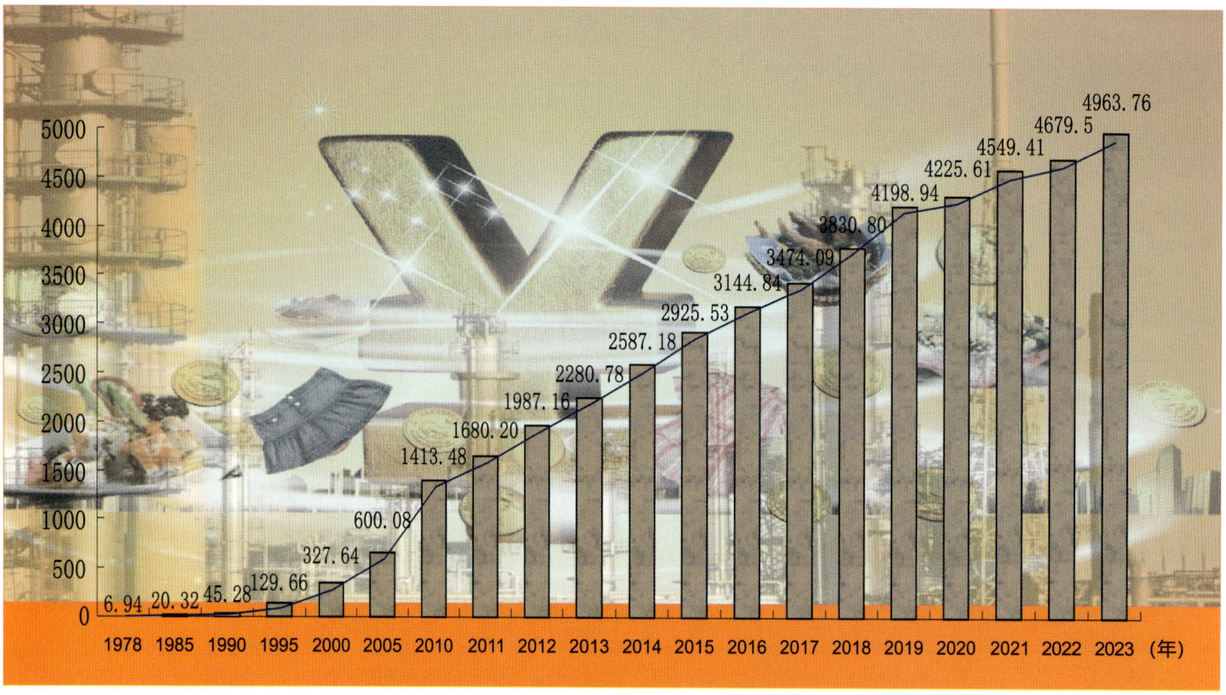

社会消费品零售总额（亿元）

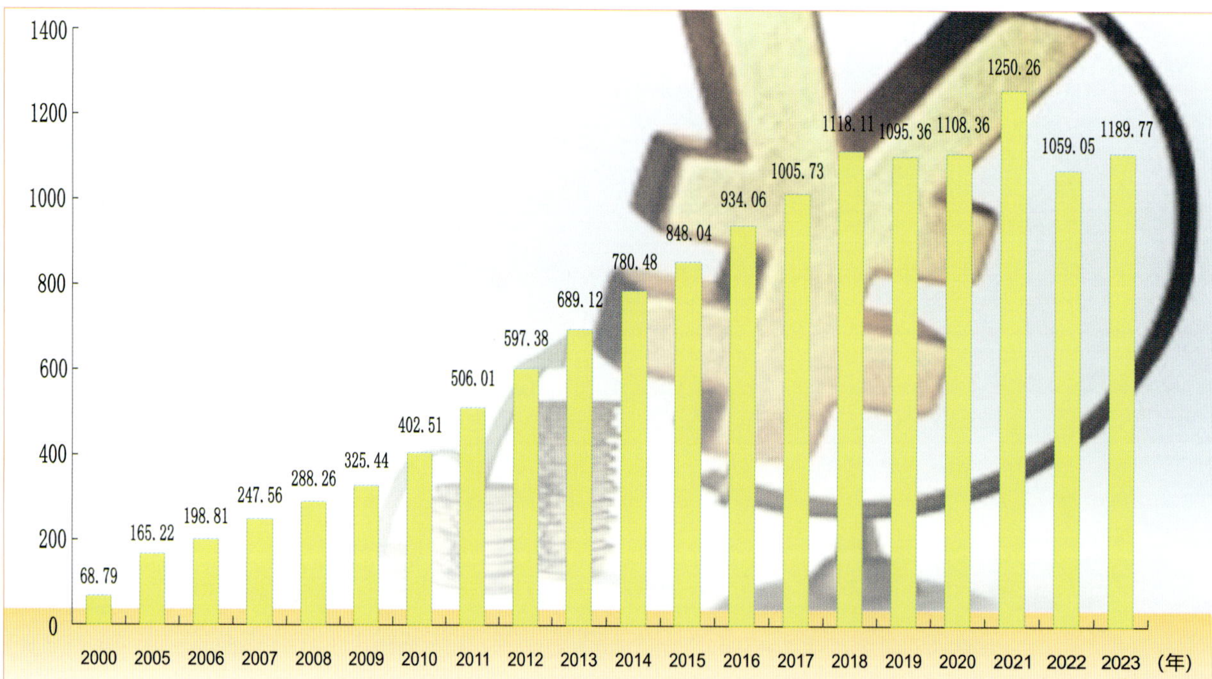

一般公共预算总收入（亿元）

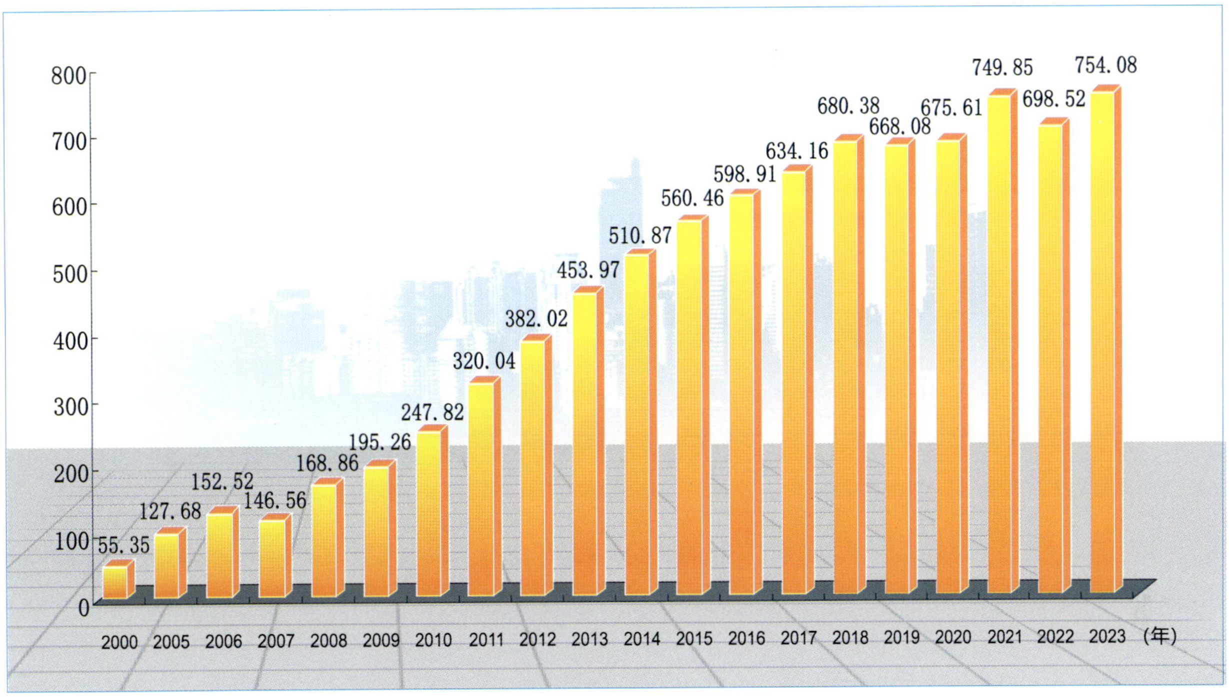

一般公共预算收入（亿元）

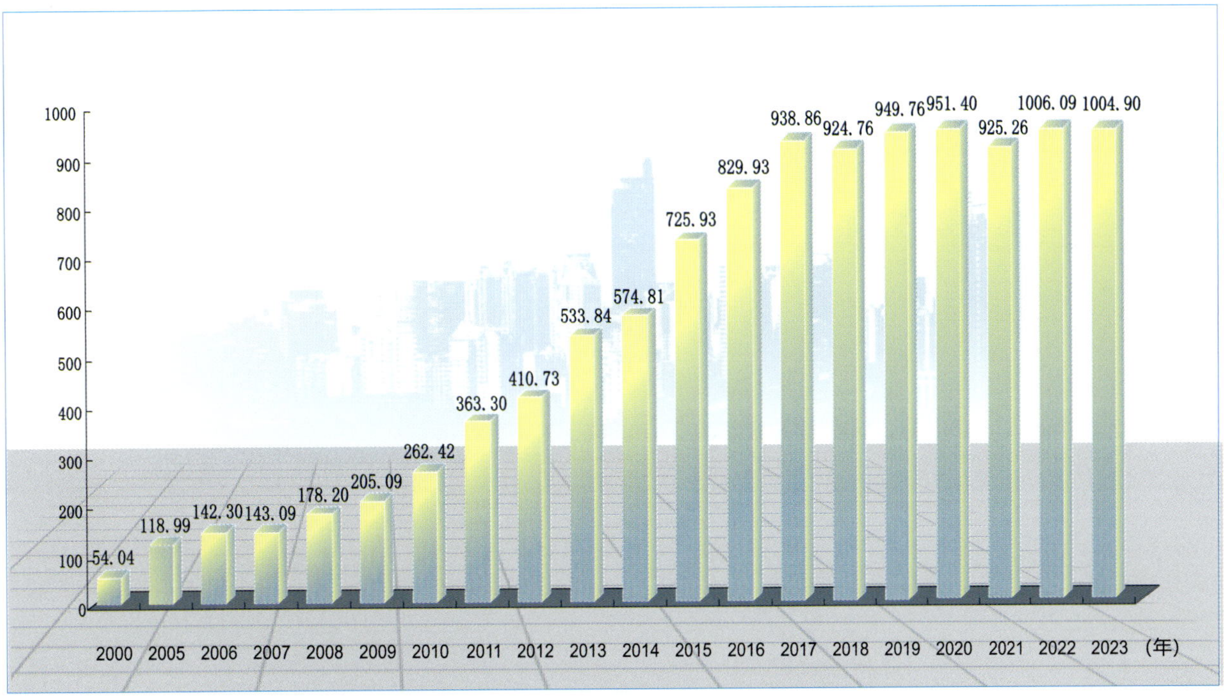

一般公共预算支出（亿元）

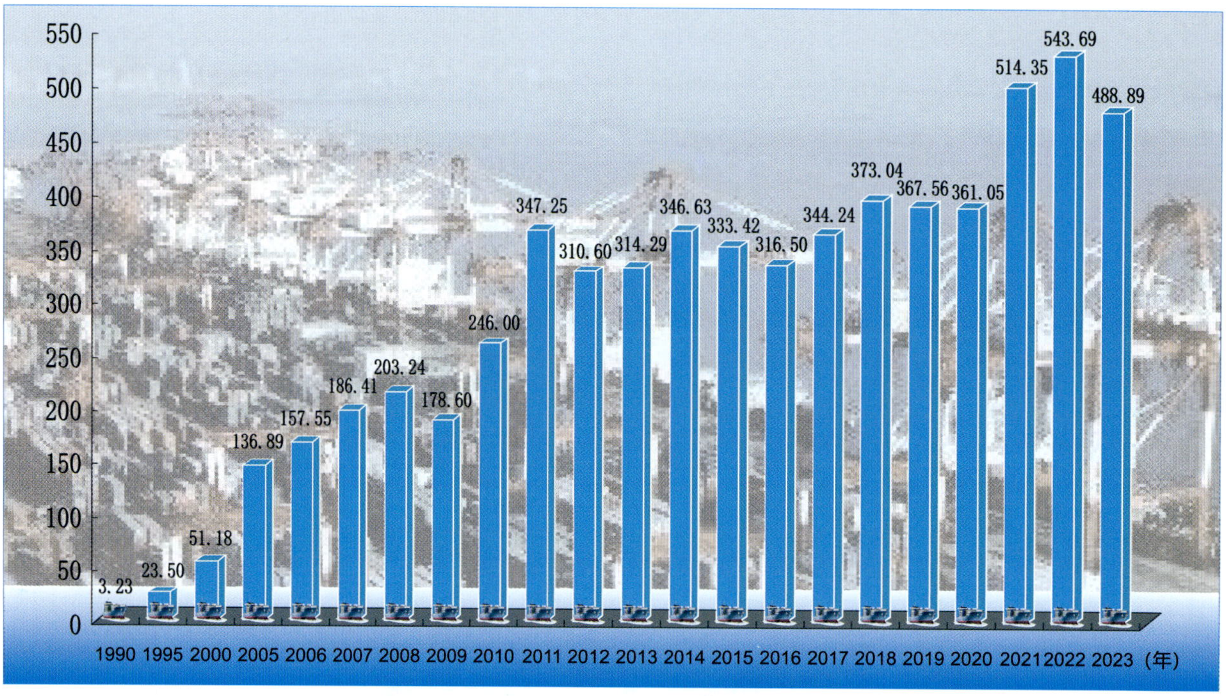

进出口总值（亿美元）

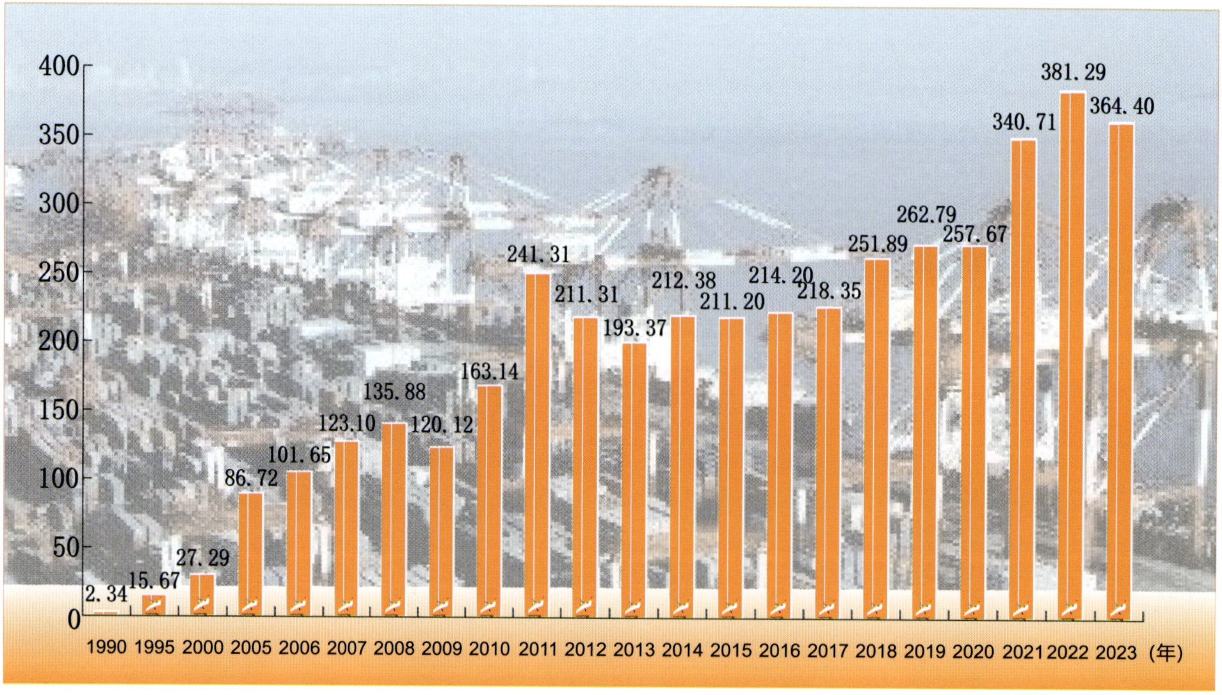

出口总值（亿美元）

实际利用外资（验资口径，万美元、万元）

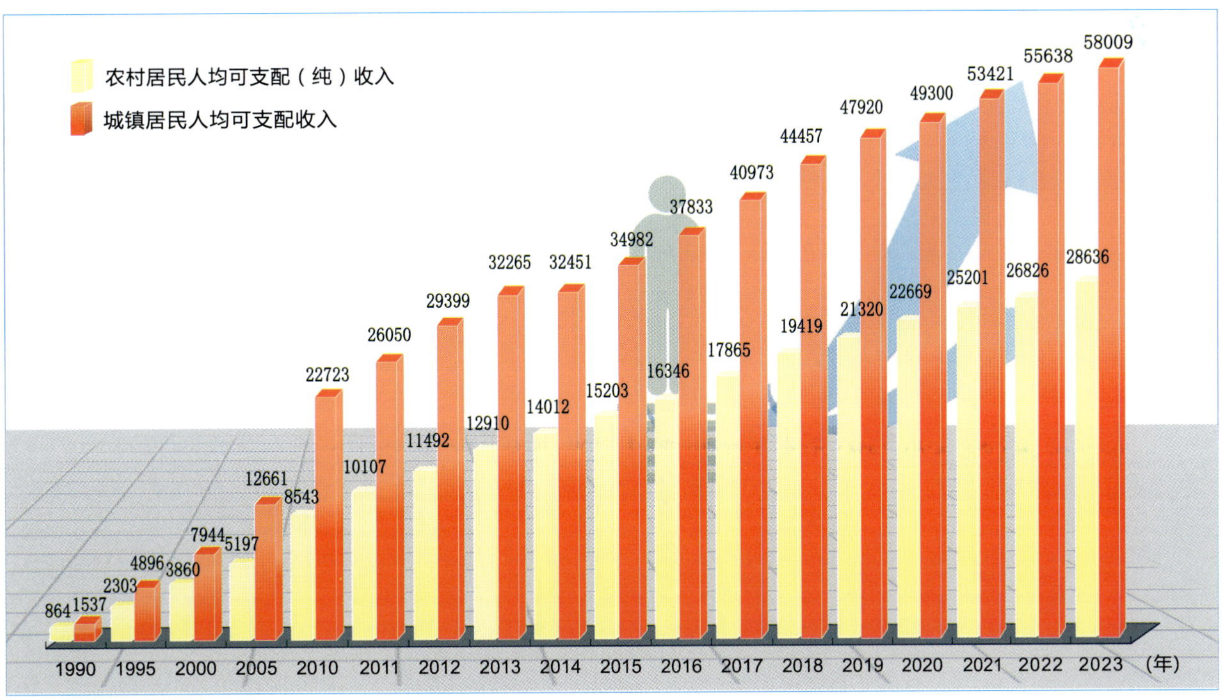

城乡居民收入（元）

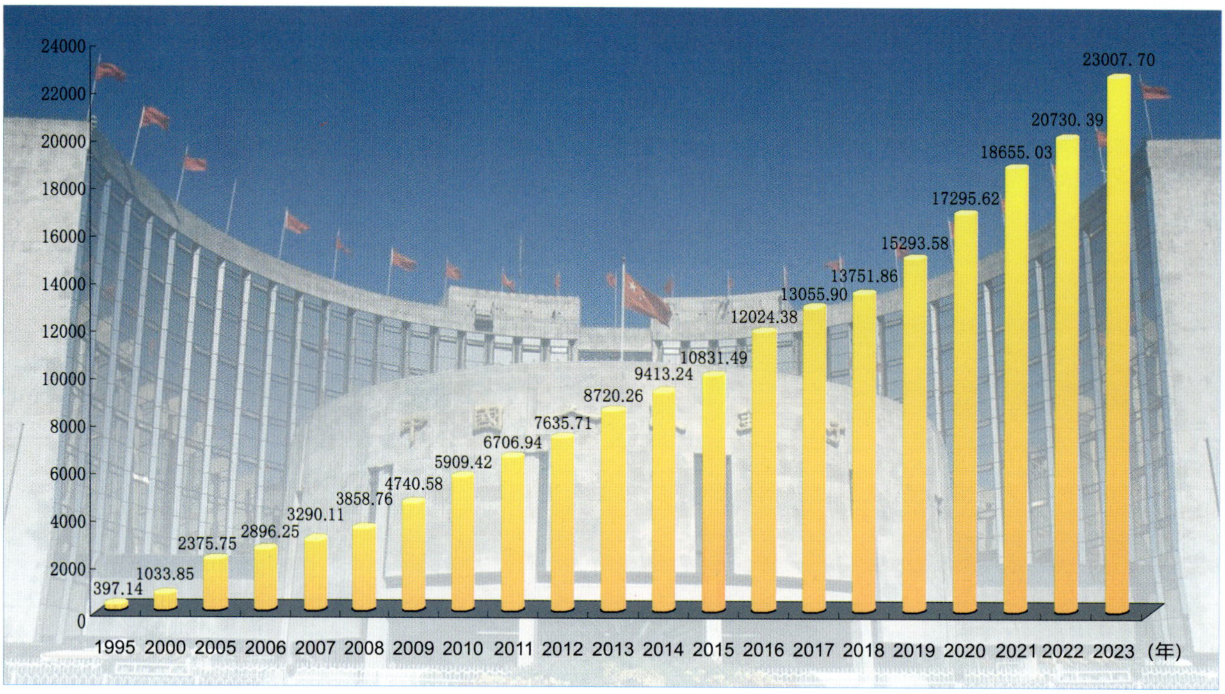

金融机构人民币存款余额（亿元）

金融机构人民币贷款余额（亿元）

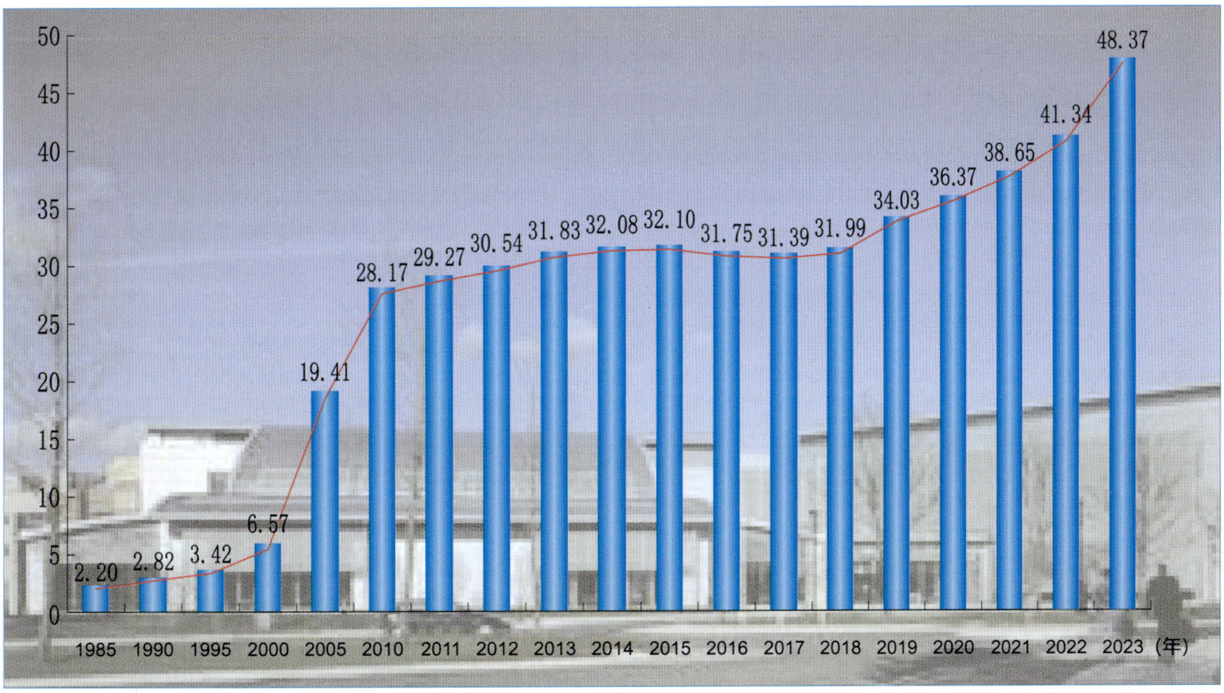

普通高校在校学生（万人）

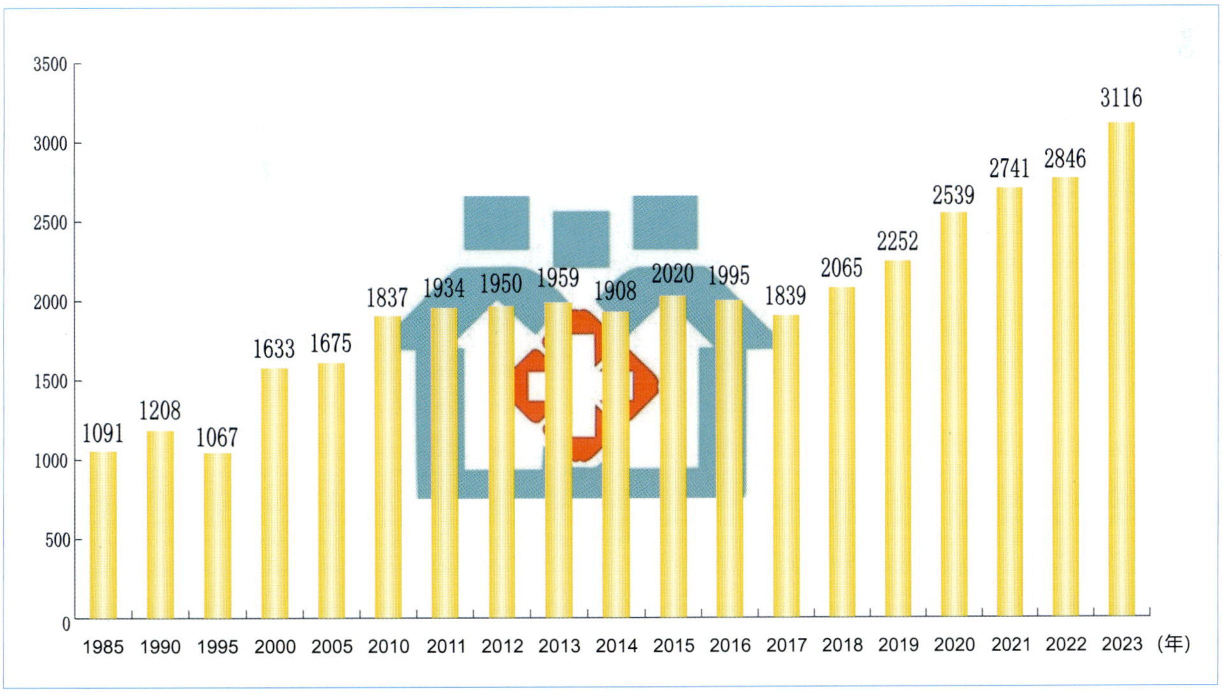

卫生医疗机构（个）

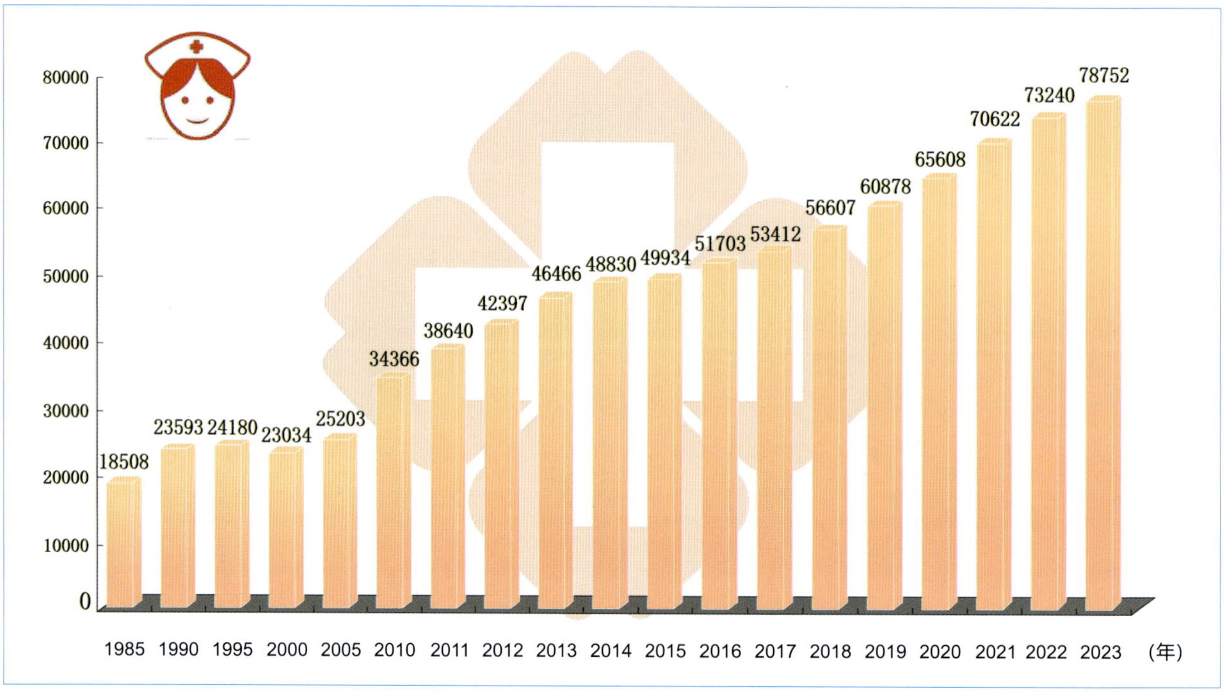

卫生技术人员（人）

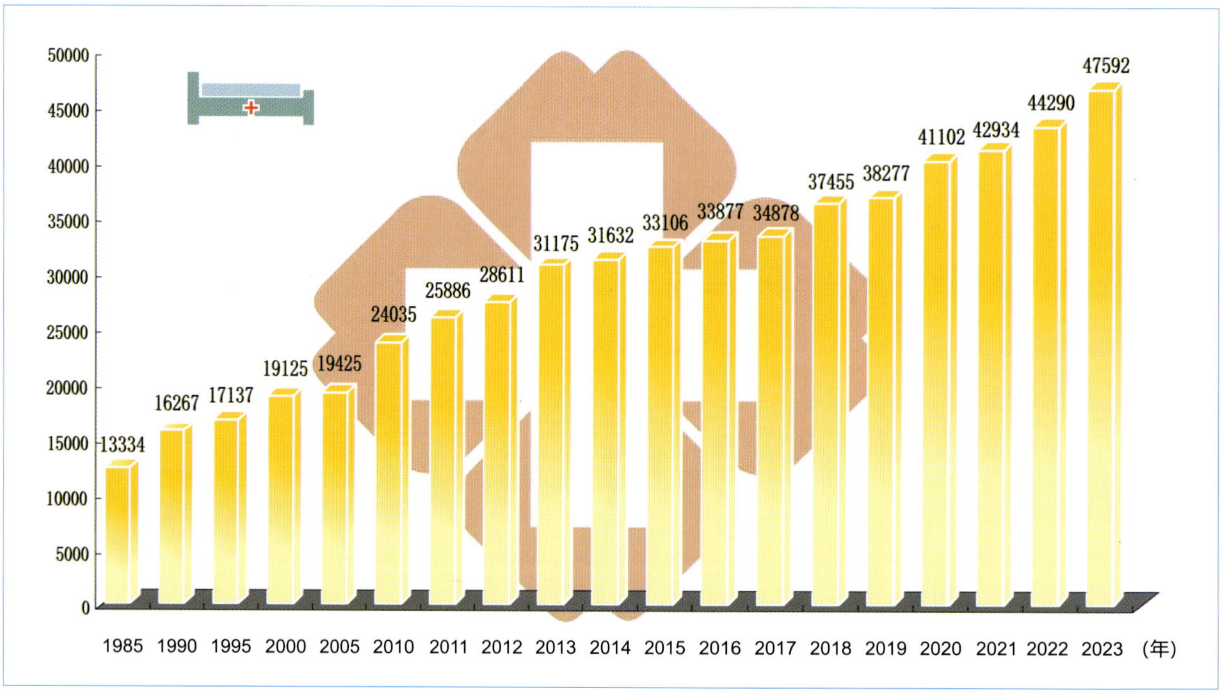

卫生机构医疗床位（张）

目　　录

综　　合

国民经济核算

人　　口

就业与职工工资

农林牧渔业

工业与交通

建筑业

批发零售、住宿餐饮与旅游业

对外经济

价格指数

财政金融

人民生活

科技、教育与文化

卫生、体育与其他

城市比较

附　　录

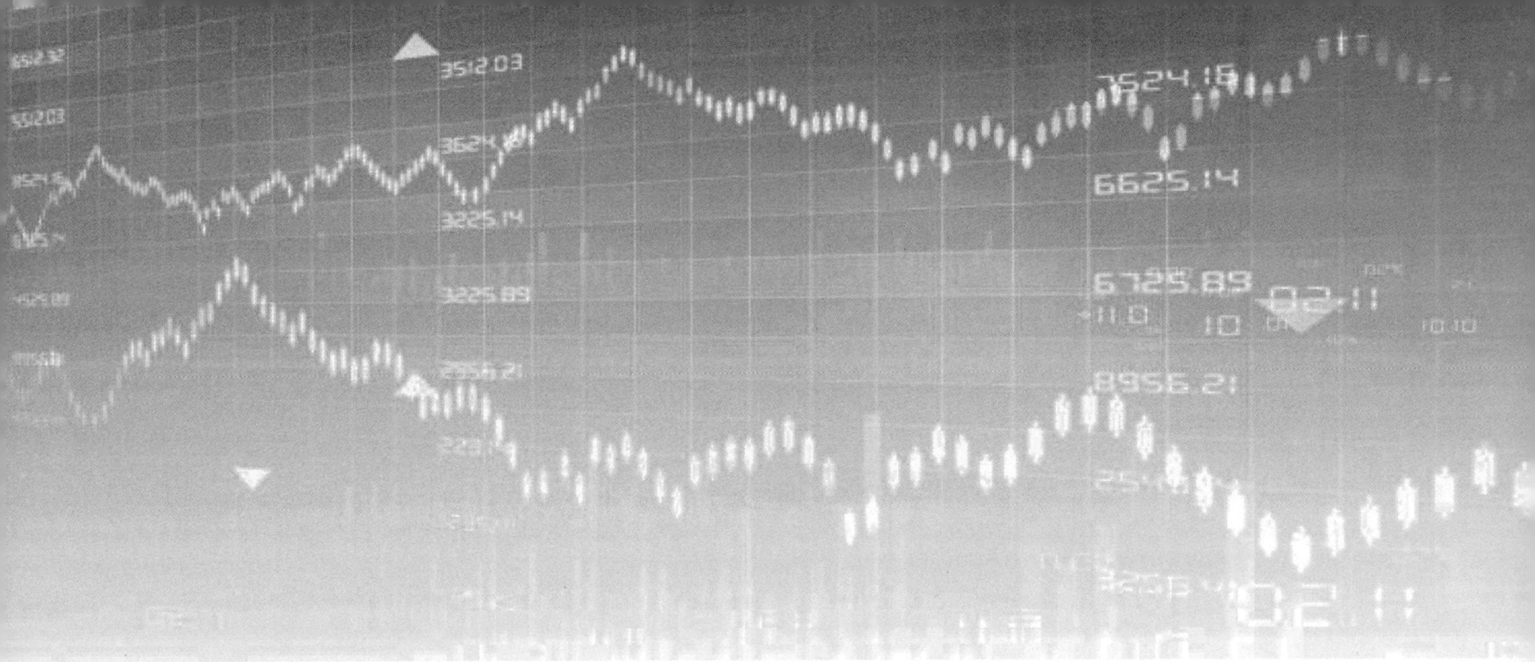

1 综 合

1–1 行 政 区 划

（2023 年末）　　单位：个

县（市）区	街道、乡（镇）数			
	合 计	街 道	镇	乡
总　计	**181**	**45**	**97**	**39**
市　区	**64**	**36**	**24**	**4**
鼓楼区	10	9	1	
台江区	10	10		
仓山区	13	8	5	
晋安区	9	3	4	2
马尾区	4	1	3	
长乐区	18	5	11	2
七县（市）	**117**	**9**	**73**	**35**
福清市	24	7	17	
闽侯县	15	1	8	6
连江县	23		19	4
罗源县	11		6	5
闽清县	16		11	5
永泰县	21		9	12
平潭县	7	1	3	3

注：2017 年起市区含长乐，连江县含马祖乡（台湾管辖），下同。

1-2 国民经济和社会发展总量和速度指标

项　　目	单位	总量指标							
		1990年	1995年	2000年	2005年	2010年	2015年	2018年	2019年
人口与就业									
年末户籍总人口	万人	535.30	562.27	589.23	614.84	645.90	678.37	702.66	710.09
#市区人口	万人	129.24	137.52	148.49	176.11	188.59	199.96	284.59	289.66
全社会从业人员	万人	246	280	294	330	358	406	416	416
国民经济核算									
地区生产总值	亿元	102.40	464.14	876.39	1426.56	3242.65	5777.42	8516.09	9472.30
第一产业	亿元	29.41	98.52	135.18	165.03	261.60	381.80	494.93	526.68
第二产业	亿元	41.21	167.19	378.89	642.13	1460.35	2556.68	3498.50	3702.61
第三产业	亿元	31.78	198.44	362.32	619.41	1520.70	2838.93	4522.66	5243.01
工业	亿元	34.50	130.01	321.15	543.74	1184.72	1876.89	2412.70	2480.91
建筑业	亿元	6.71	37.18	57.74	101.25	281.96	689.36	1103.42	1241.22
工农业									
农林牧渔业总产值	亿元	42.48	159.46	217.42	290.79	449.07	672.69	876.78	934.92
规模以上工业总产值	亿元			750.11	1860.18	4544.17	7845.00		
贸易与价格									
社会消费品零售总额	亿元	45.28	129.66	327.64	600.08	1413.48	2925.53	3830.80	4198.94
城市居民消费价格指数（以上年为100）	%	102.4	118.2	102.9	103.2	103.2	101.6	101.5	102.5
对外经济									
进出口总额	亿美元	3.23	23.50	51.18	136.89	246.00	333.42	373.04	367.56
出口总额	亿美元	2.34	15.67	27.29	86.72	163.14	211.20	251.89	262.79
进口总额	亿美元	0.89	7.82	23.89	50.17	82.85	122.23	121.15	104.78
新批外资项目	项	233	678	295	326	186	339	524	310
合同外资金额	亿美元	2.74	32.27	9.55	11.66	16.73	31.75	40.01	39.40
实际利用外资（历史可比口径）	亿美元	1.02	10.50	8.01	16.00	24.82			
（验资口径）	亿元						107.36	55.39	65.30

注：1.2017年起固定资产为不含农户数据，下同。
2.2016年、2017年农林牧渔业产值等数据，以第三次全国农业普查数据为基础进行了核定和修订，下同。

				平均增长速度（%）					
2020 年	2021 年	2022 年	2023 年	1991–2023 年	1996–2023 年	2001–2023 年	2006–2023 年	2011–2023 年	2016–2023 年
715.41	723.36	728.84	733.63	0.96	0.95	0.96	0.99	0.98	0.98
293.56	300.94	305.56	310.25	2.69	2.95	3.26	3.20	3.90	5.64
420	419	404	407	1.54	1.34	1.43	1.17	0.99	0.03
10020.02	11324.48	12308.23	12928.47	12.91	11.09	10.27	10.02	8.56	7.07
560.70	637.03	683.38	721.59	4.66	3.83	2.89	2.91	3.19	3.87
3840.77	4289.80	4656.90	4675.12	14.17	12.16	10.67	10.04	8.54	6.14
5618.55	6397.66	6967.95	7531.77	13.99	11.38	11.28	11.09	9.20	8.23
2532.16	2758.62	3020.19	2997.28	14.16	12.03	10.22	9.41	7.83	5.30
1328.23	1548.49	1656.81	1702.86	13.03	11.40	11.99	12.04	10.46	8.17
1000.82	1122.21	1194.75	1235.28	5.95	4.80	4.10	4.33	4.12	3.92
4225.61	4549.41	4679.52	4963.76	15.30	13.90	12.54	12.45	10.14	6.83
102.4	100.6								
361.05	514.35	543.69	488.89	16.43	11.45	10.31	7.33	5.43	4.90
257.67	340.71	381.29	364.40	16.54	11.89	11.93	8.30	6.38	7.06
103.37	173.64	162.40	124.49	16.14	10.39	7.44	5.18	3.18	0.23
297	467	435	585	2.83	–0.53	3.02	3.30	9.21	7.06
26.90	60.56	19.90	83.15	10.90	3.44	9.87	11.53	13.13	12.79
70.07	80.78	74.22	64.59						

1-2 续表

项目	单位	总量指标							
		1990年	1995年	2000年	2005年	2010年	2015年	2018年	2019年
财政金融									
一般公共预算总收入	亿元		37.84	68.79	165.22	402.51	848.04	1118.11	1095.36
一般公共预算收入	亿元	10.94	25.82	55.35	127.68	247.82	560.46	680.38	668.08
一般公共预算支出	亿元	8.28	27.45	54.04	118.99	262.42	725.93	924.76	949.76
金融机构存款年末余额	亿元	85.41	397.14	1033.85	2375.75	5909.42	10831.49	13751.86	15293.58
金融机构贷款年末余额	亿元	67.72	236.08	883.05	1772.78	4953.91	10583.71	14843.80	17035.95
人民生活									
城镇非私营单位在岗职工平均工资	元	2128	5827	11199	18314	34806	62478	83175	88952
城镇居民人均可支配收入	元	1537	4896	7944	12661	22723	34982	44457	47920
城镇居民人均消费支出	元	1381	4021	6009	8382	15778	24825	29849	32662
农村居民人均可支配（纯）收入	元	864	2303	3860	5197	8543	15203	19419	21320
农村居民人均消费支出	元	765	1818	2921	3503	6071	13152	16250	17711
教育卫生									
普通高等学校数	所	12	12	13	36	31	32	34	35
普通高等学校在校学生数	人	28188	34162	65737	194073	281680	320965	319943	340330
普通高等学校专任教师数	人	4329	4047	4754	12698	17209	19982	20523	21334
普通中学学校数	所	247	327	364	467	326	322	320	326
普通中学在校学生数	人	213767	285031	378207	417772	327105	300024	321625	349443
普通中学专任教师数	人	13140	16461	20305	25158	24390	24091	24737	25216
卫生机构数	个	1208	1067	1633	1675	1837	2020	2065	2252
#医院、卫生院	个	198	199	242	240	202	232	243	255
卫生技术人员数	人	23953	24180	23034	25203	34366	49934	56607	60878
#医生	人	9330	10275	10639	11056	13813	18307	21189	23588
卫生机构床位数	张	16267	17137	19125	19425	24035	33106	37455	38277

2020 年	2021 年	2022 年	2023 年	平均增长速度（%）					
				1991–2023 年	1996–2023 年	2001–2023 年	2006–2023 年	2011–2023 年	2016–2023 年
1108.36	1250.26	1059.05	1189.77		13.55	13.73	12.27	8.69	4.32
675.61	749.85	698.52	754.08	13.97	13.14	12.42	10.87	8.94	3.78
951.40	925.26	1006.09	1004.90	15.63	13.70	13.52	12.55	10.88	4.15
17295.62	18655.03	20730.39	23007.70	18.48	15.60	14.44	13.44	11.02	9.87
19206.33	21041.94	22644.07	24137.32	19.49	17.97	15.47	15.61	12.95	10.86
96478	108133	115549	123169	13.09	11.51	10.99	11.17	10.21	8.85
49300	53421	55638	58009	11.63	9.23	9.03	8.82	7.48	6.53
32019	35664	37181	39174	10.67	8.47	8.49	8.94	7.25	5.87
22669	25201	26826	28636	11.19	9.42	9.10	9.95	9.75	8.24
17713	20911	21925	23256	10.90	9.53	9.44	11.09	10.88	7.38
34	35	35	35	3.30	3.90	4.40	–0.16	0.94	1.13
363738	386547	413386	483681	9.00	9.93	9.06	5.20	4.25	5.26
22133	22106	24002	24653	5.41	6.67	7.42	3.75	2.80	2.66
328	328	334	346	1.03	0.20	–0.22	–1.65	0.46	0.90
367626	383690	394280	401498	1.93	1.23	0.26	–0.22	1.59	3.71
27806	27026	28250	29745	2.51	2.14	1.67	0.93	1.54	2.67
2539	2741	2846	3116	2.91	3.90	2.85	3.51	4.15	5.57
264	268	269	273	0.98	1.14	0.53	0.72	2.34	2.06
65608	70622	73240	78752	3.67	4.31	5.49	6.53	6.59	5.86
25459	26894	27807	29835	3.59	3.88	4.59	5.67	6.10	6.30
41102	42934	44290	47592	3.31	3.72	4.04	5.10	5.40	4.64

1-3 各个计划时期主要经济指标总量

项　　目	单　位	"一五"时期	"二五"时期	1963-1965年	"三五"时期	"四五"时期	"五五"时期	"六五"时期
地区生产总值	亿元	16.73	26.69	16.59	30.74	42.87	65.26	143.43
第一产业	亿元	6.70	7.46	5.94	10.82	13.11	17.91	44.84
第二产业	亿元	3.32	9.38	4.12	9.16	18.33	29.83	63.49
第三产业	亿元	6.71	9.86	6.53	10.80	11.43	17.52	35.10
农林牧渔业总产值	亿元	7.74	10.51	8.60	16.56	19.33	26.17	63.94
工业总产值	亿元	6.76	18.95	10.88	26.59	38.50	79.54	161.99
一般公共预算总收入	亿元	2.23	4.79	1.95	4.20	7.67	10.54	16.98
一般公共预算收入	亿元	2.23	4.79	1.95	4.20	7.67	10.54	16.98
一般公共预算支出	亿元	1.08	2.17	1.26	2.42	3.98	6.21	11.81
金融机构存款年末余额	亿元	1.42	3.93	3.45	3.92	5.85	15.12	28.98
金融机构贷款年末余额	亿元	1.23	4.14	2.94	4.82	7.39	13.81	30.29
社会消费品零售总额	亿元	12.23	18.56	12.05	20.70	24.70	37.81	72.27
出口总额	亿美元						0.02	0.56
实际利用外资（验资口径）	亿元							

1-3　续表

项　　目	单　位	“七五”时期	“八五”时期	“九五”时期	“十五”时期	“十一五”时期	“十二五”时期	“十三五”时期
地区生产总值	亿元	372.02	1327.78	3743.34	5869.10	11990.20	24185.91	42003.64
第一产业	亿元	108.68	295.78	630.45	737.28	1058.67	1739.33	2467.47
第二产业	亿元	156.69	501.83	1532.21	2684.17	5159.15	10943.52	16929.99
第三产业	亿元	106.66	530.17	1581.68	2447.64	5772.39	11503.06	22606.18
农林牧渔业总产值	亿元	157.60	460.37	1009.35	1230.61	1860.65	3006.79	4381.08
工业总产值	亿元	485.13	1686.96	4578.07	8334.73	18045.87	35685.57	
一般公共预算总收入	亿元	42.06	94.22	298.15	708.20	1462.53	3421.03	5261.62
一般公共预算收入	亿元	42.06	94.22	213.19	457.44	911.02	2227.36	3257.14
一般公共预算支出	亿元	32.88	87.05	215.72	428.17	931.10	2608.61	4594.70
金融机构存款年末余额	亿元	85.41	351.44	1033.85	2375.75	5909.42	10831.49	71421.34
金融机构贷款年末余额	亿元	67.72	203.21	883.05	1772.78	4953.91	10583.71	76402.60
社会消费品零售总额	亿元	180.29	419.10	1286.52	2334.21	5143.62	11460.85	18874.28
出口总额	亿美元	5.21	45.72	103.39	272.92	643.89	1069.57	1204.89
实际利用外资（验资口径）	亿元							447.42

1-4 各个计划时期主要经济指标年均发展速度

单位：%

项目	"恢复"时期（1950-1952年）	"一五"时期（1953-1957年）	"二五"时期	1963-1965年	"三五"时期	"四五"时期	"五五"时期
年末户籍总人口	103.01	102.71	102.46	102.41	101.75	102.69	101.93
#市区人口	103.61	103.72	102.95	101.31	98.81	102.08	102.14
地区生产总值	119.71	111.20	97.81	112.37	101.10	105.41	112.35
第一产业	116.58	106.85	92.96	116.75	100.15	98.57	111.59
第二产业	133.76	113.94	104.98	115.10	106.37	112.39	113.38
第三产业	121.74	109.89	108.52	105.66	97.79	105.67	111.54
农林牧渔业总产值	114.41	107.15	97.05	114.45	101.15	99.34	107.80
全部工业总产值	126.76	116.38	108.03	119.24	108.39	112.01	111.10
一般公共预算收入	393.50	114.20	111.06	101.67	105.39	104.74	109.92
一般公共预算支出		113.47	101.20	107.15	110.05	105.27	110.36
金融机构存款年末余额	162.05	122.45	122.52	95.72	102.60	108.31	120.93
金融机构贷款年末余额	132.57	158.86	127.47	89.22	110.39	108.91	113.33
社会消费品零售总额	124.29	114.30	107.83	98.80	100.45	106.18	113.64
出口总额							
实际利用外资额（历史可比口径）							
实际利用外资额（验资口径）							
城镇非私营单位在岗职工平均工资			98.31	103.76	98.67	101.72	102.49
城镇居民人均可支配收入	111.02	107.89	102.02	105.45	103.15	103.11	103.22
农村居民人均可支配（纯）收入	105.38	102.42	104.43	108.00	104.86	95.56	106.62

1-4　续表　　　　单位：%

项　　目	“六五”时期	“七五”时期	“八五”时期	“九五”时期	“十五”时期	“十一五”时期	“十二五”时期	“十三五”时期
年末户籍总人口	101.68	101.83	100.99	100.94	100.85	100.99	100.99	101.07
#市区人口	102.04	101.67	101.25	101.55	103.47	101.38	101.18	107.98
地区生产总值	114.04	111.07	123.62	114.98	111.17	113.91	110.98	107.73
第一产业	108.06	116.53	109.43	108.32	102.81	102.18	102.10	103.60
第二产业	116.72	106.53	126.16	119.27	112.94	114.05	112.48	106.37
第三产业	115.22	113.65	129.77	111.84	111.98	116.13	110.77	109.45
农林牧渔业总产值	109.39	108.63	112.66	108.06	103.29	104.88	104.44	103.70
全部工业总产值	117.18	119.88	127.68	121.99	116.28	118.78	113.40	
一般公共预算收入	114.25	116.32	118.73	118.73	118.20	114.18	117.73	103.81
一般公共预算支出	122.04	116.16	127.08	114.51	117.07	117.14	122.57	105.56
金融机构存款年末余额	113.90	124.13	132.69	128.91	118.11	119.99	112.88	109.81
金融机构贷款年末余额	117.02	117.45	124.58	141.61	114.96	122.82	116.40	112.66
社会消费品零售总额	113.97	117.38	123.42	120.37	112.87	118.69	115.66	107.63
出口总额	176.85	175.98	146.33	121.42	126.01	113.47	105.30	104.06
实际利用外资额（历史可比口径）	155.92	146.03	161.56	93.43	114.84	109.18		
实际利用外资额（验资口径）						113.11	107.22	91.82
城镇非私营单位在岗职工平均工资	108.86	115.00	122.32	113.96	110.34	113.70	112.41	109.08
城镇居民人均可支配收入	116.64	117.78	126.08	110.16	109.77	112.41	110.86	107.10
农村居民人均可支配（纯）收入	125.66	115.35	121.66	110.88	106.13	110.45	112.75	108.32

1-5 国民经济主要比例关系

单位：%

项目	1995年	2000年	2005年	2006年	2007年	2008年	2009年	2010年	2011年	2012年
三次产业结构										
第一产业	21.23	15.43	11.57	9.89	9.32	9.21	8.38	8.07	7.70	7.59
第二产业	36.02	43.23	45.01	42.83	41.91	41.68	42.77	45.04	44.91	45.42
第三产业	42.75	41.34	43.42	47.28	48.77	49.11	48.84	46.90	47.39	46.99
农林牧渔业总产值结构										
#农业	31.53	28.44	27.78	27.73	26.96	25.42	27.14	27.74	26.91	26.82
林业	3.45	3.19	2.20	2.34	2.29	2.53	2.68	3.10	3.27	3.19
牧业	17.26	18.15	17.56	14.19	15.56	16.79	14.27	12.84	13.54	11.88
渔业	47.77	50.23	51.94	51.19	50.96	51.20	51.71	52.41	52.61	54.63
进出口总额结构										
出口总额	66.71	53.39	63.35	64.52	66.04	66.79	67.26	66.32	69.49	68.03
进口总额	33.29	46.61	36.65	36.65	33.96	33.21	32.74	33.68	30.51	31.97

注：工业总产值中主要比例关系2000年起为规模以上工业的比例。

1-5　续表　　　　　　　　　　　　　　　　　　　　　　　　　　单位：%

项　　目	2013 年	2014 年	2015 年	2016 年	2017 年	2018 年	2019 年	2020 年	2021 年	2022 年	2023 年
三次产业结构											
第一产业	7.31	7.02	6.61	6.53	6.15	5.81	5.56	5.60	5.63	5.55	5.58
第二产业	45.90	45.83	44.25	42.95	41.31	41.08	39.09	38.33	37.88	37.84	36.16
第三产业	46.78	47.15	49.14	50.52	52.54	53.11	55.35	56.07	56.49	56.61	58.26
农林牧渔业总产值结构											
#农业	26.83	28.64	29.55	29.52	30.47	30.81	30.78	29.45	27.40	27.85	28.55
林业	3.33	3.90	3.68	3.37	3.03	3.47	3.86	3.56	3.40	3.26	3.28
牧业	10.89	10.00	9.87	9.96	8.41	7.17	8.20	10.49	9.84	9.34	9.12
渔业	55.52	54.01	53.40	53.79	54.85	55.30	53.90	53.27	56.31	56.53	56.01
进出口总额结构											
出口总额	61.53	61.27	63.34	67.68	63.43	67.52	71.49	71.37	66.24	70.13	74.54
进口总额	38.47	38.73	36.66	32.32	36.57	32.48	28.51	28.63	33.76	29.87	25.46

1-6　主要经济指标人均值

项　　目	单　位	1995 年	2000 年	2005 年	2006 年	2007 年	2008 年	2009 年	2010 年	2011 年	2012 年
地区生产总值	元	8219	14841	20292	24630	30489	34852	39116	46373	52795	58564
农林牧渔业总产值	元	2853	3709	4311	4336	4896	5582	5559	6329	7051	7668
社会消费品零售总额	元	1722	5998	10857	10465	12545	14899	17128	20214	23223	26817
进出口总额	美元	420	874	2236	2546	2975	3214	2803	3831	4800	4192
出口总额	美元	280	466	1417	1643	1965	2146	1885	2541	3335	2852
进口总额	美元	140	408	820	903	1011	1067	918	1284	1464	1340
实际利用外资额（验资口径）	元										
一般公共预算总收入	元	677	1278	3193	3809	3951	4552	5108	6269	6994	8062
一般公共预算收入	元	462	944	2086	2465	2339	2667	3065	3859	4423	5155
一般公共预算支出	元	491	922	1941	2300	2284	2779	3219	4087	5021	5543
城镇非私营单位在岗职工平均工资	元	5827	11199	18314	20666	23950	27521	30704	34806	41725	48089
城镇居民人均可支配收入	元	4896	7944	12661	14206	16642	19009	20289	22723	26050	29399
城镇居民人均消费支出	元	4021	6009	8382	9595	11790	13541	14105	15778	17847	20040
农村居民人均可支配（纯）收入	元	2303	3860	5197	5592	6286	7142	7669	8543	10107	11492

1-6　续表

项　　目	单　位	2013 年	2014 年	2015 年	2016 年	2017 年	2018 年	2019 年	2020 年	2021 年	2022 年	2023 年
地区生产总值	元	64469	70247	74308	82853	94208	104943	115445	121015	135298	145936	152846
农林牧渔业总产值	元	8104	8407	8652	9569	10280	10804	11395	12087	13408	14166	14604
社会消费品零售总额	元	30269	33709	37627	40138	43617	47206	51175	51034	54354	55484	58684
进出口总额	美元	4171	4516	4288	4040	4322	4597	4480	4360	6145	6446	5780
出口总额	美元	2566	2767	2716	2734	2741	3104	3203	3112	4071	4521	4308
进口总额	美元	1605	1749	1572	1306	1581	1493	1277	1248	2075	1926	1472
实际利用外资额（验资口径）	元			1381	1594	1654	683	796	846	965	880	764
一般公共预算总收入	元	9146	10169	10907	11922	12627	13778	13350	13386	14937	12557	14066
一般公共预算收入	元	6025	6656	7208	7644	7962	8384	8142	8160	8959	8282	8915
一般公共预算支出	元	7085	7489	9337	10593	11787	11396	11575	11490	11054	11929	11880
城镇非私营单位在岗职工平均工资	元	53333	58839	62478	67630	75133	83175	88952	96478	108133	115549	123169
城镇居民人均可支配收入	元	32265	32451	34982	37833	40973	44457	47920	49300	53421	55638	58009
城镇居民人均消费支出	元	21695	23330	24825	26392	27427	29849	32662	32019	35664	37181	39174
农村居民人均可支配（纯）收入	元	12910	14012	15203	16346	17865	19419	21320	22669	25201	26826	28636

1–7 平均每天主要社会经济活动

项　　目	单　位	1995 年	2000 年	2005 年	2006 年	2007 年	2008 年	2009 年	2010 年	2011 年	2012 年
地区生产总值	万元	12716	23945	39084	45110	56258	64704	73409	88840	104651	118568
农林牧渔业总产值	万元	4369	5941	7967	8095	9243	10608	10699	12303	13976	15524
社会消费品零售总额	万元	3552	8952	16441	19167	23147	27661	32144	38726	46033	54294
进出口总额	万美元	644	1398	3750	4316	5107	5553	4893	6740	9514	8486
出口总额	万美元	429	746	2376	2785	3373	3712	3291	4470	6611	5774
进口总额	万美元	214	653	1375	1532	1735	1841	1602	2270	2903	2713
实际利用外资额（验资口径）	万元										
一般公共预算总收入	万元	1037	2052	5355	6458	6783	7896	8916	11028	13863	16367
一般公共预算收入	万元	707	1512	3498	4179	4015	4614	5350	6790	8768	10438
一般公共预算支出	万元	752	1477	3260	3899	3920	4869	5619	7190	9953	11222
沿海港口货物吞吐量	吨	30110	66438	203918	242400	176247	183633	221756	195200	225158	256802
出生人数	人	262	338	151	175	191	295	164	399	235	228
死亡人数	人	72	111	59	73	79	102	58	142	108	79

1-7　续表

项　　目	单　位	2013 年	2014 年	2015 年	2016 年	2017 年	2018 年	2019 年	2020 年	2021 年	2022 年	2023 年
地区生产总值	万元	133089	147710	158285	177364	205581	233318	259515	273771	310260	337212	354205
农林牧渔业总产值	万元	16729	17677	18430	20485	22433	24021	25614	27345	30746	32733	33843
社会消费品零售总额	万元	62487	70882	80151	85925	95180	104953	115039	115454	124641	128206	135994
进出口总额	万美元	8611	9497	9135	8648	9431	10220	10070	9865	14092	14896	13394
出口总额	万美元	5298	5819	5786	5853	5982	6901	7200	7040	9335	10446	9984
进口总额	万美元	3313	3678	3349	2795	3449	3319	2871	2824	4757	4449	3411
实际利用外资额（验资口径）	万元			2941	3413	3610	1517	1789	1915	2213	2034	1769
一般公共预算总收入	万元	18880	21383	23234	25521	27554	30633	30010	30283	34254	29015	32596
一般公共预算收入	万元	12438	13996	15355	16364	17374	18641	18303	18459	20544	19138	20660
一般公共预算支出	万元	14626	15748	19889	22676	25722	25336	26021	25995	25349	27564	27532
沿海港口货物吞吐量	吨	287805	327195	311263	322735	328339	399629	466800	544908	577160	638814	694872
出生人数	人	322	323	282	282	339	297	250	211	174	147	146
死亡人数	人	70	84	84	82	228	107	109	118	96	67	87

主要统计指标解释

当年价格 指报告期的实际价格，如工厂的出厂价格，农产品的收购价格，商业的零售价格等。按当年价格计算，是指一些以货币表现的物量指标如工农业总产值、国内生产总值等，按照当年的实际价格来计算总量。使用当年价格计算的数字，是为了使国民经济各项指标相互衔接，便于考察当年经济效益，便于对生产和流通、生产和分配、生产和消费进行经济核算的综合平衡。

按当年价格计算的价值指标，在不同年份之间进行对比时，因为包含有各年间价格变动因素，不能确切反映实物量的增减变动。必须消除价格变动因素后，才能真实反映经济发展动态。因此，在计算增长速度时都使用按可比价格计算的数字。

可比价格 指在不同时期的价值指标对比时，扣除了价格变动的因素，以确切反映物量的变化。按可比价格计算有两种方法：一种是直接用产品产量乘某一年的不变价格计算；另一种是用价格指数换算。

不变价格 指用同类产品的年平均价格作为固定价格，来计算各年产品价值。按不变价格计算的产品价值扣除了价格变动因素，不同时期对比可以反映生产的发展速度。新中国成立后，随着工农业产品价格水平的变化，国家统计局先后五次制定了全国统一的工业产品不变价格和农业产品不变价格。从 1949 年到 1957 年使用 1952 年工（农）业产品不变价格，从 1957 年到 1971 年使用 1957 年不变价格，从 1971 年到 1981 年使用 1970 年不变价格，从 1981 年到 1990 年使用 1980 年不变价格，从 1990 年开始使用 1990 年不变价格。

平均增长速度 我国计算平均增长速度有两种方法。一种是习惯上经常使用的“水平法”，又称几何平均法，是以间隔期最后一年的水平同基期水平对比来计算平均每年增长（或下降）速度。另一种是“累计法”，又称代数平均法或方程法，是以间隔期内各年的总和同基期水平对比来计算平均每年增长（或下降）速度。在一般正常情况下，两种方法计算的平均每年增长速度比较接近，但在经济发展不平衡，出现大起大落时，两种方法计算的结果差别较大。

本年鉴内所列的平均增长速度，均用“水平法”计算。从某年到某年平均增长速度的年份，均不包括基数年在内。如改革开放以来的平均增长速度是以 1978 年为基期计算的，则写为 1979–2010 年平均增长速度，其余类推。

各个计划时期 表内所用各个“时期”代表的年份如下：恢复时期为 1950 年到 1952 年；第一个五年计划时期（简称“一五”时期）为 1953 年到 1957 年；第二个五年计划时期（简称“二五”时期）为 1958 年到 1962 年；第三个五年计划时期（简称“三五”时期）为 1966 年到 1970 年；第四个五年计划期（简称“四五”时期）为 1971 年到 1975 年；第五个五年计划时期（简称“五五”时期）为 1976 年到 1980 年；第六个五年计划时期（简称“六五”时期）为 1981 年到 1985 年；第七个五年计划时期（简称“七五”时期）为 1986 年到 1990 年；第八个五年计划时期（简称“八五”时期）为 1991 年到 1995 年；第九个五年计划时期（简称“九五”时期）为 1996 年到 2000 年；第十个五年计划时期（简称“十五”时期）为 2001 年到 2005 年；第十一个五年计划时期（简称“十一五”时期）为 2006 年到 2010 年；第十二个五年计划时期（简称“十二五”时期）为 2011 年到 2015 年；第十三个五年计划时期（简称“十三五”时期）为 2016 年到 2020 年。

国民经济行业分类 在统计工作中为取得分行业的数据资料并统一分类和编码，正确反映国民经济各行业的结构和发展状况，便于研究国民经济的各项比例关系，而制定的国民经济行业划分标准。按现行统计制度规定，我国行业划分为 20 门类，排列顺序如下：

（1）农、林、牧、渔业；（2）采矿业；（3）制造业；（4）电力、燃气及水的生产和供应业；（5）建筑业；（6）批发和零售业；（7）交通运输、仓储和邮政业；（8）住宿和餐饮业；（9）信息传输、软件和信息技术服务业；（10）金融业；（11）房地产业；（12）租赁和商务服务业；（13）科学研究和技术服务业；（14）水利、环境和公共设施管理业；（15）居民服务、 修理和其他服务业；（16）教育；（17）卫生和社会工作；（18）文化、体育和娱乐业；（19）公共管理、社会保障和社会组织；（20）国际组织。

三次产业 是根据社会生产活动历史发展的顺序对产业结构的划分，产品直接取自自然界的部门称为第一产业，对初级产品进行再加工的部门称为第二产业，为生产和消费提供各种服务的部门称为第三产业。它是世界上较为通用的产业结构分类，但各国的划分不尽一致。 我国的三次产业划分：

第一产业：农林牧渔业（包括农业、林业、牧业和渔业等，不包含农村牧渔服务业）。

第二产业：工业（包括采掘业，制造业，电力、煤气及水的生产和供应业，不包括开采辅助活动和金属制品、机械和设备修理业）和建筑业。

第三产业：除第一、第二产业以外的其他各业。由于第三产业包括的行业多、范围广，根据我国的实际情况，第三产业可分为两大部门：一是流通部门，二是服务部门。具体又可分为四个层次。

2 国民经济核算

2–1 总产出中间投入率和增加值率

单位：%

项　　目	2000 年	2005 年	2010 年	2015 年	2018 年	2020 年	2022 年	2023 年
社会劳动生产率(元/人)	**29910**	**43822**	**89609**	**144436**	**205703**	**239713**	**299107**	**318828**
总产出中间投入率	**59.5**	**63.4**	**63.1**	**63.8**	**64.6**			
第一产业	37.8	39.9	41.0	41.2	41.7			
第二产业	71.0	74.1	74.0	75.3	77.0			
第三产业	38.5	46.2	44.2	42.8	43.4			
#工　业	72.3	74.5	75.8	76.7	77.1			
建筑业	61.8	71.7	61.4	70.3	76.7			
批发和零售业	36.6	29.0	25.8	32.1	31.7			
交通运输、仓储和邮政业	42.9	53.5	56.1	53.8	55.4			
金融业	16.7	53.9	59.2	45.0	25.5			
房地产业	12.8	18.8	16.6	17.8	35.0			
增加值率	**40.5**	**36.6**	**36.9**	**36.2**	**35.4**			
第一产业	62.2	60.1	59.0	58.8	58.3			
第二产业	29.0	25.9	26.0	24.7	23.0			
第三产业	61.5	53.8	55.8	57.2	56.6			
#工　业	27.7	25.5	24.2	23.3	22.9			
建筑业	38.2	28.3	38.6	29.7	23.3			
批发和零售业	63.4	71.0	74.2	67.9	68.3			
交通运输、仓储和邮政业	57.1	46.5	43.9	46.2	44.6			
金融业	83.3	46.1	40.8	55.0	74.5			
房地产业	87.2	81.2	83.4	82.2	65.0			

注: 1.本表均按当年价格计算。

2.《国民经济核算》篇各表，2004 年及以前年份开采辅助活动及金属制品、机械和设备修理业列入第二产业统计；2004–2018 年根据第四次经济普查数据重新修订；2020 年起数据为快报数。

3.各项构成加和不为 100 时，为细项四舍五入差异。

2-2 主要年份地区生产总值

单位：亿元

年份	地区生产总值	第一产业	第二产业	第三产业	工业	建筑业
1950	1.46	0.79	0.21	0.46		
1952	2.34	1.12	0.43	0.79	0.23	0.20
1957	4.08	1.45	0.94	1.68	0.50	0.44
1962	4.74	1.57	1.13	2.04	0.75	0.38
1965	6.21	2.19	1.72	2.29	1.28	0.44
1970	6.97	2.52	2.40	2.05	1.88	0.53
1975	9.24	2.41	4.41	2.42	3.40	1.01
1978	12.68	3.39	5.99	3.30	4.53	1.46
1979	14.97	4.25	6.87	3.86	5.06	1.81
1980	18.17	5.17	8.21	4.78	5.58	2.63
1985	39.76	12.15	17.79	9.81	14.31	3.76
1990	102.40	29.41	41.21	31.78	34.50	6.71
1991	118.83	31.75	51.11	35.97	40.77	10.34
1992	150.00	39.61	62.92	47.47	49.86	13.07
1993	245.72	53.04	89.17	103.51	69.16	20.01
1994	349.08	72.87	131.44	144.78	103.37	28.07
1995	464.14	98.52	167.19	198.44	130.01	37.18
1996	575.58	110.89	220.53	244.16	170.45	50.08
1997	687.33	120.99	267.46	298.88	214.73	52.73
1998	776.66	128.55	317.29	331.82	253.61	63.68
1999	827.39	134.84	348.04	344.51	285.50	62.54
2000	876.39	135.18	378.89	362.32	321.15	57.74
2001	943.24	132.64	409.43	401.16	346.98	62.46
2002	1011.69	136.03	449.69	425.98	385.36	64.33
2003	1162.13	143.70	549.00	469.43	463.84	85.16
2004	1325.48	159.89	633.93	531.66	539.12	97.60
2005	1426.56	165.03	642.13	619.41	543.74	101.25
2006	1646.52	162.89	705.19	778.43	592.83	115.46
2007	2053.43	191.44	860.54	1001.45	715.96	148.42
2008	2368.16	218.12	987.00	1163.04	806.00	185.33
2009	2679.44	224.62	1146.05	1308.77	930.33	220.61
2010	3242.65	261.60	1460.35	1520.70	1184.72	281.96
2011	3819.75	294.05	1715.40	1810.30	1361.31	361.52
2012	4339.58	329.54	1970.87	2039.17	1547.48	431.66
2013	4857.74	355.21	2229.90	2272.63	1737.29	498.17
2014	5391.42	378.73	2470.66	2542.03	1918.20	558.60
2015	5777.42	381.80	2556.68	2838.93	1876.89	689.36
2016	6491.54	423.93	2788.34	3279.26	2017.86	777.08
2017	7503.69	461.22	3099.78	3942.69	2196.10	915.60
2018	8516.09	494.93	3498.50	4522.66	2412.70	1103.42
2019	9472.30	526.68	3702.61	5243.01	2480.91	1241.22
2020	10020.02	560.70	3840.77	5618.55	2532.16	1328.23
2021	11324.48	637.03	4289.80	6397.66	2758.62	1548.49
2022	12308.23	683.38	4656.90	6967.95	3020.19	1656.81
2023	12928.47	721.59	4675.12	7531.77	2997.28	1702.86

2-2　续表

单位：亿元

年　份	地区生产总值					人均地区生产总值（元）
	批发零售餐饮业	交通运输仓储和邮政业	金融业	房地产业	其他服务业	
1950						66
1952	0.18	0.15				100
1957	0.35	0.32				153
1962	0.63	0.39				158
1965	0.50	0.44				192
1970	0.51	0.39				199
1975	0.69	0.46				229
1978	0.87	0.64	0.82	0.18	0.80	293
1979	1.01	0.75	0.99	0.21	0.90	340
1980	1.25	0.92	1.24	0.26	1.10	406
1985	2.76	2.05	2.62	0.55	2.05	817
1990	6.13	6.21	7.99	1.73	9.72	1936
1991	6.82	7.66	9.29	1.99	10.22	2190
1992	9.18	10.84	12.73	2.63	12.10	2763
1993	26.70	22.96	20.13	7.34	26.38	4441
1994	35.88	35.78	24.74	12.89	35.49	6244
1995	49.11	48.52	37.33	15.51	47.97	8219
1996	68.59	66.00	27.85	16.17	65.54	10126
1997	82.88	73.44	47.70	18.64	76.21	11891
1998	94.00	79.46	46.76	23.41	88.19	13330
1999	97.69	84.90	42.58	25.33	94.01	14308
2000	112.54	90.20	39.08	27.60	92.89	14841
2001	121.20	97.76	41.36	32.10	108.76	15835
2002	131.87	103.14	37.72	36.78	116.48	16901
2003	141.88	112.00	45.13	44.76	125.67	17695
2004	143.29	92.77	52.16	48.22	195.22	20144
2005	159.73	96.03	45.06	77.59	241.00	21517
2006	178.41	108.25	65.78	120.29	305.70	24630
2007	245.78	120.14	104.70	125.02	405.81	30489
2008	290.01	135.01	137.07	124.40	476.55	34852
2009	325.53	143.24	159.62	133.30	547.08	39116
2010	402.31	165.61	191.92	140.08	620.78	46373
2011	449.75	171.91	253.03	206.91	728.70	52795
2012	498.14	190.96	301.23	230.42	818.43	58564
2013	543.20	208.26	348.45	263.18	909.55	64469
2014	589.53	242.88	427.10	255.86	1026.67	70247
2015	651.78	227.70	576.39	276.59	1106.47	74308
2016	735.45	230.50	658.11	358.06	1297.14	82853
2017	848.41	282.49	797.13	453.79	1560.87	94208
2018	946.56	290.76	883.67	558.14	1843.53	104943
2019	1149.32	314.67	1015.19	654.04	2109.79	115445
2020	1187.52	331.26	1150.86	733.62	2215.30	121015
2021	1444.36	433.21	1189.90	755.54	2574.64	135298
2022	1648.87	509.75	1378.74	699.80	2730.78	145936
2023	1832.45	501.76	1719.85	584.68	2893.03	152846

2–3　主要年份地区生产总值指数

（以上年为 100）

年　份	地区生产总　值	第一产业	第二产业	第三产业	工业	建筑业	交通运输仓储和邮政业	批发和零售业	人均地区生产总值
1952	117.0	110.2	155.9	118.9	160.0	150.2	118.9	113.3	114.0
1957	112.1	110.5	105.4	80.2	100.6	111.6	80.2	73.8	109.6
1962	95.6	105.9	80.3	96.6	86.0	71.1	96.6	132.2	93.8
1965	117.4	118.2	134.2	106.4	131.1	144.2	106.4	103.4	114.8
1970	107.2	110.4	120.2	91.7	118.5	126.8	93.2	94.7	107.5
1975	101.2	94.7	106.3	101.2	109.9	95.6	101.2	110.4	98.9
1978	122.0	117.9	135.0	108.4	123.4	190.8	109.4	107.2	119.6
1979	114.5	113.2	114.4	116.1	111.4	123.9	116.1	116.1	112.2
1980	119.9	117.3	120.5	122.0	111.3	146.1	121.8	121.8	118.3
1985	128.5	108.9	131.7	142.7	136.8	115.3	150.9	149.7	126.4
1990	108.2	152.1	79.0	138.9	79.0	79.0	132.0	123.3	106.1
1991	112.2	106.6	119.7	107.6	115.8	138.0	118.7	105.6	109.3
1992	119.5	111.7	121.0	124.5	124.8	106.1	130.4	133.8	119.5
1993	140.0	107.2	130.7	179.6	133.1	119.2	184.8	224.8	138.6
1994	126.1	96.3	142.1	124.0	144.3	130.5	145.2	120.4	124.8
1995	121.9	127.7	118.8	123.4	118.3	121.7	127.6	122.5	120.7
1996	122.5	118.9	129.6	115.7	129.6	129.8	122.8	133.6	121.7
1997	117.8	106.3	121.1	118.3	124.2	103.5	111.9	115.4	115.9
1998	115.7	108.7	121.1	111.2	121.2	120.3	107.7	113.6	114.8
1999	109.4	106.6	113.0	105.3	114.8	100.6	108.3	107.5	110.2
2000	110.0	101.8	112.4	109.2	114.8	93.5	109.2	115.9	107.7
2001	108.9	100.2	111.4	109.4	111.8	109.3	107.2	110.4	107.9
2002	110.2	103.9	114.0	108.3	115.7	104.3	108.0	110.4	109.7
2003	113.6	103.5	119.7	110.8	118.8	125.6	111.8	108.0	112.9
2004	112.7	103.9	114.9	112.7	115.0	114.3	115.0	109.5	112.3
2005	110.5	102.6	105.2	119.0	105.0	106.7	108.7	114.6	109.6
2006	112.6	93.4	108.5	121.9	108.5	108.4	107.8	109.3	111.6
2007	115.9	104.5	114.4	119.6	114.0	116.3	100.7	129.3	115.0
2008	113.8	104.8	113.8	115.3	113.4	116.3	110.8	113.4	112.7
2009	113.1	104.7	115.1	112.6	113.8	121.7	106.8	114.3	112.1
2010	114.2	104.0	118.7	111.6	118.7	119.0	114.5	116.8	111.8
2011	111.7	104.2	114.8	110.0	113.9	118.6	111.5	110.3	109.5
2012	112.2	104.7	115.0	110.6	114.2	118.2	103.3	108.2	109.5
2013	111.5	95.5	114.1	111.3	113.9	113.9	108.5	109.4	109.6
2014	110.0	103.3	111.4	109.4	111.5	110.9	113.4	110.0	107.9
2015	109.5	103.1	107.3	112.6	106.7	109.8	105.3	103.7	108.0
2016	108.4	102.5	108.1	109.6	107.3	109.6	101.1	105.5	107.6
2017	108.7	103.8	105.6	112.2	105.4	106.7	116.8	113.3	107.0
2018	108.6	104.2	107.5	110.1	107.0	109.4	108.7	106.2	106.6
2019	107.9	103.5	104.5	111.1	103.0	108.2	107.0	118.7	106.7
2020	105.1	104.0	106.2	104.4	105.1	108.8	105.7	104.2	104.2
2021	108.4	106.0	107.3	109.3	109.2	104.1	116.0	113.1	107.2
2022	104.4	103.0	105.2	104.0	102.9	109.7	101.9	106.9	103.6
2023	105.2	104.0	104.8	105.5	102.7	109.0	106.5	108.9	104.9

2-4 主要年份地区生产总值指数

（以 1952 年为 100）

年 份	地 区 生产总值	第一产业	第二产业	第三产业	人均地区 生产总值
1952	100.0	100.0	100.0	100.0	100.0
1957	170.0	139.3	192.1	160.3	149.4
1962	152.2	96.7	244.9	241.3	119.0
1965	215.9	153.9	373.5	284.6	156.5
1970	228.1	155.1	508.7	254.5	153.0
1975	296.8	144.3	912.3	335.3	172.3
1978	387.0	188.0	1240.1	408.7	209.9
1979	443.1	212.8	1418.9	474.6	235.6
1980	531.3	249.6	1709.2	578.9	278.7
1985	1024.8	367.7	3703.0	1175.3	494.1
1990	1732.2	790.3	5080.6	2229.3	768.4
1991	1943.8	842.1	6080.7	2398.9	839.9
1992	2323.7	940.5	7359.3	2985.5	1004.0
1993	2777.8	1050.5	8906.8	3715.4	1200.0
1994	3889.0	1126.1	11641.2	6672.9	1662.7
1995	4904.0	1084.5	16542.1	8274.5	2074.9
1996	5978.0	1384.9	19652.0	10210.7	2504.3
1997	7323.0	1646.6	25469.0	11813.8	3046.9
1998	8626.5	1750.3	30842.9	13975.7	3530.4
1999	9980.9	1902.6	37350.8	15540.9	4052.7
2000	10919.1	2028.2	42206.4	16364.6	4467.4
2001	12011.0	2064.7	47440.0	17870.2	4811.0
2002	13080.0	2068.8	52848.1	19550.0	5191.1
2003	14414.1	2149.5	60246.9	21172.6	5694.6
2004	16374.5	2224.7	72115.5	23459.2	6429.2
2005	18093.8	2282.6	75865.5	27916.5	7046.4
2006	20373.6	2131.9	82314.1	34030.2	7863.8
2007	23613.0	2227.9	94167.3	40700.1	9043.4
2008	26871.6	2334.8	107162.4	46927.2	10191.9
2009	30391.8	2444.5	123343.9	52840.1	11425.1
2010	34707.4	2542.3	146409.3	58969.5	12773.3
2011	38768.2	2649.1	168077.8	64866.5	13985.5
2012	43497.9	2773.6	193289.5	71742.3	15314.5
2013	48500.2	2648.8	220543.3	79849.2	16785.0
2014	53350.2	2736.2	245685.3	87355.0	18118.6
2015	58418.4	2821.0	263620.3	98361.8	19575.9
2016	63325.6	2891.6	284973.5	107804.5	21067.3
2017	68834.9	3001.4	300932.1	120956.6	22536.6
2018	74754.7	3127.5	323502.0	133173.3	24033.2
2019	80660.3	3237.0	338059.6	147955.5	25635.7
2020	84774.0	3366.4	359019.2	154465.5	26701.8
2021	91895.0	3568.4	385227.7	168830.8	28624.4
2022	95938.4	3675.5	405259.5	175584.1	29654.9
2023	100927.2	3822.5	424711.9	185241.2	31107.9

2-5 主要年份地区生产总值构成

单位：%

年　份	地区生产总值	第一产业	第二产业	第三产业	工业	建筑业
1950	100.00	54.30	14.06	31.63		
1952	100.00	47.93	18.49	33.58	9.98	8.51
1957	100.00	35.68	23.17	41.15	12.36	10.81
1962	100.00	33.08	23.89	43.04	15.78	8.10
1965	100.00	35.37	27.76	36.87	20.70	7.06
1970	100.00	36.10	34.47	29.43	26.94	7.53
1975	100.00	26.11	47.74	26.15	36.81	10.93
1978	100.00	26.76	47.24	26.00	35.73	11.51
1979	100.00	28.36	45.88	25.76	33.77	12.10
1980	100.00	28.48	45.19	26.33	30.73	14.46
1985	100.00	30.57	44.75	24.69	36.00	9.45
1990	100.00	28.72	40.25	31.03	33.70	6.55
1991	100.00	26.72	43.01	30.27	34.31	8.70
1992	100.00	26.41	41.95	31.65	33.24	8.71
1993	100.00	21.59	36.29	42.12	28.15	8.14
1994	100.00	20.87	37.65	41.47	29.61	8.04
1995	100.00	21.23	36.02	42.75	28.01	8.01
1996	100.00	19.27	38.31	42.42	29.61	8.70
1997	100.00	17.60	38.91	43.48	31.24	7.67
1998	100.00	16.55	40.85	42.72	32.65	8.20
1999	100.00	16.30	42.07	41.64	34.51	7.56
2000	100.00	15.42	43.23	41.34	36.65	6.59
2001	100.00	14.06	43.41	42.53	36.79	6.62
2002	100.00	13.45	44.45	42.11	38.09	6.36
2003	100.00	12.37	47.24	40.39	39.91	7.33
2004	100.00	12.06	47.83	40.11	40.67	7.36
2005	100.00	11.57	45.01	43.42	38.12	7.10
2006	100.00	9.89	42.83	47.28	36.01	7.01
2007	100.00	9.32	41.91	48.77	34.87	7.23
2008	100.00	9.21	41.68	49.11	34.03	7.83
2009	100.00	8.38	42.77	48.84	34.72	8.23
2010	100.00	8.07	45.04	46.90	36.54	8.70
2011	100.00	7.70	44.91	47.39	35.64	9.46
2012	100.00	7.59	45.42	46.99	35.66	9.95
2013	100.00	7.31	45.90	46.78	35.76	10.26
2014	100.00	7.02	45.83	47.15	35.58	10.36
2015	100.00	6.61	44.25	49.14	32.49	11.93
2016	100.00	6.53	42.95	50.52	31.08	11.97
2017	100.00	6.15	41.31	52.54	29.27	12.20
2018	100.00	5.81	41.08	53.11	28.33	12.96
2019	100.00	5.56	39.09	55.35	26.19	13.10
2020	100.00	5.60	38.33	56.07	25.27	13.26
2021	100.00	5.63	37.88	56.49	24.36	13.67
2022	100.00	5.55	37.84	56.61	24.54	13.46
2023	100.00	5.58	36.16	58.26	23.18	13.17

2-6 主要年份第三产业增加值构成

单位：%

年份	第三产业增加值	交通运输仓储和邮政业	批发零售餐饮业	金融业	房地产业	其他服务业
1950	100.00					
1952	100.00	19.16	23.06			
1957	100.00	19.16	21.09			
1962	100.00	19.16	30.66			
1965	100.00	19.16	21.75			
1970	100.00	18.85	24.80			
1975	100.00	19.16	28.43			
1978	100.00	19.32	26.25	24.82	5.43	24.18
1979	100.00	19.31	26.24	25.78	5.43	23.24
1980	100.00	19.29	26.20	25.94	5.53	23.05
1985	100.00	20.42	27.50	26.15	5.53	20.40
1990	100.00	19.54	19.30	25.15	5.43	30.58
1991	100.00	21.29	18.95	25.81	5.53	28.41
1992	100.00	22.83	19.34	26.81	5.53	25.49
1993	100.00	22.18	25.79	19.45	7.09	25.49
1994	100.00	24.72	24.78	17.09	8.90	24.51
1995	100.00	24.45	24.75	18.81	7.82	24.17
1996	100.00	27.03	28.09	11.41	6.62	26.84
1997	100.00	24.57	27.73	15.96	6.24	25.50
1998	100.00	23.95	28.33	14.09	7.05	26.58
1999	100.00	24.64	28.36	12.36	7.35	27.29
2000	100.00	24.90	31.06	10.79	7.62	25.64
2001	100.00	24.37	30.21	10.31	8.00	27.11
2002	100.00	24.21	30.96	8.85	8.63	27.34
2003	100.00	23.86	30.22	9.61	9.53	26.77
2004	100.00	17.45	26.95	9.81	9.07	36.72
2005	100.00	15.50	25.79	7.27	12.53	38.91
2006	100.00	13.91	22.92	8.45	15.45	39.27
2007	100.00	12.00	24.54	10.45	12.48	40.52
2008	100.00	11.61	24.94	11.79	10.70	40.97
2009	100.00	10.94	24.87	12.20	10.19	41.80
2010	100.00	10.89	26.46	12.62	9.21	40.82
2011	100.00	9.50	24.84	13.98	11.43	40.25
2012	100.00	9.36	24.43	14.77	11.30	40.14
2013	100.00	9.16	23.90	15.33	11.58	40.02
2014	100.00	9.55	23.19	16.80	10.07	40.39
2015	100.00	8.02	22.96	20.30	9.74	38.97
2016	100.00	7.03	22.43	20.07	10.92	39.56
2017	100.00	7.17	21.52	20.22	11.51	39.59
2018	100.00	6.43	20.93	19.54	12.34	40.76
2019	100.00	6.00	21.92	19.36	12.47	40.24
2020	100.00	5.90	21.14	20.48	13.06	39.43
2021	100.00	6.77	22.58	18.60	11.81	40.24
2022	100.00	7.32	23.66	19.79	10.04	39.19
2023	100.00	6.66	24.33	22.83	7.76	38.41

2-7 各个计划时期地区生产总值平均发展指数

（以各个计划时期前一年为 100）

时　　期	地区生产总　值	第一产业	第二产业	第三产业	工业	建筑业	交通运输仓储和邮政业	批发和零售业
“一五”时期	111.2	106.9	113.9	109.9	113.6	114.3	109.9	108.0
“二五”时期	97.8	93.0	105.0	108.5	109.6	98.5	108.5	117.0
调整时期	112.4	116.8	115.1	105.7	119.9	104.5	105.6	94.3
“三五”时期	101.1	100.2	106.4	97.8	107.3	103.2	97.5	100.4
“四五”时期	105.4	98.6	112.4	105.7	112.0	113.4	106.0	108.6
“五五”时期	112.4	111.6	113.4	111.5	110.6	121.2	111.7	109.7
“六五”时期	114.0	108.1	116.7	115.2	120.4	107.1	116.5	116.3
“七五”时期	111.1	116.5	106.5	113.7	107.4	102.7	112.5	105.7
“八五”时期	123.6	109.4	126.2	129.8	126.8	122.6	139.6	136.2
“九五”时期	115.0	108.3	119.3	111.8	120.8	108.7	111.8	116.9
“十五”时期	111.2	102.8	112.9	112.0	113.2	111.8	110.1	110.6
“十一五”时期	113.9	102.2	114.1	116.1	113.6	116.3	108.0	116.4
“十二五”时期	111.0	102.1	112.5	110.8	112.0	114.2	108.3	108.3
“十三五”时期	107.7	103.6	106.4	109.4	105.5	108.5	107.7	109.4
“十四五”时期	106.0	104.3	105.8	106.2	104.9	107.6	108.0	109.6

2-8 按行业分增加值

单位：亿元

项　　目	2004年	2005年	2006年	2007年	2008年	2009年	2010年	2011年	2012年	2013年
地区生产总值	**1325.48**	**1426.56**	**1646.52**	**2053.43**	**2368.16**	**2679.44**	**3242.65**	**3819.75**	**4339.58**	**4857.74**
第一产业	159.89	165.03	162.89	191.44	218.12	224.62	261.60	294.05	329.54	355.21
第二产业	633.93	642.13	705.19	860.54	987.00	1146.05	1460.35	1715.40	1970.87	2229.90
第三产业	531.66	619.41	778.43	1001.45	1163.04	1308.77	1520.70	1810.30	2039.17	2272.63
工业	539.12	543.74	592.83	715.96	806.00	930.33	1184.72	1361.31	1547.48	1737.29
建筑业	97.60	101.25	115.46	148.42	185.33	220.61	281.96	361.52	431.66	498.17
批发和零售业	121.67	135.84	151.86	211.66	251.29	281.54	353.03	393.92	435.02	474.94
批发业	37.57	46.94	62.78	103.10	123.17	137.84	178.37	213.37	238.19	263.98
零售业	84.10	88.90	89.08	108.56	128.11	143.69	174.66	180.54	196.83	210.96
交通运输、仓储和邮政业	92.77	96.03	108.25	120.14	135.01	143.24	165.61	171.91	190.96	208.26
住宿和餐饮业	25.62	29.23	34.05	44.45	50.49	56.68	63.33	71.38	80.21	85.81
信息传输、软件和信息技术服务业	34.93	44.67	58.04	78.79	91.58	103.69	118.00	130.20	143.15	152.42
#软件和信息技术服务业	1.42	4.59	8.33	13.70	16.86	19.43	21.98	29.73	34.94	50.28
金融业	52.16	45.06	65.78	104.70	137.07	159.62	191.92	253.03	301.23	348.45
房地产业	48.22	77.59	120.29	125.02	124.40	133.30	140.08	206.91	230.42	263.18
#房地产开发经营业	11.14	31.47	63.75	59.36	51.31	54.96	59.38	88.53	103.93	128.82
租赁和商务服务业	18.64	34.97	55.38	77.94	99.74	116.21	129.13	156.42	188.02	224.09
科学研究和技术服务业	11.96	15.10	20.50	28.33	34.41	38.83	45.35	54.11	59.17	65.88
水利、环境和公共设施管理业	2.77	3.03	3.53	4.31	5.00	5.93	6.92	8.92	9.95	10.57
居民服务、修理和其他服务业	16.30	19.33	23.14	31.09	35.05	42.68	47.49	55.66	63.42	71.50
教育	34.64	41.05	48.14	59.58	69.27	79.45	85.84	98.80	103.56	112.52
卫生和社会工作	22.32	22.36	23.19	26.77	30.06	34.88	41.34	51.02	55.63	60.36
文化、体育和娱乐业	7.72	9.68	12.95	17.68	20.67	24.01	27.91	34.46	39.43	48.18
公共管理、社会保障和社会组织	38.30	41.73	42.63	58.70	65.35	73.91	87.79	104.86	118.84	128.18

2-8 续表 单位：亿元

项目	2014年	2015年	2016年	2017年	2018年	2019年	2020年	2021年	2022年	2023年
地区生产总值	5391.42	5777.42	6491.54	7503.69	8516.09	9472.30	10020.02	11324.48	12308.23	12928.47
第一产业	378.73	381.80	423.93	461.22	494.93	526.68	560.70	637.03	683.38	721.59
第二产业	2470.66	2556.68	2788.34	3099.78	3498.50	3702.61	3840.77	4289.80	4656.90	4675.12
第三产业	2542.03	2838.93	3279.26	3942.69	4522.66	5243.01	5618.55	6397.66	6967.95	7531.77
工业	1918.20	1876.89	2017.86	2196.10	2412.70	2480.91	2532.16	2758.62	3020.19	2997.28
建筑业	558.60	689.36	777.08	915.60	1103.42	1241.22	1328.23	1548.49	1656.81	1702.86
批发和零售业	524.74	581.13	651.26	762.29	848.59	1037.94	1078.06	1312.25	1506.51	1668.69
批发业	248.95	344.23	382.91	458.61	504.95	530.50	551.90	713.32	842.59	925.28
零售业	275.79	236.90	268.35	303.68	343.63	507.44	526.16	598.92	663.91	743.41
交通运输、仓储和邮政业	242.88	227.70	230.50	282.49	290.76	314.67	331.26	433.21	509.75	501.76
住宿和餐饮业	82.13	91.33	111.23	119.21	133.23	141.30	134.54	153.97	164.87	188.74
信息传输、软件和信息技术服务业	166.55	116.80	154.06	180.11	262.06	313.56				
#软件和信息技术服务业	45.61	54.75	100.31	109.81	167.42	202.22				
金融业	427.10	576.39	658.11	797.13	883.67	1015.19	1150.86	1189.90	1378.74	1719.85
房地产业	255.86	276.59	358.06	453.79	558.14	654.04	733.62	755.54	699.80	584.68
#房地产开发经营业	112.49	138.54	213.03	280.08	347.56	382.50				
租赁和商务服务业	257.76	209.76	231.16	325.03	365.89	398.07				
科学研究和技术服务业	74.69	155.75	181.36	159.63	210.76	288.60				
水利、环境和公共设施管理业	12.60	21.89	27.80	33.56	21.72	23.29				
居民服务、修理和其他服务业	95.04	33.75	65.71	91.11	156.65	203.94				
教育	124.73	189.15	200.93	218.97	233.05	249.87				
卫生和社会工作	64.08	114.77	94.76	128.71	137.47	147.39				
文化、体育和娱乐业	58.41	28.06	39.37	47.66	75.32	84.26				
公共管理、社会保障和社会组织	135.75	192.35	253.45	315.91	311.44	333.91				

2–9　三次产业对经济增长贡献

单位：%

年　份	地区生产总　值	第一产业	第二产业	第三产业	#工业	#交通运输、仓储和邮政业	#批发和零售业
2000	100.0	2.2	65.5	32.3	69.5	9.2	15.6
2001	100.0	0.4	55.8	43.8	48.9	8.4	15.1
2002	100.0	5.4	60.8	33.7	58.0	8.0	13.3
2003	100.0	0.9	66.5	32.6	54.7	8.6	7.7
2004	100.0	3.7	56.6	39.7	48.8	11.5	9.3
2005	100.0	3.0	45.9	51.1	45.2	10.2	9.7
2006	100.0	3.1	44.0	52.9	42.6	7.4	4.9
2007	100.0	2.9	38.9	58.2	31.8	0.3	17.3
2008	100.0	3.2	42.7	54.1	34.4	4.4	10.2
2009	100.0	3.1	48.6	48.3	37.7	2.9	12.6
2010	100.0	2.2	58.4	39.5	47.3	5.3	13.2
2011	100.0	2.8	54.8	42.4	42.2	4.4	8.7
2012	100.0	3.3	57.0	39.7	42.9	1.4	7.4
2013	100.0	3.0	54.4	42.6	43.2	3.1	7.8
2014	100.0	3.2	54.8	42.0	44.1	6.1	10.1
2015	100.0	2.8	37.9	59.3	27.6	2.7	4.0
2016	100.0	3.7	34.7	61.6	26.6	2.2	5.5
2017	100.0	2.8	33.4	63.8	29.4	5.5	8.4
2018	100.0	3.0	42.1	54.9	34.2	4.5	8.2
2019	100.0	2.6	24.2	73.3	11.8	3.5	23.7
2020	100.0	4.3	49.6	46.1	29.3	4.4	9.0
2021	100.0	4.0	32.5	63.5	26.3	6.8	17.8
2022	100.0	3.7	43.9	52.3	15.7	1.7	18.6
2023	100.0	4.2	35.0	60.7	12.5	4.3	21.1

2-10　2022年分县（市）区地区生产总值

单位：亿元

县（市）区	GDP	第一产业	第二产业	第三产业
福　州	**12308.23**	**683.38**	**4656.90**	**6967.95**
鼓楼区	2609.06		428.12	2180.94
台江区	679.57		60.02	619.54
仓山区	1045.07	1.86	410.95	632.25
晋安区	1137.19	8.89	288.84	839.46
马尾区	675.34	14.29	384.84	276.20
长乐区	1218.08	76.10	717.91	424.07
福清市	1604.42	132.67	772.18	699.57
闽侯县	1009.21	55.79	552.75	400.67
连江县	731.46	185.74	271.02	274.69
闽清县	446.26	41.27	258.19	146.80
罗源县	417.04	59.57	224.09	133.38
永泰县	367.83	64.58	195.12	108.12
平　潭	367.71	42.60	92.86	232.25

2-11 2023年分县（市）区地区生产总值及增速

县（市）区	地区生产总值（亿元）			
	GDP	第一产业	第二产业	第三产业
福　州	**12928.47**	**721.59**	**4675.12**	**7531.77**
鼓楼区	2850.67		423.86	2426.81
台江区	713.26		58.06	655.20
仓山区	1048.97	1.81	386.63	660.53
晋安区	1201.07	9.63	290.47	900.97
马尾区	700.44	14.98	384.28	301.19
长乐区	1246.35	80.98	699.50	465.88
福清市	1682.79	139.62	796.10	747.07
闽侯县	1030.50	59.62	554.98	415.90
连江县	788.25	194.39	294.47	299.39
闽清县	470.54	44.68	261.86	163.99
罗源县	451.14	62.69	242.10	146.35
永泰县	374.31	69.67	194.43	110.22
平　潭	370.19	43.51	88.41	238.26

2–11 续表

县（市）区	增速（%）			
	GDP	第一产业	第二产业	第三产业
福　州	**5.2**	**4.0**	**4.8**	**5.5**
鼓楼区	5.2		–3.3	6.9
台江区	3.5		1.1	3.8
仓山区	2.2	–7.5	2.5	2.0
晋安区	6.7	4.6	7.4	6.5
马尾区	5.0	4.5	6.4	3.2
长乐区	3.1	4.6	1.1	6.2
福清市	6.8	4.0	7.1	6.9
闽侯县	3.5	3.8	5.4	1.0
连江县	7.2	3.9	8.9	7.5
闽清县	6.6	4.7	6.8	6.9
罗源县	6.7	4.2	8.5	5.1
永泰县	2.7	4.4	5.0	–2.2
平　潭	3.0	3.5	5.0	2.2

主要统计指标解释

地区生产总值（CDP） 指按市场价格计算的一个国家（或地区）所有常住单位在一定时期内生产活动的最终成果。国内生产总值有三种表现形态，即价值形态、收入和产品形态。从价值形态看，它是所有常住单位在一定时期内所生产的全部货物和服务价值超过同期投入的全部非固定资产货物和服务价值的差额，即所有常住单位的增加值之和；从收入形态看，它是所有常住单位在一定时期内所创造并分配给常住单位和非常住单位的初次收入之和；从产品形态看，它是所有常住单位在一定时期内最终使用的货物和服务价值减去进口货物和服务价值。

在核算中，国内生产总值的三种表现形态表现为三种计算方法，即生产法、收入法和支出法。三种方法分别从不同的方面反映了国内生产总值及其构成。

按生产法计算，它等于各部门增加值之和；按收入法计算，它等于固定资产折旧、劳动者报酬、生产税净额和营业盈余之和；按支出法计算，它等于总消费、总投资和净出口之和。

在国内生产总值定义中，常住单位的概念对于确定计算国内生产总值的口径，明确各种的交易的范围具有十分重要的意义。所谓常住单位是指在一国经济领土上具有经济利益中心的经济单位。一国经济领土是由该国政府控制或拥有的地理领土组成的。若一个经济单位在一国的经济领土之内拥有一定的活动场所（住宅、厂房或其他建筑物等），从事一定规模的经济活动，并超过一定的时期（一般在一年以上），则称该经济单位在该国具有经济利益中心。国内生产总值反映了所有常住单位生产活动的最终成果。在这里，最终成果有双重含义：一是从使用价值形态上看，它包括了一切用于现期消费、投资和净出口的货物和服务，而不包括用于生产过程中的货物和服务；二是从价值形态上看，生产过程也是价值的转移过程，生产中耗用的产品（中间产品）价值随同生产过程转移到新产品价值之中，因此，必须在总产出基础上扣除一切中间产品的转移价值，以避免产品价值的重复计算。

支出法国内生产总值 指一个国家（或地区）所有常住单位在一定时期内用于最终消费、资本形成总额，以及货物和服务的净出口总额，它反映本期生产的国内生产总值的使用及构成。

最终消费 指常住单位在一定时期内对于货物和服务的全部最终消费支出，也就是常住单位为满足物质、文化和精神生活的需要，从本国经济领土和国外购买的货物和服务的支出，不包括非常住单位在本国经济领土内的消费支出。最终消费分为居民消费和政府消费。

资本形成总额 指常住单位在一定时期内获得的减去处置的固定资产加存货的变动，包括固定资本形成总额和存货增加。

劳动者报酬 指劳动者因从事生产活动所获得的全部报酬。包括劳动者获得的各种形式的工资、奖金和津贴，既包括货币形式的，也包括实物形式的，还包括劳动者所享受的公费医疗和医药卫生费、上下班交通补贴和单位支付的社会保险费、住房公积金等。对于个体经济来说，其所有者所获得的劳动报酬和经营利润不易区分，这两部分统一作为劳动者报酬处理。

生产税净额 指生产税减生产补贴后的余额。生产税指政府对生产单位生产、销售和从事经营活动以及因从事生产活动使用某些生产要素（如固定资产、土地、劳动力）所征收的各种税、附加费和规费。生产补贴与生产税相反，指政府对生产单位的单方面转移支出，因此视为负生产税，包括政策亏损补贴、价格补贴等。

固定资产折旧　指一定时期内为弥补固定资产损耗按照核定的固定资产折旧率提取的固定资产折旧，或按国民经济核算统一规定的折旧率虚拟计算的固定资产折旧。它反映了固定资产在当期生产中的转移价值。各类企业和企业化管理的事业单位的固定资产折旧是指实际计提并计入成本费中的折旧费；不计提折旧的政府机关、非企业化管理的事业单位和居民住房的固定资产折旧是按照统一规定的折旧率和固定资产原值计算的虚拟折旧。原则上，固定资产折旧应按固定资产的重置价值计算，但是目前我国尚不具备对全社会固定资产进行重估价的基础，所以暂时只能采用上述办法。

营业盈余　指常住单位创造的增加值扣除劳动者报酬、生产税净额和固定资产折旧后的余额。它相当于企业的营业利润加上生产补贴，但要扣除从利润中开支的工资和福利等。

3 人口

3-1 主要年份户籍总人口

单位：人

年份	总人口	按性别分		按农业非农业分		平均人口
		男性人口	女性人口	农业人口	非农业人口	
1952	2366838	1258301	1108538	1803319	563519	2351407
1957	2705794	1433059	1272737	1948659	757135	2665649
1962	3055681	1610988	1444693	2242362	811319	3004409
1965	3282024	1721422	1560602	2467566	814458	3186309
1970	3578846	1867451	1175395	2821277	757569	3541600
1975	4087603	2124558	1963045	3299201	788402	4038537
1978	4372830	2272780	2100050	3526942	845888	4326648
1979	4442268	2308402	2133886	3562568	879700	4407549
1980	4498461	2337786	2160675	3581365	917096	4470365
1985	4888568	2551715	2336853	3762220	1126348	4857514
1990	5352982	2799870	2563262	4117108	1235874	5272621
1995	5622715	2925882	2696833	4219259	1403456	5588723
2000	5892348	3057142	2835224	4240391	1651957	5861800
2001	5941392	3081672	2859720	4208914	1732478	5916870
2002	5975381	3097079	2878302	3702381	2273000	5958387
2003	6048599	3139966	2908633	3994310	2054289	6011990
2004	6093869	3160288	2933581	3952000	2141869	6071234
2005	6148355	3184862	2963493	3929085	2219270	6121112
2006	6227327	3225015	3002312	3849366	2377961	6187841
2007	6303043	3260786	3042257	3853353	2449690	6265185
2008	6359516	3284668	3074848	3730378	2629138	6331280
2009	6383266	3087408	3295858			6371391
2010	6458966	3330500	3128466			6421116
2011	6494105	3344623	3149482			6476536
2012	6552740	3371172	3181568			6523423
2013	6654949	3419418	3235531			6603845
2014	6749436	3462989	3286447			6702193
2015	6783656	3477602	3306054			6766546
2016	6870648	3516408	3354240			6827152
2017	6933529	3540554	3392975			6902089
2018	7026617	3583233	3443384			6980073
2019	7100850	3617221	3483629			7063734
2020	7154084	3640394	3513690			7127467
2021	7233587	3675140	3558447			7193836
2022	7288418	3699833	3588585			7261003
2023	7336312	3720288	3616024			7312365

注：2009 年户籍人口统计没有统计农业人口、非农业人口，下同。

3–2 主要年份户籍人口构成比重

单位：%

年 份	按性别分		按农业非农业分	
	男性人口	女性人口	农业人口	非农业人口
1952	53.16	46.84	76.19	23.81
1957	52.96	47.04	72.02	27.98
1962	52.72	47.28	73.45	26.55
1965	52.45	47.55	75.18	24.82
1970	52.18	47.82	78.32	21.68
1975	51.98	48.02	80.71	19.29
1978	51.98	48.02	80.66	19.34
1979	51.96	48.04	80.20	19.80
1980	51.97	48.03	79.61	20.39
1985	52.20	47.80	76.96	23.04
1990	52.12	47.88	76.91	23.09
1995	52.03	47.97	75.04	24.96
2000	51.52	48.48	71.28	26.92
2001	51.87	48.13	70.84	29.16
2002	51.83	48.17	61.96	38.04
2003	51.92	48.08	66.04	33.96
2004	51.86	48.14	64.85	35.15
2005	51.80	48.20	63.90	36.10
2006	51.79	48.21	61.81	38.19
2007	51.73	48.27	61.13	38.87
2008	51.65	48.35	58.66	41.34
2009	51.63	48.37		
2010	51.56	48.44	66.17	32.14
2011	51.50	48.50		
2012	51.45	48.55		
2013	51.38	48.62		
2014	51.31	48.69		
2015	51.26	48.74		
2016	51.18	48.82		
2017	51.06	48.94		
2018	51.00	49.00		
2019	50.94	49.06		
2020	50.89	49.11		
2021	50.81	49.19		
2022	50.76	49.24		
2023	50.71	49.29		

3-3 户籍人口变动情况

（2023年）

项目	单位	福州市	鼓楼区	台江区	仓山区	晋安区	马尾区	长乐区
年末总户数	户	2347670	191781	116819	228217	167589	65680	244228
年末总人口	人	7336312	633217	324030	702304	470824	198662	773495
男性人口	人	3720288	308469	158020	339741	227511	97755	404208
女性人口	人	3616024	324748	166010	362563	243313	100907	369287
出生人数	人	53120	4102	2027	6209	3646	1167	5370
死亡人数	人	31755	1595	1396	1430	1235	546	2429
人口自然增长数	人	21365	2507	631	4779	2411	621	2941
迁入人数	人	177287	26513	11690	33397	21704	5812	12127
迁出人数	人	150305	19401	11566	19153	13089	2536	12332
出生率	‰	7.26	6.53	6.26	8.96	7.84	5.93	6.95
死亡率	‰	4.34	2.54	4.31	2.06	2.65	2.78	3.15
人口自然增长率	‰	2.92	3.99	1.95	6.90	5.18	3.16	3.81
年平均人口	人	7312365	628419	323659	692806	465322	196726	772156

项目	单位	福州市						
		福清市	闽侯县	连江县	罗源县	闽清县	永泰县	平潭县
年末总户数	户	435202	237605	212028	85048	98610	129786	135077
年末总人口	人	1406226	732898	674895	268987	319261	378580	452933
男性人口	人	723441	370207	349989	140129	168416	201641	230761
女性人口	人	682785	362691	324906	128858	150845	176939	222172
出生人数	人	12373	5398	3155	1660	1839	2475	3699
死亡人数	人	7661	4103	2997	1581	1539	4048	1195
人口自然增长数	人	4712	1295	158	79	300	-1573	2504
迁入人数	人	22075	14698	10469	5073	2502	6060	5167
迁出人数	人	23843	11319	11459	5320	4544	7766	7977
出生率	‰	8.81	7.39	4.67	6.17	5.74	6.51	8.16
死亡率	‰	5.45	5.62	4.44	5.88	4.81	10.65	2.64
人口自然增长率	‰	3.35	1.77	0.23	0.29	0.94	-4.14	5.53
年平均人口	人	1404807	730576	675331	269079	320141	380228	453119

3-4　常住人口和城镇化率

县（市）区	常住人口（万人）																	
	2006年	2007年	2008年	2009年	2010年	2011年	2012年	2013年	2014年	2015年	2016年	2017年	2018年	2019年	2020年	2021年	2022年	2023年
福州市	**671.0**	**676.0**	**683.0**	**687.0**	**712.0**	**735.0**	**747.0**	**760.0**	**775.0**	**780.0**	**787.0**	**806.0**	**817.0**	**824.0**	**832.0**	**842.0**	**844.8**	**846.9**
鼓楼区	74.0	75.0	75.0	75.0	68.8	69.5	69.5	69.4	69.3	68.9	68.6	68.5	68.3	67.6	67.0	67.3	67.5	67.8
台江区	44.0	45.0	45.0	45.0	44.7	44.9	44.6	44.4	44.2	43.5	42.9	42.8	42.5	41.8	41.2	41.3	41.4	41.5
仓山区	59.0	60.0	60.0	60.0	76.3	80.9	84.4	88.0	92.1	94.8	97.7	103.5	107.8	111.3	115.0	116.9	118.0	118.5
晋安区	65.0	67.0	67.0	67.0	79.2	80.3	80.4	80.4	80.3	80.2	80.1	80.0	79.7	79.5	79.0	79.5	79.8	80.2
马尾区	25.0	26.0	24.0	24.0	23.2	24.1	24.7	25.3	26.0	26.4	26.8	27.6	28.2	28.7	29.2	29.6	29.6	29.7
长乐区	67.0	67.0	68.0	69.0	68.3	70.3	71.5	72.7	74.2	74.6	75.2	76.9	78.0	78.6	79.3	81.0	81.2	81.4
福清市	119.0	119.0	120.0	121.0	123.5	126.8	128.7	130.5	132.7	133.0	133.8	136.4	137.9	138.7	139.4	141.0	141.4	141.4
闽侯县	55.0	56.0	63.0	64.0	66.4	70.1	73.1	76.2	80.6	82.3	84.7	89.3	92.9	96.1	99.3	101.5	102.4	102.7
连江县	55.0	55.0	55.0	55.0	56.1	57.7	58.6	59.5	60.6	60.8	61.2	62.5	63.3	63.7	64.1	64.6	64.6	64.6
罗源县	20.0	20.0	20.0	20.0	20.8	21.5	22.0	22.5	23.1	23.4	23.7	24.4	24.9	25.3	25.6	25.9	26.0	26.1
闽清县	25.0	24.0	24.0	24.0	23.8	24.3	24.5	24.8	25.1	25.2	25.3	25.5	25.6	25.7	25.7	25.9	26.1	26.2
永泰县	28.0	27.0	27.0	27.0	24.9	25.6	26.0	26.3	26.8	26.9	27.0	27.6	27.9	28.0	28.2	28.5	28.6	28.7
平　潭	35.0	35.0	35.0	36.0	36.0	39.0	39.0	40.0	40.0	40.0	40.0	41.0	40.0	39.0	39.0	39.0	38.2	38.1

注：本表2009年前为人口变动抽样调查数据，2010年至2020年为人口普查核算数据。

3-4 续表

县（市）区	城镇化率（%）																	
	2006年	2007年	2008年	2009年	2010年	2011年	2012年	2013年	2014年	2015年	2016年	2017年	2018年	2019年	2020年	2021年	2022年	2023年
福州市	**55.5**	**55.9**	**57.5**	**58.5**	**62.0**	**63.1**	**64.1**	**65.6**	**66.7**	**68.0**	**69.0**	**70.3**	**71.4**	**71.8**	**72.5**	**73.0**	**73.3**	**73.9**
鼓楼区	100.0	100.0	100.0	100.0	100.0	100.0	100.0	100.0	100.0	100.0	100.0	100.0	100.0	100.0	100.0	100.0	100.0	100.0
台江区	100.0	100.0	100.0	100.0	100.0	100.0	100.0	100.0	100.0	100.0	100.0	100.0	100.0	100.0	100.0	100.0	100.0	100.0
仓山区	100.0	100.0	100.0	100.0	100.0	100.0	100.0	100.0	100.0	100.0	100.0	100.0	100.0	100.0	100.0	100.0	100.0	100.0
晋安区	93.7	94.0	96.2	96.7	97.4	97.4	97.4	97.4	97.4	97.4	97.4	97.4	97.4	97.4	97.5	97.5	97.5	97.6
马尾区	62.6	62.8	63.3	68.5	66.9	69.1	71.5	75.3	77.9	80.3	82.2	85.0	86.9	87.1	87.9	88.1	88.2	88.3
长乐区	33.3	33.8	36.2	38.9	40.7	42.6	44.6	47.5	49.6	51.8	53.6	56.0	57.9	58.8	60.0	63.0	63.3	63.8
福清市	31.2	31.9	33.3	38.8	38.1	39.7	41.3	43.8	45.5	47.4	48.7	50.6	52.1	52.6	53.6	53.8	54.0	54.9
闽侯县	26.9	27.7	36.3	39.4	44.5	46.1	47.8	50.5	51.8	54.1	55.8	57.5	58.9	59.3	60.1	60.4	60.7	61.2
连江县	33.3	33.6	34.1	34.7	35.2	36.8	38.4	40.7	42.5	44.3	45.7	47.6	49.1	49.7	50.7	50.9	51.1	51.9
罗源县	30.7	31.0	32.0	33.3	36.8	39.6	42.6	46.6	50.1	53.7	57.2	61.3	65.2	67.9	71.6	71.7	71.9	72.3
闽清县	26.7	27.0	27.8	29.2	30.6	31.9	33.3	35.3	36.8	38.1	39.2	41.1	42.6	43.0	43.8	44.1	44.4	46.7
永泰县	25.4	26.2	27.0	29.0	31.9	33.1	34.3	36.3	37.6	38.9	40.0	41.3	42.4	42.8	43.3	43.8	44.0	45.9
平　潭	18.4	19.0	19.5	33.9	31.8	37.7	38.8	40.5	42.5	44.5	46.7	48.9	51.0	52.5	53.7	56.6	58.8	61.6

注：本表 2009 年前为人口变动抽样调查数据，2010 年至 2020 年为人口普查核算数据。

主要统计指标解释

人口数 指一定时点、一定地区范围内的有生命的个人的总和。

人口密度 指一定时点一定地区的人口数与该地区的面积数之比，即一定时点的单位面积上人口数，通常以每平方公里的居住人数来表示：

出生率（又称粗出生率） 指在一定时期内（通常为一年）出生的人数与同期平均人数的比率，一般用千分率表示。

出生人数 指活产婴儿，即胎儿脱离母体时（不管怀孕月数），有过呼吸或其他生命现象。

死亡率（又称粗死亡率） 指在一定时期内（通常为一年）一定地区的死亡人数与同期平均人数（或期中人数）之比，一般用千分率表示。

人口自然增长率 指在一定时期内（通常为一年）一定地区人口自然增加数（出生人数减死亡人数）与该时期内平均人数（或期中人数）之比，一般用千分率表示。

人口自然增长率=（本年出生人数-本年死亡人数）÷年平均人数×1000‰

城镇化率 是城市化的度量指标，一般采用人口统计学指标，即城镇人口占总人口的比重（城镇人口是按国家统计局发布的《关于统计上划分城乡的规定》计算的）。

4 就业与职工工资

4-1 全社会从业人员

(1990–2023 年) 单位：万人

年 份	全社会从业人员
1990	245.83
1991	263.93
1992	274.65
1993	278.47
1994	274.03
1995	280.45
1996	298.09
1997	298.77
1998	297.02
1999	292.39
2000	293.62
2001	290.53
2002	294.42
2003	312.53
2004	321.07
2005	330.00
2006	340.01
2007	358.03
2008	364.00
2009	365.73
2010	358.00
2011	374.00
2012	382.00
2013	386.00
2014	394.00
2015	406.00
2016	409.00
2017	412.00
2018	416.00
2019	416.00
2020	420.00
2021	419.00
2022	404.00
2023	407.00

注：2010 年至 2020 年数据根据第七次全国人口普查数据调整。

4-2 按类分城镇非私营单位在岗职工人数及构成

(1987–2023年)

年 份	城镇非私营单位在岗职工人数（人）				构 成（%）		
	合 计	Ⅰ类	Ⅱ类	Ⅲ类	Ⅰ类	Ⅱ类	Ⅲ类
1987	724022	27743	373783	322496	3.83	51.63	44.54
1988	745247	26543	392814	325890	3.56	52.71	43.73
1989	745959	26338	383332	336289	3.53	51.39	45.08
1990	757935	25468	386649	345818	3.36	51.01	45.63
1991	788054	24184	406173	357697	3.07	51.54	45.39
1992	856301	23599	464511	368191	2.76	54.25	43.00
1993	881393	17324	499271	364798	1.97	56.65	41.39
1994	837106	19787	436504	380815	2.36	52.14	45.49
1995	823952	13892	339605	470455	1.69	41.22	57.10
1996	896108	16638	376872	502598	1.86	42.06	56.09
1997	877839	15459	363279	499101	1.76	41.38	56.86
1998	786225	13035	307732	465458	1.66	39.14	59.20
1999	698417	11342	330712	356363	1.62	47.35	51.02
2000	684213	10810	323294	350109	1.58	47.25	51.17
2001	687997	10717	335143	342137	1.56	48.71	49.73
2002	684803	9927	342925	331951	1.45	50.08	48.47
2003	726563	8971	392665	324927	1.24	54.04	44.72
2004	787736	8102	437559	342074	1.01	55.55	43.42
2005	809450	7883	461346	340221	0.97	57.00	42.03
2006	840593	7288	485247	348058	0.88	57.72	41.40
2007	861002	6305	492212	362485	0.73	57.17	42.10
2008	925431	6037	497407	421987	0.65	53.75	45.60
2009	946215	8171	480167	457877	0.86	50.75	48.39
2010	1001114	6981	526766	467367	0.70	52.62	46.68
2011	1210072	5991	747885	456196	0.50	61.81	37.69
2012	1315144	1650	823096	490398	0.13	62.59	37.28
2013	1288694	1473	724476	562745	0.11	56.22	43.67
2014	1322835	2047	749439	571349	0.15	56.65	43.19
2015	1412746	1888	809000	601858	0.13	57.26	42.60
2016	1411547	2081	793172	616294	0.15	56.19	43.66
2017	1406342	2593	764977	638772	0.18	54.39	45.43
2018	1539725	1702	861882	676141	0.11	55.98	43.91
2019	1504112	909	804963	698240	0.06	53.52	46.42
2020	1347071	870	658957	687244	0.06	48.92	51.02
2021	1335719	948	626601	708170	0.07	46.91	53.02
2022	1252270	1111	566980	684179	0.09	45.28	54.64
2023	1197221	1065	486811	709345	0.09	40.66	59.25

注：1.在岗职工人数含劳务派遣人员。

2. Ⅰ类是指农、林、牧、渔业。Ⅱ类是指工业和建筑业。Ⅲ类是指批发和零售业，交通运输、仓储和邮政业，住宿和餐饮业，信息传输、软件和信息技术服务业，金融业，房地产业，租赁和商务服务业，科学研究、技术服务业，水利、环境和公共设施管理业，居民服务、修理和其他服务业，教育，卫生和社会工作，文化、体育和娱乐业，公共管理、社会保障和社会组织。

4-3　城镇非私营单位年末从业人员

单位：人

项　　目	2010年	2011年	2012年	2013年	2014年	2015年	2016年
合　计	**1054803**	**1280693**	**1437040**	**1427513**	**1491695**	**1562270**	**1568274**
按行业分							
农、林、牧、渔业	7290	6598	2185	1998	2522	2502	2462
采矿业	1423	12714	2554	1099	1176	1189	1178
制造业	398048	441925	462770	435660	395979	394177	379460
电力、热力、燃气及水生产和供应业	16198	16621	16674	15484	18022	16056	17051
建筑业	143414	322710	436453	381339	472884	513543	516643
批发和零售业	39126	63555	73933	75955	71044	77290	75337
交通运输、仓储和邮政业	39246	40428	37750	50244	50211	50703	45319
住宿和餐饮业	21016	23256	22700	24940	24103	23912	24878
信息传输、软件和信息技术服务业	11906	16503	14557	17114	17572	28178	26775
金融业	30614	29991	32917	33131	34885	35062	33490
房地产业	26558	27071	28994	36027	38763	42280	44218
租赁和商务服务业	61075	17723	16974	47593	39678	42804	56713
科学研究、技术服务业	30626	31156	36157	38531	41107	42913	42783
水利、环境和公共设施管理业	13409	14022	14649	14426	17477	15470	15910
居民服务、修理和其他服务业	2830	2184	1847	2896	3619	3647	4931
教育	95116	100158	102113	109139	114667	111556	117530
卫生和社会工作	38831	45071	46596	50669	53074	53259	56330
文化、体育和娱乐业	14699	15511	12181	13811	13845	16115	14449
公共管理、社会保障和社会组织	63378	53496	75036	77457	81067	92114	92817
按类汇总							
Ⅰ类	7290	6598	2185	1998	2522	2502	2462
Ⅱ类	559083	793970	918451	833582	888061	924965	914332
Ⅲ类	488430	480125	516404	591933	601112	635303	651480

注：Ⅰ类是指农、林、牧、渔业。Ⅱ类是指工业和建筑业。Ⅲ类是指批发和零售业，交通运输、仓储和邮政业，住宿和餐饮业，信息传输、软件和信息技术服务业，金融业，房地产业，租赁和商务服务业，科学研究、技术服务业，水利、环境和公共设施管理业，居民服务、修理和其他服务业，教育，卫生和社会工作，文化、体育和娱乐业，公共管理、社会保障和社会组织。

4-3 续表

单位：人

项　　目	2017 年	2018 年	2019 年	2020 年	2021 年	2022 年	2023 年
合　计	**1587716**	**1742288**	**1761930**	**1561136**	**1456316**	**1372521**	**1288174**
按行业分							
农、林、牧、渔业	2949	1952	1041	1001	1010	1148	1086
采矿业	958	831	358	151	199	195	233
制造业	353641	347275	293813	280965	281071	253771	206055
电力、热力、燃气及水生产和供应业	17325	76815	73730	73036	71363	71630	71761
建筑业	530931	600158	629088	452160	338655	316674	261680
批发和零售业	76528	74850	74826	72566	64090	57487	55950
交通运输、仓储和邮政业	47532	37700	44238	42700	44683	44272	48410
住宿和餐饮业	25574	30473	25733	25423	27189	26241	27714
信息传输、软件和信息技术服务业	40706	53695	47919	47844	49784	48456	47449
金融业	36592	36021	67792	74019	67682	57139	50822
房地产业	43418	50161	48371	46010	45031	42037	37485
租赁和商务服务业	62949	71097	71644	65602	68095	68810	99241
科学研究、技术服务业	32142	34494	37763	37850	40631	37557	35885
水利、环境和公共设施管理业	14766	13633	17162	19066	18179	17022	13415
居民服务、修理和其他服务业	8175	7573	6459	8584	8050	10646	11255
教育	119770	125477	138785	131502	140270	136943	131495
卫生和社会工作	58380	58221	64645	62352	64987	64225	70632
文化、体育和娱乐业	14119	15067	15642	15993	15395	14183	13719
公共管理、社会保障和社会组织	101261	106795	102921	104311	109954	104085	103886
按类汇总							
Ⅰ类	2949	1952	1041	1001	1010	1148	1086
Ⅱ类	902855	1025079	996989	806311	691288	642270	539730
Ⅲ类	681912	715257	763900	753824	764018	729104	747358

4-4 城镇非私营单位在岗职工

单位：人

项　　目	2005年	2006年	2007年	2008年	2009年	2010年	2011年	2012年	2013年
合　计	**809450**	**840593**	**861002**	**925431**	**946215**	**1001114**	**1210072**	**1315144**	**1288694**
按行业分									
农、林、牧、渔业	7883	7288	6305	6037	8171	6981	5991	1650	1473
采矿业	1316	1264	1267	1137	2130	1422	10501	1793	642
制造业	368257	390331	394461	384282	371746	394295	436202	457156	429872
电力、热力、燃气及水生产和供应业	13238	14088	14520	15431	15529	16067	16461	16525	15297
建筑业	78535	79564	81964	96557	90762	114982	284721	347622	278665
批发和零售业	28571	28984	32987	36709	39970	38090	62634	70919	72943
交通运输、仓储和邮政业	29639	30256	32392	32560	35754	35454	36072	33188	46046
住宿和餐饮业	14584	13082	16669	16203	17814	20279	21250	22367	24375
信息传输、软件和信息技术服务业	8656	10708	11106	11145	10372	11621	16354	14541	17035
金融业	20974	21190	21826	23158	26796	27923	28398	31420	31533
房地产业	13371	14945	16911	16931	25260	25733	25881	28063	34735
租赁和商务服务业	10971	12625	14319	47017	53141	60645	17205	16599	47043
科学研究、技术服务业	15972	17202	17372	19329	23104	29515	30058	34959	37302
水利、环境和公共设施管理业	9208	9175	9527	10087	11840	12713	13682	13197	13611
居民服务、修理和其他服务业	3088	2994	3043	4084	3571	2562	1975	1673	2513
教育	84585	85354	84351	93273	93242	91240	95517	95874	101313
卫生和社会工作	29659	31215	30586	36110	39512	36531	42100	44537	48140
文化、体育和娱乐业	12508	12959	13123	15514	15136	13829	14665	11751	13363
公共管理、社会保障和社会组织	58435	57369	58273	59867	62365	61232	50405	71310	72793

注：在岗职工人数含劳务派遣人员。

4-4 续表 单位：人

项目	2014年	2015年	2016年	2017年	2018年	2019年	2020年	2021年	2022年	2023年
合计	**1322835**	**1412746**	**1411547**	**1406342**	**1539725**	**1504112**	**1347071**	**1335719**	**1252270**	**1197221**
按行业分										
农、林、牧、渔业	2047	1888	2081	2593	1702	909	870	948	1111	1065
采矿业	717	734	731	624	492	250	118	137	124	230
制造业	391295	387957	373288	348845	342040	286316	275538	275553	248137	202713
电力、热力、燃气及水生产和供应业	17766	15872	16896	17129	65809	65242	64631	63461	65472	65699
建筑业	339661	404437	402257	398379	453541	453155	318670	287450	253247	218169
批发和零售业	67620	72471	70678	71479	69748	65392	64135	56607	50860	49090
交通运输、仓储和邮政业	46640	48733	43385	43413	34706	43052	41662	43950	43830	47314
住宿和餐饮业	23630	23330	24287	25058	29854	25145	21785	23223	22513	24144
信息传输、软件和信息技术服务业	17531	27560	25884	40000	53022	47323	47382	49363	48159	47042
金融业	32591	32108	31659	33489	32398	40130	42257	46830	43699	46244
房地产业	37327	40902	41608	41271	49043	46571	44848	44165	41357	36372
租赁和商务服务业	39128	41965	55090	61181	69060	69569	64937	67302	68020	97640
科学研究、技术服务业	39941	41309	41224	30740	33526	36683	37154	39771	36781	34914
水利、环境和公共设施管理业	16533	14431	15107	13801	12824	16261	18260	17607	16458	13154
居民服务、修理和其他服务业	3297	3148	4084	5999	5468	5423	7706	7168	9917	10796
教育	107143	103353	108079	109349	115170	128486	121456	130086	127035	124104
卫生和社会工作	50721	50991	53621	55743	56035	62156	60419	63053	62265	69263
文化、体育和娱乐业	13306	15309	13732	13108	14178	14921	15400	13933	12993	12610
公共管理、社会保障和社会组织	75941	86248	87856	94141	101109	97128	99844	105113	100292	96658

4–5 城镇非私营单位其他从业人员

单位：人

项　　目	2005年	2006年	2007年	2008年	2009年	2010年	2011年	2012年	2013年
合　计	**31530**	**31297**	**62047**	**33005**	**40797**	**53689**	**70621**	**121896**	**138819**
按行业分									
农、林、牧、渔业	947	393	105	141	233	309	607	535	525
采矿业		34	5	49	68	1	2213	761	457
制造业	4651	5588	4476	5189	3496	3753	5723	5614	5788
电力、热力、燃气及水生产和供应业	615	482	242	249	242	131	160	149	187
建筑业	9933	9201	37884	9557	18374	28432	37989	88831	102674
批发和零售业	1274	1160	1012	648	1040	1036	921	3014	3012
交通运输、仓储和邮政业	3231	3307	3514	3637	2967	3792	4356	4562	4198
住宿和餐饮业	562	508	369	492	751	737	2006	333	565
信息传输、软件和信息技术服务业	217	155	79	63	77	285	149	16	79
金融业	2798	3219	3926	3268	2403	2691	1593	1497	1598
房地产业	1434	1417	3816	1019	1032	825	1190	931	1292
租赁和商务服务业	617	652	523	484	414	430	518	375	550
科学研究、技术服务业	944	854	784	988	1438	1111	1098	1198	1229
水利、环境和公共设施管理业	815	690	1466	1662	1921	696	340	1452	815
居民服务、修理和其他服务业	140	150	150	183	155	268	209	174	383
教育	1140	1111	1422	2029	2180	3876	4641	6239	7826
卫生和社会工作	965	979	906	1082	1427	2300	2971	2059	2529
文化、体育和娱乐业	516	448	300	395	848	870	846	430	448
公共管理、社会保障和社会组织	731	949	1068	1870	1731	2146	3091	3726	4664
按类汇总									
Ⅰ类	947	393	105	141	233	309	607	535	525
Ⅱ类	15199	15305	42607	15044	22180	32317	46085	95355	109106
Ⅲ类	15384	15599	19335	17820	18384	21063	23929	26006	29188

注：Ⅰ类是指农、林、牧、渔业。Ⅱ类是指工业和建筑业。Ⅲ类是指批发和零售业，交通运输、仓储和邮政业，住宿和餐饮业，信息传输、软件和信息技术服务业，金融业，房地产业，租赁和商务服务业，科学研究、技术服务业，水利、环境和公共设施管理业，居民服务、修理和其他服务业，教育，卫生和社会工作，文化、体育和娱乐业，公共管理、社会保障和社会组织。

4–5 续表 单位：人

项 目	2014 年	2015 年	2016 年	2017 年	2018 年	2019 年	2020 年	2021 年	2022 年	2023 年
合 计	**168860**	**150024**	**156727**	**181374**	**202563**	**257818**	**214065**	**120597**	**120251**	**90952**
按行业分										
农、林、牧、渔业	475	614	381	356	250	132	131	63	37	21
采矿业	459	455	447	334	339	108	33	62	71	3
制造业	4684	6220	6172	4796	5235	7497	5427	5518	5634	3343
电力、热力、燃气及水生产和供应业	256	184	155	196	11006	8488	8405	7902	6158	6062
建筑业	133223	109106	114386	132552	146617	175933	133490	51205	63427	43511
批发和零售业	3424	4819	4659	5049	5102	9434	8431	7483	6627	6861
交通运输、仓储和邮政业	3571	1970	1934	4119	2994	1186	1038	733	442	1096
住宿和餐饮业	473	582	591	516	619	588	3637	3966	3728	3570
信息传输、软件和信息技术服务业	41	618	891	706	673	596	462	421	297	406
金融业	2294	2954	1831	3103	3623	27662	31762	20852	13440	4578
房地产业	1436	1378	2610	2147	1118	1800	1163	866	680	1113
租赁和商务服务业	550	839	1623	1768	2037	2075	666	793	790	1601
科学研究、技术服务业	1166	1604	1559	1402	968	1080	696	860	777	971
水利、环境和公共设施管理业	944	1039	803	965	809	901	806	572	565	261
居民服务、修理和其他服务业	322	499	847	2176	2105	1036	879	882	729	459
教育	7524	8203	9451	10421	10307	10299	10046	10184	9908	7392
卫生和社会工作	2353	2268	2709	2637	2186	2489	1933	1933	1959	1369
文化、体育和娱乐业	539	806	717	1011	889	721	593	1462	1190	1108
公共管理、社会保障和社会组织	5126	5866	4961	7120	5686	5793	4468	4841	3793	7228
按类汇总										
Ⅰ类	475	614	381	356	250	132	131	63	37	21
Ⅱ类	138622	115965	121160	137878	163197	192026	147355	64687	75290	52919
Ⅲ类	29763	33445	35186	43140	39116	65660	66580	55848	44924	38013

4-6 城镇非私营单位从业人员平均工资

单位：元

项目	2022年			2023年		
	从业人员年平均工资	在岗职工年平均工资	其他从业人员年平均工资	从业人员年平均工资	在岗职工年平均工资	其他从业人员年平均工资
合 计	**112248**	**115549**	**76522**	**119840**	**123169**	**78803**
按国民经济行业分						
农、林、牧、渔业	86996	88962	31096	90791	92267	29755
采矿业	104813	107499	100267	66557	67226	13065
制造业	100917	101599	75582	102376	103223	65589
电力、热力、燃气及水生产和供应业	152612	161223	62629	156199	164604	64990
建筑业	78797	76801	87592	85663	84421	90807
批发和零售业	92869	94268	82107	95075	101097	51452
交通运输、仓储和邮政业	101162	101762	42691	112094	113028	64691
住宿和餐饮业	44097	45757	34821	48879	54536	12626
信息传输、软件和信息技术服务业	138266	138665	81753	147382	148040	70348
金融业	199857	237186	89280	229964	243208	106857
房地产业	91136	91734	54296	94211	95068	56463
租赁和商务服务业	84486	84921	52851	89985	88806	166990
科学研究、技术服务业	163559	165503	75737	160474	162755	78967
水利、环境和公共设施管理业	63980	64686	39972	73303	73960	39093
居民服务、修理和其他服务业	77303	77597	74593	79860	78211	87960
教育	130348	136337	50072	134307	139280	51291
卫生和社会工作	173202	176638	65089	186451	188252	95231
文化、体育和娱乐业	112063	120396	35305	119796	128884	34313
公共管理、社会保障和社会组织	140696	144861	35997	136278	139794	89727
按类汇总						
Ⅰ类	86996	88962	31096	90791	92267	29755
Ⅱ类	96397	97896	84102	103133	105276	85676
Ⅲ类	125730	129853	65686	130381	133798	70018

注：Ⅰ类是指农、林、牧、渔业。Ⅱ类是指工业和建筑业。Ⅲ类是指批发和零售业，交通运输、仓储和邮政业，住宿和餐饮业，信息传输、软件和信息技术服务业，金融业，房地产业，租赁和商务服务业，科学研究、技术服务业，水利、环境和公共设施管理业，居民服务、修理和其他服务业，教育，卫生和社会工作，文化、体育和娱乐业，公共管理、社会保障和社会组织。

4–7 按行业分城镇非私营单位在岗职工年平均工资

单位：元

项目	2005 年	2006 年	2007 年	2008 年	2009 年	2010 年	2011 年	2012 年	2013 年	2014 年
合计	**18314**	**20666**	**23950**	**27521**	**30704**	**34806**	**41725**	**48089**	**53333**	**58839**
按国民经济行业分										
农、林、牧、渔业	13188	13952	16317	19084	18002	23569	30702	36146	37092	36877
采矿业	18616	20643	19995	23636	31232	33073	22734	28823	32675	43157
制造业	14199	15937	18101	20992	23040	27000	34221	41275	46251	52481
电力、热力、燃气及水生产和供应业	33424	36065	45131	50917	55575	62756	72250	82277	88048	100610
建筑业	17260	19583	22612	26838	28721	35611	42916	44585	47923	54852
批发和零售业	16657	18769	20874	23217	25918	28539	31522	39904	42543	45940
交通运输、仓储和邮政业	19530	22676	27948	30559	32160	37655	43389	47317	51697	56340
住宿和餐饮业	12485	13929	15118	16397	17407	19942	25714	29112	32901	35587
信息传输、软件和信息技术服务业	46543	45781	46666	49996	57221	65699	65025	63674	76913	80235
金融业	38004	48960	61705	77845	83754	96864	114514	126949	136402	137976
房地产业	16392	18191	20594	29235	29559	27329	37683	45065	49494	56372
租赁和商务服务业	19149	17617	21976	21128	22541	23838	35449	44311	66016	60278
科学研究、技术服务业	28010	29815	36589	38939	39601	43013	49641	57660	65201	64020
水利、环境和公共设施管理业	17529	19601	20838	22355	23114	23276	27942	33904	35455	44518
居民服务、修理和其他服务业	13773	15416	18220	18833	21396	35152	34945	32940	33377	41281
教育	21508	24455	28785	32147	39153	41358	47024	53067	56874	60459
卫生和社会工作	22236	24639	30010	32208	36477	44677	57399	64686	73784	81927
文化、体育和娱乐业	22438	26286	29708	31594	32962	39814	44582	51893	59763	67666
公共管理、社会保障和社会组织	23172	26694	32167	40138	43622	46603	49434	60345	61933	65072

注：在岗职工含劳务派遣人员。

4-7 续表 单位：元

项 目	2015 年	2016 年	2017 年	2018 年	2019 年	2020 年	2021 年	2022 年	2023 年	2023 年比 2022 年增长 (%)
合 计	**62478**	**67630**	**75133**	**83175**	**88952**	**96478**	**108133**	**115549**	**119840**	**3.7**
按国民经济行业分										
农、林、牧、渔业	42131	42767	51394	53927	64698	72353	79334	88962	90791	2.1
采矿业	44362	44819	39666	37831	116838	74324	114042	107499	66557	−38.1
制造业	55812	62126	66186	74246	77949	81670	95540	101599	102376	0.8
电力、热力、燃气及水生产和供应业	96046	106494	112360	134970	139756	143651	157585	161223	156199	−3.1
建筑业	53902	55964	62528	67013	68804	73829	76562	76801	85663	11.5
批发和零售业	49996	53170	57724	69448	79493	76068	86350	94268	95075	0.9
交通运输、仓储和邮政业	62239	70024	77388	78938	90451	91282	100746	101762	112094	10.2
住宿和餐饮业	39542	38087	37406	41962	39869	43465	48929	45757	48879	6.8
信息传输、软件和信息技术服务业	81409	92963	96789	100674	115348	120881	132005	138665	147382	6.3
金融业	144479	148474	162115	180244	194252	202180	224764	237186	229964	−3.0
房地产业	63799	64898	68056	73690	81352	85943	93200	91734	94211	2.7
租赁和商务服务业	58699	64406	75698	67953	68429	74807	88051	84921	89985	6.0
科学研究、技术服务业	75171	81461	103614	114640	133143	140736	153223	165503	160474	−3.0
水利、环境和公共设施管理业	46442	52457	65083	54926	55307	59307	59597	64686	73303	13.3
居民服务、修理和其他服务业	45437	48779	51199	62709	67033	65063	70393	77597	79860	2.9
教育	70282	77604	88989	101073	101967	109474	119775	136337	134307	−1.5
卫生和社会工作	95961	103842	111384	119673	130764	136822	157539	176638	186451	5.6
文化、体育和娱乐业	67749	73610	80831	88378	86311	96895	101992	120396	119796	−0.5
公共管理、社会保障和社会组织	74164	83064	92934	99568	106889	119007	128529	144861	136278	−5.9

主要统计指标解释

全社会从业人员　指从事一定社会劳动并取得劳动报酬或经营收入的人员。包括：

（1）在岗职工；

（2）再就业的离退休人员；

（3）私营业主；

（4）个体业主；

（5）私营和个体从业人员；

（6）乡镇企业从业人员；

（7）农村从业人员；

（8）其他从业人员（包括宗教职业者等）。

城镇非私营单位从业人员　指城镇地区全部非私营法人单位，具体包括国有单位、城镇集体单位、联营、股份制、外商投资、港澳台商投资等单位的就业人员。

在岗职工　指在国有经济、城镇集体经济、联营经济、股份制经济、外商和港澳台投资经济、其他经济单位及其附属机构工作，并由其支付工资的各类人员，不包括返聘的离退休人员、民办教师、在国有经济单位工作的外方人员和港澳台人员。

从业人员工资总额　指各单位在一定时期内直接支付给本单位全部从业人员的劳动报酬总额。包括职工工资总额和本单位其他从业人员劳动报酬两部分。

职工工资总额　指各单位在一定时期内直接支付给本单位全部职工的劳动报酬总额。工资总额的计算原则应以直接支付给职工的全部劳动报酬为凭据。各单位支付给职工的劳动报酬以及其他根据有关规定支付的工资，不论是计入成本还是不计入成本的，不论是按国家规定列入计征奖金税项目的，还是未列入计征奖金税项目的，不论是以货币形式支付的还是以实物形式支付的，均包括在工资总额内。

其他从业人员工资总额　指各单位在一定时期内直接支付给本单位其他从业人员的全部劳动报酬。

职工平均工资　指在岗职工在一定时期内平均每人所得的工资总额。是反映职工工资水平的主要指标。

5 农林牧渔业

5-1 农村基层基本情况

项 目	单 位	1995 年	2000 年	2005 年	2007 年	2008 年	2009 年	2010 年	2011 年	2012 年	2013 年
乡（镇）政府	个	156	157	146	146	145	145	145	145	145	145
乡政府	个	56	51	47	47	47	47	47	47	47	47
镇政府	个	100	106	99	99	98	98	98	98	98	98
村民委员会	个	2490	2477	2422	2388	2400	2393	2393	2393	2395	2396
乡村户数	户	1064409	1179647	1236397	1272609	1288521	1303155	1314568	1324438	1327214	1345900
乡村人口数	人	4330795	4432781	4418912	4468405	4486920	4504721	4517925	4552645	4562606	4622152
乡村劳动力资源数	人	2126068	2241281	2456334	2461856	2492513	2509285	2524917	2560078	2576923	2615153
乡村从业人员数	人	1883781	2039022	2087147	2115910	2125964	2167682	2184081	2207312	2222069	2256078
#农、林、牧、渔业	人	1131650	1124898	1011933	955874	943568	919786	903145	903595	890473	881346
国有农林牧渔业劳动力	人	15253	11853	3439	3208	3158	2981	2887	2898	2899	2885
国有农林牧渔场	个	57	42	28	28	28	26	26	26	26	26
自来水受益村数	个	1293	1489	1699	1892	1988	2126	2191	2208	2239	2271
通汽车村数	个	2307	2442	2371	2367	2388	2381	2384	2384	2386	2387
通电话村数	个	2003	2470	2395	2387	2398	2392	2392	2392	2394	2396

注：2015 年、2016 年、2017 年主要农产品的生产情况等数据，以第三次全国农业普查数据为基础进行了核定和修订，下同。

5-1 续表

项　　目	单 位	2014年	2015年	2016年	2017年	2018年	2019年	2020年	2021年	2022年	2023年
乡（镇）政府	个	145	145	145	145	145	145	145	135	135	135
乡政府	个	47	47	47	47	47	47	43	38	38	38
镇政府	个	98	98	98	98	98	98	102	97	97	97
村民委员会	个	2396	2396	2396	2387	2392	2393	2394	2376	2354	2332
乡村户数	户	1359599	1380152	1380181	1382547	1396452	1402591	1403765	1355243		
乡村人口数	人	4685505	4751828	4751923	4762426	4774052	4830721	4785365	4628464		
乡村劳动力资源数	人	2682557	2713083	2713137	2729916	2729918	2740466	2702041	2607763		
乡村从业人员数	人	2289825	2326611	2328317	2340191	2331562	2329982	2290552	2209290		
#农、林、牧、渔业	人	866408	843386	843403	845624	846375	845624	821919	799652		
国有农林牧渔业劳动力	人										
国有农林牧渔场	个										
自来水受益村数	个	2265	2276	2297	2283	2279	2258	2309			
通汽车村数	个										
通电话村数	个										

5-2　农业机械拥有量

项　　目	单 位	1995 年	2000 年	2005 年	2006 年	2007 年	2008 年	2009 年	2010 年	2011 年	2012 年
农业机械总动力	**千瓦**	**1156125**	**1407517**	**1540512**	**1543211**	**1548417**	**1550177**	**1607019**	**1328325**	**1346272**	**1376763**
柴油发动机动力	千瓦	867238	1119010	1298738	1312250	1327891	1345246	1363883	1077402	1110471	1124035
汽油发动机动力	千瓦			63915	50372	38829	23048	21844	33016	35935	36610
电动机动力	千瓦			177859	180589	181697	181883	221292	217907	199866	216118
耕作机械	台	23562	13910	20803	7431	21307	6755	7270	6991	6765	6992
大中型拖拉机	台	403	93	103	126	128	129	164	194	242	269
小型拖拉机（含变型拖拉机）	台	23159	13817	20700	7305	6918	6626	7106	6797	6523	6723
农用排灌机械动力	千瓦	100349	98965	98668	100935	110645	105005	115133	110417	110853	111786
排灌动力机械	台	9523		9846	9853	10464	10845	11581	10766	10910	10971
农用水泵	台	6869	8997	9163	8833	9178	10638	10897	10582	10816	10910
收获机械	千瓦	17356	1815	4726	7129	9104	12446	15426	17608	18365	19258
机动脱粒机	台	54	5916	6736	6556	6539	6603	6658	6632	6839	6621
植保机械	千瓦	2557	2228	2748	2958	3267	3459				
畜牧养殖机械	千瓦	19650	21312	20273	21254	27489	27933	28737	28833	27618	27635
饲草料加工机械	台	2976	2809	2684	2817	2542	2392	2394	2366		
林业机械	千瓦			272	272	272					
渔业机械	千瓦	313470	456418	473150	476120	552782	614155	721033	487169	496264	505728
农产品初加工动力机械	千瓦	114005	114029	105269	104269	110615	111545	114823	111689	112019	116750
运输机械	千瓦	358670	444070	518708	506918	377452	534407	430957	408137	402644	407194
农用载重汽车	辆	2373	2552	2377	2245	1525	737				
机动运输船	艘	2129	2197	2314	2376	1642	789				
农用运输车	辆	3140	5447	4613	4370	4313	4491	4954	4621	4342	4461

5-2 续表

项目	单位	2013年	2014年	2015年	2016年	2017年	2018年	2019年	2020年	2021年	2022年	2023年
农业机械总动力	千瓦	**1400091**	**1429751**	**1453959**	**1457360**	**1198094**	**1162935**	**1116666**	**1131283**	**1107192**	**1118269**	**1117558**
柴油发动机动力	千瓦	1128510	1148587	1140033	1140748	949007	927588	886362	891264	859884	860929	860259
汽油发动机动力	千瓦	58481	45565	68930	70160	43825	42266	41687	45497	47726	49272	50781
电动机动力	千瓦	213100	235599	244149	246452	206949	192958	188502	194398	199457	207934	206384
耕作机械	台	6909	6652	6648								
大中型拖拉机	台	319	385	430	549	607	536	512	523	528	518	448
小型拖拉机（含变型拖拉机）	台	6590	6267	6218	6125	4965	5090	4781	4399	3836	3696	2446
农用排灌机械动力	千瓦	111621	112012	112539	113336	106190						
排灌动力机械	台	11029	11088	11167	11225	10118	10505	10272	10141	9966	9851	9601
农用水泵	台	11088	11052	11099	11132	9739	9362	9100	9066	8869	8754	8492
收获机械	千瓦	20114	19365	19728	20301	19161	23583	10824	11180	11743	12162	10380
机动脱粒机	台	6629	8066	8446	6857	2283	2312	2076	2484	2797	1077	1091
植保机械	千瓦			10598	11597	10211	5645	5589	6348	6453	6732	6908
畜牧养殖机械	千瓦	27771	28324	28607	28114	23649	23055	21827	21369	21209	21552	21401
饲草料加工机械	台			2498	2471	2089	2035	1974	1951	1935	1927	1910
林业机械	千瓦											
渔业机械	千瓦	527813	554849	586715	597977	570391	501257	462434	514755	457787	424737	419526
农产品初加工动力机械	千瓦	104057	122213	106980	119117	106105	103681	101598	101113	100640	103491	110011
运输机械	千瓦	399930	380273	368672	230478	173843						
农用载重汽车	辆											
机动运输船	艘											
农用运输车	辆	4436	4299	4240								

5-3 农业基础设施

项　　目	单　位	1995 年	2000 年	2005 年	2007 年	2008 年	2009 年	2010 年	2011 年	2012 年	2013 年
农业机械使用											
机耕地面积	公顷	55240	56797	53926	54102	102930	113482	113611	115011	117980	118734
机械播种面积	公顷	73	498	138	171	211	962	2607	4714	6690	10081
机械收割面积	公顷	833	3005	12074	17137	21145	26688	27369	29134	31644	32074
农村电力设施											
乡村办水电站	处	327	330	355	360	360	359	368	370	373	372
发电能力	千瓦	56710	89390	158644	180478	185553	193863	267323	276666	288868	280456
农村用电量	万千瓦时	118636	153755	449280	605714	618858	623851	731578	779260	1080019	1127109
化肥施用量											
按折纯量计算	吨	130019	128390	112290	86717	86578	87337	85872	87840	87349	87997
氮　肥	吨	60777	54840	45928	34380	33531	32936	32115	32158	32189	32373
磷　肥	吨	16953	15896	14263	11614	11613	11408	11340	11449	11407	11522
钾　肥	吨	25061	26353	24697	19379	19316	19416	18606	19145	18874	19099
复合肥	吨	27228	31301	27402	21344	22118	23577	23811	24728	24879	25003
农用塑料薄膜使用量	吨	3736	4292	4578	4940	4955	4991	4796	5183	5525	5772
# 地膜使用量	吨	1240	1566	2094	2260	2281	2329	2239	2387	2507	2688
农用柴油使用量	吨	140136	174089	176506	215515	222596	227403	233955	242289	243886	246339
农药使用量	吨	6399	8357	7931	8156	8144	8488	8509	8391	8272	8297

5-3 续表

项　　目	单　位	2014年	2015年	2016年	2017年	2018年	2019年	2020年	2022年	2023年
农业机械使用										
机耕地面积	公顷	126536	130355	131207	80635	70319	80246	86640	94174	96439
机械播种面积	公顷	13841	16979	16937	12022	20406	23507	29813	34748	37915
机械收割面积	公顷	35069	37296	40948	39936	42052	51102	63220	67673	67755
农村电力设施										
乡村办水电站	处									
发电能力	千瓦									
农村用电量	万千瓦时	1215403	1187043	1201617	1191432	1232722	1260112	1290880		
化肥施用量										
按折纯量计算	吨	90465	91744	93200	88478	84729	81351	78416	72810	71162
氮　肥	吨	32873	34116	34645	32137	30546	29516	28699	26442	25787
磷　肥	吨	12066	12501	12718	11789	11299	10938	10668	9760	9533
钾　肥	吨	19641	19506	19896	17397	16538	15259	14750	13756	13411
复合肥	吨	25885	25621	25941	27155	26346	25638	24299	22851	22431
农用塑料薄膜使用量	吨	6061	6159	6198	6311	6308	6172	6155	6111	6056
#地膜使用量	吨	2848	2938	2977	3083	3132	3137	3187	3179	3141
农用柴油使用量	吨	248238	245784	247202	227305	225758	225306	221233	222657	218845
农药使用量	吨	8628	8202	8398	7894	7334	5587	4859	4499	4257

5-4 主要年份农作物播种面积

单位：公顷

年 份	合 计	粮食作物	#谷 物	经济作物	其他作物
1952	292589	263941	190147	15537	13111
1957	316472	279965	188653	17312	19195
1962	285511	254457	164220	12410	18644
1965	304627	258924	175076	18518	27185
1970	302445	265275	182240	12879	24291
1975	328225	274193	193685	16693	37339
1978	329089	275119	191684	20170	33799
1979	328075	271517	185714	24411	32147
1980	320909	265343	183469	27167	28399
1985	281825	225346	166242	28503	27977
1990	357606	266969	171475	24551	66087
1995	380705	263954	169112	20282	96468
2000	388129	254791	158170	17173	116165
2001	361740	229504	141486	18201	114034
2002	355112	220135	136879	20504	114474
2003	336468	198916	125062	23081	114471
2004	327271	190057	120222	21005	116209
2005	315599	179995	111916	22740	112864
2006	316310	178766	111501	23093	114451
2007	261922	123231	82624	22359	116332
2008	260431	121945	77717	21935	116551
2009	260734	118693	73502	20828	121213
2010	261686	115991	69085	22965	122731
2011	262553	113173	67590	23534	125846
2012	260727	106882	63395	24139	129705
2013	263152	105117	61091	24769	133266
2014	266454	103683	61254	25375	137396
2015	246160	86653			
2016	238798	83251	44619	22093	133455
2017	240760	82533	42876	21351	136876
2018	247215	83334	41778	22514	141366
2019	255873	84295	40924	23959	147618
2020	262782	86251	41307	23262	153269
2021	268441	86326	41410	23804	158312
2022	275173	86678	41549	24484	164011
2023	280501	87299	41943	25094	168108

5-5 粮食作物播种面积

单位：公顷

项目	1995年	2000年	2005年	2006年	2007年	2008年	2009年	2010年	2011年	2012年
总计	**263954**	**254791**	**179995**	**178766**	**123231**	**121945**	**118693**	**115991**	**113173**	**106882**
按收获季节分										
春收粮食	31298	33583	16197	15669	7447	8530	8725	8674	8761	8763
夏收粮食	78966	76322	50445	47378	27629	25554	25068	22987	22778	22168
秋收粮食	153690	144886	113353	115719	88155	87861	84899	84329	81634	75951
按品种分										
稻谷	169112	158170	111916	111501	82624	77717	73505	69085	67590	63395
早稻	69913	66499	41986	39528	22933	20685	19804	17530	17185	16384
中稻和一季晚稻	32217	30793	34913	36606	34214	33001	33243	31642	30059	29219
双季晚稻	66982	60878	35016	35367	25476	24031	20458	19913	20345	17791
甘薯	48100	46576	38095	38602	25950	28101	28320	29586	27780	25327
马铃薯	7320	11116	10724	10498	6736	7067	8211	8236	8324	8411
杂粮	1498	2184	2175	1886	1674	1756	1741	1958	2121	2306
大豆	11596	11159	8825	8546	4607	4829	5377	5554	5837	5919
杂豆	9547	13622	8253	7707	1095	2049	1535	1567	1516	1521

5-5 续表

单位：公顷

项　　目	2013年	2014年	2015年	2016年	2017年	2018年	2019年	2020年	2021年	2022年	2023年
总　计	**105117**	**103683**	**86653**	**83251**	**82540**	**83334**	**84295**	**86251**	**86326**	**86678**	**87299**
按收获季节分											
春收粮食	8943	9076		11778	11078	11237	13233	12618	12511	12604	12636
夏收粮食	21726	21277		12479	13025	12219	10094	12307	12344	12465	12403
秋收粮食	74449	73330		57330	58436	59878	60969	61326	61471	61609	62260
按品种分											
稻　谷	61091	58670	46527	44619	41121	39966	38987	39210	39265	39359	39674
早　稻	15877	15210	11747	10923	8640	7750	7395	7380	7359	7402	7271
中稻和一季晚稻	28385	27921	22667	21041	21402	21147	20725	20896	20959	20623	20899
双季晚稻	16830	15539	12113	10679	11079	11069	10867	10933	10947	11334	11504
甘　薯	25502	25902	22713	22723	23249	24301	25269	25912	25949	26015	26153
马铃薯	8565	8723	10307	10703	11010	11514	11869	11919	11780	11852	11853
杂　粮	2445	2584	2749	1976	1755	1812	1936	2097	2145	2190	2269
大　豆	5937	6183	6476	3542	3664	3905	4272	4551	4628	4706	4762
杂　豆	1577	1622	1643	1663	1738	1837	1963	2562	2558	2556	2588

5-6 经济作物和其他农作物播种面积

单位：公顷

项 目	1995年	2000年	2005年	2006年	2007年	2008年	2009年	2010年	2011年	2012年
经济作物	**20282**	**17173**	**22740**	**23093**	**22359**	**21935**	**20828**	**22965**	**23534**	**24139**
# 油料	15160	15601	17687	18142	19991	19336	20058	20198	20546	21184
#花生	14029	14691	17562	18027	19887	19220	19865	19930	20259	20886
油菜籽	1114	909	122	109	101	111	187	263	284	296
甘蔗	1654	727	769	749	354	440	433	447	442	416
烟叶	479	567	21	21	16	6	6	1		
其他农作物	**96468**	**116165**	**112864**	**114451**	**116332**	**116551**	**121213**	**122731**	**125846**	**129705**
# 蔬菜	74923	90190	97317	99037	99396	100462	103256	106753	109600	113676
西瓜	3717	3639	4933	5162	4976	4919	5139	5185	5258	5220
绿肥	14273	15895	5864	5429	5161	4978	4922	4893	4909	4736
青饲料		2141	2343	2195	2054	1653	1619	1594	1676	1676

5-6 续表　　　　单位：公顷

项　　目	2013年	2014年	2015年	2016年	2017年	2018年	2019年	2020年	2021年	2022年	2023年
经济作物	**24769**	**25375**	**26317**	**22093**	**21347**	**22515**	**23959**	**23262**	**23804**	**24484**	**25094**
# 油料	21669	22417	23451	19225	18662	20558	21111	21709	22114	22716	23254
#花生	21354	22079	23068	18037	17454	18855	19609	20367	20616	21011	21347
油菜籽	310	329	369	1149	1198	1691	1489	1329	1485	1692	1893
甘蔗	429	428	420	645	647	528	547	568	603	615	622
烟叶											
其他农作物	**133266**	**137396**	**142269**	**133455**	**136876**	**141366**	**147618**	**153269**	**158312**	**164011**	**168108**
# 蔬菜	117014	121154	125511	124899	128176	134581	139874	144350	148925	153739	157949
西瓜	5442	5499	5473	3453	2783	3142	3264	3403	3213	3288	3294
绿肥	4609	4490	4056	579	770					626	648
青饲料	1559	1422	1437	491	472	97	40	40	40	40	40

5-7 各类水果种植面积

单位：公顷

项　　目	1995年	2000年	2005年	2006年	2007年	2008年	2009年	2010年	2011年	2012年
水果种植面积	**48729**	**48032**	**45405**	**44826**	**44829**	**45758**	**46343**	**47035**	**47709**	**48665**
#柑桔	15451	10726	8341	8418	8429	8262	6026	8383	8660	8878
龙眼	3318	4745	4354	4122	4205	4184	4204	4382	4480	4589
荔枝	404	325	292	307	262	269	269	257	277	270
香蕉	861	822	1117	1230	1232	1173	1143	1151	1162	1185
枇杷	2611	3015	5168	5183	5504	5642	5809	6071	6418	6585
橄榄	4000	5754	5792	5732	5704	6922	7326	7556	7601	7640
柿	2707	2454	1951	1931	1827	1762	1747	1830	1830	2081
桃	2073	1576	1718	1672	1696	1818	1819	1823	1821	1797
李	6832	9942	9165	9130	9097	9063	9224	9177	8947	9149
柚	152	198	222	227	218	221	281	273	303	303
梨	432	377	357	377	380	398	396	411	398	405
葡萄	562	565	672	647	656	657	660	660	674	667
杨梅	768	458	366	414	414	391	386	384	387	386

5-7 续表　　单位：公顷

项　　目	2013年	2014年	2015年	2016年	2017年	2018年	2019年	2020年	2021年	2022年	2023年
水果种植面积	**49968**	**51015**	**51541**	**42768**	**44603**	**43959**	**51423**	**52579**	**53213**	**54384**	**55717**
#柑桔	9135	9316	9503	8912	9279	8753	10325	10637	11106	11550	12120
龙眼	4643	4703	4714	3855	3964	4848	5862	5926	5884	6021	6106
荔枝	269	269	273	295	333	290	398	379	383	390	401
香蕉	1199	1226	1268	1041	1101	1021	1111	1155	1167	1194	1214
枇杷	6783	7034	7092	5629	5870	5176	5347	5540	5512	5566	5600
橄榄	7717	8169	8207	6519	6799	5990	7077	7194	7249	7272	7354
柿	2083	2062	2049	1313	1297	1257	1536	1663	1695	1770	1747
桃	1703	1701	1726	1557	1612	1623	2022	2081	2119	2182	2261
李	9682	9769	9902	7825	8057	8872	10347	10442	10308	10489	10846
柚	389	530	567	814	979	693	769	956	1069	1161	1224
梨	402	410	416	450	490	383	445	452	461	466	471
葡萄	763	737	744	665	745	708	820	889	880	907	915
杨梅	366	359	370	339	354	316	371	371	376	393	401

5-8 主要年份茶叶水果种植面积及产量

年份	茶叶		水果	
	种植面积（公顷）	产量（吨）	种植面积（公顷）	产量（吨）
1952	1141	248	2751	16377
1957	1812	322	4763	31506
1962	1611	198	4434	10970
1965	2205	290	5962	16306
1970	5052	579	4668	15023
1975	6678	1116	6555	12906
1978	7656	1237	7274	9348
1980	8428	1367	10061	16787
1985	8432	1997	22351	33667
1990	6652	2976	39332	101359
1995	8472	4942	48729	220343
2000	8131	7908	48032	250515
2001	7932	8312	46724	256930
2002	7822	8522	47473	256098
2003	8122	9074	46680	296572
2004	8150	10499	46386	291315
2005	8214	11434	45405	278591
2006	8133	12008	44826	290098
2007	8315	13143	44829	310090
2008	8895	15011	45758	320489
2009	8933	15537	46343	338370
2010	9179	16578	47035	348995
2011	9562	18168	47709	380241
2012	9794	19535	48665	410419
2013	10485	21934	49968	454596
2014	10754	24803	51015	496405
2015	10551	27461	51541	533792
2016	10403	32506	42768	727233
2017	10944	37627	44603	715830
2018	11144	40257	49652	775297
2019	11358	42399	51423	837424
2020	11613	44694	52579	899161
2021	11663	46660	53213	935953
2022	11933	48967	54384	1006740
2023	12157	50737	55717	1062918

5-9 水产品养殖面积

单位：公顷

项　　目	1995 年	2000 年	2005 年	2006 年	2007 年	2008 年	2009 年	2010 年	2011 年	2012 年
水产品养殖面积	**28579**	**42128**	**45565**	**46090**	**38458**	**42919**	**46587**	**48777**	**51434**	**54524**
海水养殖	**16924**	**29004**	**32910**	**33358**	**25625**	**29337**	**32151**	**33823**	**36108**	**38835**
# 鱼类	291	5528	1322	2856	2131	1978	1616	1722	1680	1772
虾蟹类	4048	3666	4791	5278	3111	5253	6828	6237	6503	8149
# 对虾	3696	2440	2838	2797	1505	2853	4718	4285	4288	5575
贝类	9466	15006	19009	19218	14670	15045	16724	17719	18791	19486
# 蛏	2140	3532	4179	3925	3082	2859	3491	3920	3958	4108
蛤	2135	2234	3434	3708	3199	3638	4008	4410	4727	4406
蚶	14	281	320	450	233	231	258	218	349	317
牡蛎	4316	8004	9433	9707	6745	6664	7310	7396	7802	8654
藻类	3052	4455	7439	5890	5635	7015	6942	8122	8998	9089
# 海带	963	1790	4320	3042	2984	3772	3630	4138	4670	4652
紫菜	2088	2660	2774	2423	2322	2810	2978	3087	3182	3361
在海水养殖中										
海上养殖	3441	12550	13621	13920	11032	12171	12368	13374	15380	16912
滩涂养殖	4394	5353	12384	12082	9185	10329	12573	13260	13236	13240
陆基养殖	9089	11101	6905	7356	5408	6837	7210	7189	7492	8683
淡水养殖	**11656**	**13124**	**12655**	**12732**	**12833**	**13582**	**14436**	**14954**	**15326**	**15689**
#池塘养殖	5008	5706	6265	6318	7053	7977	8344	9123	9656	10268
湖泊养殖	431	527	580	567	252	383	384	392	383	386
河沟养殖	2145	1579	1410	1398	1212	1173	1208	1076	1055	981
水库养殖	2768	4031	3226	3333	3237	2577	3194	3218	3027	2904

5-9　续表　　　　单位：公顷

项　目	2013年	2014年	2015年	2016年	2017年	2018年	2019年	2020年	2021年	2022年	2023年
水产品养殖面积	**58042**	**60363**	**62770**	**62870**	**64323**	**66528**	**68464**	**67709**	**68479**	**69666**	**74718**
海水养殖	**41909**	**43490**	**45384**	**47179**	**48093**	**50497**	**51952**	**51023**	**51896**	**52568**	**56967**
# 鱼类	1988	2114	2348	2508	2221	2215	5489	2477	2544	2429	2515
虾蟹类	8133	8844	8741	8963	7873	7701	7737	7778	7817	7616	7133
# 对虾	5520	5949	5695								
贝类	20438	20918	21483	21783	22647	23875	25041	25027	25816	26042	27286
# 蛏	4401	4452	4573					5202	5285	5195	5483
蛤	4353	4293	4308					4904	4919	4838	4789
蚶	291	288	292					372	379	289	321
牡蛎	8969	9252	9357					10252	10454	10860	11697
藻类	9636	10007	10969	12031	13232	14535	14550	13588	13541	14273	17810
# 海带	5108	5224	5511					8148	8505	8867	9634
紫菜	3422	3553	3753					3663	3324	3697	3836
在海水养殖中											
海上养殖	17563	19062	20832	22673	22301	25771	27247	26047	26910	27992	32336
滩涂养殖	14946	15383	15272	14572	14227	13246	12915	12714	12219	12317	12952
陆基养殖	9400	9045	9280	9934	11565	11480	11790	12262	12767	12259	11679
淡水养殖	**16133**	**16873**	**17386**	**15691**	**16230**	**16031**	**16512**	**16686**	**16583**	**17098**	**17751**
#池塘养殖	10647	11083	11574	10919	11605	9754	10243	10555	10719	11352	12009
湖泊养殖	402	426	421	344	330	354	357	356	357	343	344
河沟养殖	932	930	961	828	806	614	633	614	619	632	632
水库养殖	3005	3077	3103	2808	2741	2762	2711	2711	2659	2543	2556

5-10 农林牧渔业增加值

单位：万元

年份	合计	农业	林业	牧业	渔业
1993	530391	200661	29333	92902	217745
1994	728654	250044	36367	117058	327185
1995	985156	337342	39643	158543	449628
1996	1108933	358436	41132	194627	514738
1997	1209896	382462	46113	233862	547450
1998	1285522	406604	48932	239589	590397
1999	1348355	423332	46987	238460	639576
2000	1351822	414588	47807	227059	662368
2001	1326433	442508	18453	235020	630452
2002	1360280	458454	18666	238623	644536
2003	1436978	461564	40083	235797	699534
2004	1622965	507563	41238	284568	789596
2005	1747751	530105	42150	286787	879562
2006	1761368	535742	43668	228328	875200
2007	2042412	600093	48138	292118	1016137
2008	2364866	656183	60064	367846	1187171
2009	2420005	711384	63226	318786	1229252
2010	2827271	845058	82536	333246	1462704
2011	3250916	941011	97709	406109	1695517
2012	3677283	1055541	104765	401596	1998598
2013	4000506	1146797	116102	388157	2225132
2014	4290722	1303722	141120	382578	2331721
2015	3957600	1286900	151400	349100	2030600
2016	4388150	1430726	154555	384671	2269392
2017	4763961	1580850	151371	354416	2525597
2018	5112253	1711568	186009	322195	2729535
2019	5441200	1821933	220804	390507	2833552
2020	5791516				
2021	6568770				
2022	7047731				
2023	7443188				

5-11 主要年份农林牧渔业总产值

单位：万元

年 份	合 计	农 业	林 业	牧 业	渔 业
1952	12316	9734	215	1228	1139
1957	18524	12495	890	2359	2780
1962	24505	16424	768	2178	5135
1965	32123	21393	1258	4329	5143
1970	39840	24707	1826	5764	7543
1975	36946	24304	1733	4472	6437
1978	47780	31845	1633	5253	9049
1979	62811	42046	2262	7787	10716
1980	74270	49102	2888	9387	12893
1985	170781	85547	8224	33855	43155
1990	424801	188913	22070	94358	119460
1995	1594572	502701	55001	275179	761691
2000	2174225	618324	69349	394533	1092019
2001	2153911	659853	26811	411876	1055371
2002	2210770	642627	68257	419142	1080744
2003	2348379	694864	55839	417443	1180233
2004	2685206	765033	60794	504275	1355104
2005	2907871	807694	63837	510637	1510342
2006	2954837	819312	69142	419260	1512436
2007	3373580	909595	77095	524781	1719171
2008	3882381	986783	98312	652026	1987902
2009	3905017	1059683	104635	557430	2019414
2010	4490684	1245849	139343	576792	2353538
2011	5101213	1372681	166893	690931	2683597
2012	5681749	1524015	181242	674755	3104118
2013	6106056	1638180	203119	664922	3389830
2014	6452014	1848067	251521	645237	3484781
2015	6726873	1987472	247433	664211	3591819
2016	7497585	2213046	252929	746893	4032699
2017	8187916	2494826	247807	688435	4491292
2018	8767820	2701751	303986	628371	4848559
2019	9349221	2877620	361174	766221	5038794
2020	10008241	2947032	356723	1049911	5331436
2021	11222112	3075277	381349	1104556	6318744
2022	11947510	3327405	389195	1115980	6754246
2023	12352797	3526875	405494	1126763	6918496

5-12 主要年份农林牧渔业总产值指数

（以上年为100）

年份	合计	农业	林业	牧业	渔业
1957	107.3	98.2	151.2	125.7	118.1
1962	112.0	112.0	82.5	120.1	113.3
1965	117.7	118.4		118.0	113.5
1970	122.7	129.3	148.1	137.7	102.7
1975	95.8	95.1	112.8	100.9	92.3
1978	114.9	109.9	113.0	128.4	121.2
1979	111.8	112.2	117.0	125.3	100.1
1980	103.7	102.4	111.4	105.2	105.0
1985	109.2	103.9	127.2	118.4	109.4
1990	104.9	100.0	106.3	104.7	111.1
1995	111.8	109.5	108.1	110.6	114.4
2000	103.3	100.1	104.3	101.0	105.8
2001	100.8	99.3	97.2	103.4	100.9
2002	103.9	103.4	95.5	102.1	105.7
2003	104.0	100.3	97.1	100.4	107.5
2004	105.1	101.2	106.2	104.4	107.9
2005	102.7	100.3	100.6	101.6	104.6
2006	104.1	102.7	104.5	100.2	106.3
2007	105.2	103.7	104.1	97.0	108.5
2008	105.6	102.3	107.9	105.7	107.3
2009	105.4	105.1	103.8	103.7	105.6
2010	104.1	102.7	109.0	103.4	104.7
2011	104.0	104.1	105.7	101.2	104.7
2012	104.8	103.4	101.2	104.6	104.7
2013	104.7	103.7	100.8	102.1	105.9
2014	104.7	103.9	112.8	97.9	105.9
2015	104.0	105.8	106.9	95.5	104.5
2016	102.6	103.8	105.4	97.2	102.5
2017	103.7	105.6	102.8	90.8	105.0
2018	104.3	104.3	107.8	98.5	105.1
2019	103.8	103.8	105.1	93.7	105.1
2020	104.1	104.0	106.2	103.0	104.1
2021	105.6	103.8	103.0	117.3	104.4
2022	103.2	105.2	106.8	103.2	102.2
2023	104.1	103.8	102.4	105.4	104.1

5-13 主要年份农林牧渔业总产值指数

（以 1952 年为 100）

年 份	合 计	农 业	林 业	牧 业	渔 业
1952	100.00	100.00	100.00	100.00	100.00
1957	141.20	114.00	376.20	173.90	220.90
1962	121.60	95.50	209.30	103.50	263.00
1965	182.30	145.20	394.30	236.20	302.50
1970	193.00	140.90	476.00	262.00	369.60
1975	186.80	146.60	480.20	215.70	334.80
1978	236.70	188.30	438.30	245.40	455.80
1979	262.10	211.40	513.00	307.40	456.10
1980	271.90	216.50	571.20	323.30	478.70
1985	425.70	278.40	1563.90	684.50	827.80
1990	643.90	354.90	2059.10	1103.50	1573.80
1995	1168.60	465.40	4162.10	1834.90	3881.20
2000	1722.00	597.50	5152.70	2748.20	6258.00
2001	1735.20	593.20	5007.80	2841.10	6311.50
2002	1802.90	613.20	4780.00	2900.00	6671.00
2003	1907.60	656.50	2647.20	2945.70	7418.30
2004	2033.31	685.76	2858.55	3000.74	8096.90
2005	2055.44	654.16	2920.86	3054.01	8251.60
2006	2139.70	671.90	3052.30	3060.10	8771.50
2007	2251.00	696.60	3177.40	2968.30	9517.10
2008	2376.60	712.60	3427.80	3136.00	10207.10
2009	2504.94	748.94	3558.06	3252.03	10778.70
2010	2607.64	769.16	3878.28	3362.60	11285.30
2011	2711.95	800.70	4099.34	3402.95	11815.71
2012	2842.12	827.92	4148.53	3559.49	12371.05
2013	2975.70	858.56	4181.72	3634.23	13100.94
2014	3115.56	892.04	4716.98	3557.91	13873.90
2015	3240.18	943.78	5042.45	3397.81	14498.22
2016	3324.42	979.65	5314.74	3302.67	14860.68
2017	3447.43	1034.51	5463.56	2998.82	15603.71
2018	3595.67	1078.99	5889.71	2953.84	16399.50
2019	3732.30	1119.99	6190.09	2767.75	17235.87
2020	3885.32	1164.79	6573.88	2850.78	17942.54
2021	4102.90	1209.05	6771.09	3343.97	18732.01
2022	4234.20	1271.92	7231.53	3450.97	19144.12
2023	4407.80	1320.26	7405.08	3637.33	19929.03

5-14 农林牧渔业分项产值

单位：万元

项　　目	1995 年	2000 年	2005 年	2010 年	2015 年	2016 年
农林牧渔业总产值	**1648429**	**2174225**	**2907871**	**4490684**	**6726873**	**7497585**
一、农业产值	**502701**	**618324**	**807695**	**1245849**	**1987472**	**2213046**
# 粮食	195114	168471	237438			221205
蔬菜、瓜类	178363	260474	392981			1414676
茶、桑、果	43359	71974	96071			432532
二、林业产值	**55001**	**69349**	**63837**	**139343**	**247433**	**252929**
# 竹木采伐	16700	12223	31058			111245
林产品	33902	54278	28078			118017
林木培育和种植			4701			23667
三、牧业产值	**329036**	**394533**	**510637**	**576792**	**664211**	**746893**
# 猪	203631	225641	310332			415433
家禽饲养	51994	64229	158607			253204
狩猎和捕捉动物	174	513	749			925
其他畜牧业	5678	7819	10431			38474
四、渔业产值	**761691**	**1092019**	**1510342**	**2353538**	**3591819**	**4032699**
海水产值	447740	753290	1130325			3473697
淡水产值	313951	338729	380017			559003

注：1.本表中 2010 起年粮食产值包括谷物及其他农作物产值；蔬菜、瓜类产值包括蔬菜、食用菌及花卉盆景园艺产品产值。

2.本表中 2004 年起茶、桑、果产值包括水果、坚果、饮料和香料作物的产值。

5-14 续表

单位：万元

项　　目	2017 年	2018 年	2019 年	2020 年	2021 年	2022 年	2023 年
农林牧渔业总产值	**8187916**	**8767820.13**	**9349221.49**	**10008241**	**11222112**	**11947510**	**12352797**
一、农业产值	**2494826**	**2701750.74**	**2877619.71**	**2947032**	**3075277**	**3327405**	**3526875**
# 粮食	274329	273434.49	291969.48	214751	205411	213309	294280
蔬菜、瓜类	1541026	1625769.28	1769850.42	1787214	1885935	1891885	2149071
茶、桑、果	525080	673526.2	759808.64	831055	864030	931456	1039421
二、林业产值	**247807**	**303985.5**	**361174.23**	**356723**	**381349**	**389195**	**405494**
# 竹木采伐	116865	41102.83	151530.84	137377	142224	140060	140922
林产品	104491	151728.53	158679.95	158638	175329	181567	207874
林木培育和种植	26452	111154.13	50963.44	60708	63796	67568	56698
三、牧业产值	**688425**	**628370.95**	**766220.74**	**1049911**	**1104556**	**1115980**	**1126763**
# 猪	327737	302496.02	367762.9	597125	547259	519428	449438
家禽饲养	259184	234433.36	275314.41	321444	406587	436791	466290
狩猎和捕捉动物	1061	961.05	909.89	141	135		
其他畜牧业	12280	18484.09	32676.09	31060	39272	42946	46327
四、渔业产值	**4491292**	**4848558.93**	**5038794.13**	**5331436**	**6318744**	**6754246**	**6918496**
海水产值	3893661	4118052.25	4248439.17	4521079	5347819	5767888	5885598
淡水产值	597630	730506.69	790354.95	810357	970925	986357	1032898

5-15　主要年份粮食总产量及单位播种面积产量

年　份	粮食总产量（吨）	#稻谷	粮食单产（公斤/亩）	#稻谷
1952	607376	434326	154	153
1957	655981	450829	156	160
1962	523324	353333	137	144
1965	802162	577140	207	220
1970	827816	603764	208	221
1975	834994	621476	203	214
1978	989434	752856	240	262
1980	1081911	837805	272	305
1985	1007395	832555	298	334
1990	1226972	948202	306	369
1995	1351140	1023769	341	404
2000	1403843	1021520	367	431
2001	1247727	897823	362	423
2002	1222864	885947	370	431
2003	1086208	789352	364	421
2004	1058508	770233	371	427
2005	974376	693882	361	413
2006	986935	701045	368	419
2007	640500	454673	347	367
2008	637721	435306	349	373
2009	619245	411649	348	373
2010	606916	392600	349	379
2011	599800	389932	353	385
2012	559950	363650	349	382
2013	555280	354807	352	387
2014	553738	342535	356	389
2015	462900	267000	356	383
2016	444274	242525	356	379
2017	447203	234748	361	381
2018	459428	235085	370	392
2019	468813	234860	363	402
2020	485445	238155	375	405
2021	489842	239864	378	407
2022	493636	240980	380	408
2023	496260	240409	379	404

5-16 各类粮食产量

单位：吨

项　　目	1995 年	2000 年	2005 年	2006 年	2007 年	2008 年	2009 年	2010 年	2011 年	2012 年
总　　计	**1351140**	**1403843**	**974376**	**986935**	**640500**	**637721**	**619245**	**606916**	**599800**	**559950**
按收获季节分										
春收粮食	74589	91596	50245	49627	27571	30788	33308	33125	34153	34505
夏收粮食	461809	465299	282657	266986	133328	127189	124114	110757	112545	108716
秋收粮食	814742	846948	641474	670322	479601	479744	461823	463034	453102	416729
按品种分										
稻谷	1023769	1021520	693882	701045	454673	435306	411649	392600	389932	363650
早稻	448473	446374	263967	249425	122171	115086	111070	96932	98119	93680
中稻和一季晚稻	200591	210388	227865	240983	197065	192259	195453	190031	181613	171621
双季晚稻	374705	364758	202050	210637	135437	127961	105126	105637	110200	98349
大小麦	41219	30845	9	22	856	1165	6	6	6	
#小麦	25682	18855	9	19	856	1165	6	6	6	
甘薯	228878	258093	199171	206371	141101	152841	154247	159373	152457	136726
马铃薯	24521	46072	44237	43736	27932	29442	34332	34269	35326	36028
杂粮	3146	5083	6152	5776	5071	5656	5743	6755	7468	8456
大豆	15381	18877	16386	16388	8789	9561	10609	11064	11766	12175

5-16 续表 单位：吨

项　　目	2013年	2014年	2015年	2016年	2017年	2018年	2019年	2020年	2021年	2022年	2023年
总　　计	555280	553738	462900	444274	447203	459428	468813	485445	489842	493636	496260
按收获季节分											
春收粮食	35426	36706		47827	47396	47989	54053	56784	56733	57766	58154
夏收粮食	106459	103753		72160	62293	58975	51411	60018	60406	61020	60735
秋收粮食	413395	413279		327533	337514	352464	353463	368643	372703	374850	377371
按品种分											
稻谷	354807	342535	267000	242525	234748	235085	234860	238155	239864	240980	240409
早稻	90862	87230	68000	61453	48091	44184	43132	43464	43577	43589	43088
中稻和一季晚稻	168074	165442	130000	121283	123959	125669	125925	128038	129424	128175	127422
双季晚稻	95871	89863	69000	59789	62698	65232	65803	66653	66863	69216	69899
大小麦											
#小麦											
甘薯	138912	146420	132600	134517	141775	150003	155123	161998	164337	165186	167403
马铃薯	36949	38258	44300	48044	50096	51279	53684	56450	56160	57053	57403
杂粮	9231	10238	11165	7174	7717	8516	9292	10031	10306	10855	11274
大豆	12333	13046	14298	8086	8573	10005	10323	11120	11415	11678	11927

5-17　主要年份经济作物总产量及单位播种面积产量

年　份	总产量（吨）				单　产（公斤/亩）			
	油　料	花　生	甘　蔗	烤　烟	油　料	花　生	甘　蔗	烤　烟
1952	18626	16849	24450	120	94	106		73
1957	15622	14323	39379	35	69	79	3083	55
1962	9966	9293	10964	48	61	67	1928	45
1965	18795	16059	79266	31	87	102	3705	2
1970	15835	19492	52931	7	97	144	2952	27
1975	18341	15301	34936	70	85	111	3033	62
1978	17433	13280	92962	207	71	92	4024	75
1980	21119	13351	182324	149	64	87	4852	73
1985	25765	24173	469378	1939	123	137	4384	85
1990	28378	25542	244966	905	114	134	4219	77
1995	33624	32596	92618	567	148	155	3733	80
2000	32992	31998	33792	848	141	145	3097	100
2001	32926	32206	32516	841	140	142	3054	113
2002	35530	34994	39268	806	152	155	3219	101
2003	34365	34200	43008	853	139	139	3208	104
2004	40772	40603	38358	28	151	151	3271	88
2005	40013	39828	38296	29	151	151	3319	91
2006	39535	39363	37253	29	145	146	3314	91
2007	46149	45997	16821	23	154	154	3168	99
2008	44819	44642	26470	9	155	155	4010	95
2009	45557	45230	25718	9	151	152	3961	105
2010	45887	45407	26329	1	152	152	3927	91
2011	47158	46641	25448		153	154	3841	
2012	49030	48486	20853		154	155	3340	
2013	50891	50307	23768		157	157	3690	
2014	53205	52563	23958		158	159	3728	
2015	56380	55638	23936		160	161	3797	
2016	45399	43343	36580		157	160	3780	
2017	45731	43548	36858		163	166	3801	
2018	50052	46972	34274		162	166	4331	
2019	52167	49358	35701		165	168	4347	
2020	53931	51370	37384		166	168	4385	
2021	56106	53110	39739		169	172	4391	
2022	57951	54412	40855		170	173	4426	
2023	59237	55343	41470		170	173	4443	

5-18 茶叶水果食用菌蔬菜产量

单位：吨

项 目	1995年	2000年	2005年	2006年	2007年	2008年	2009年	2010年	2011年	2012年
蔬菜（含菜用瓜）总产量								**2886807**	**2995006**	**3119483**
茶叶产量	**4942**	**7908**	**11434**	**12008**	**13143**	**15011**	**15537**	**16578**	**18168**	**19535**
#绿毛茶	4926	7855	9707	11144	12260	13757	14228	16550	16471	17546
乌龙茶			528	742	883	1217	1308			
水果产量	**220343**	**250515**	**278591**	**290098**	**310090**	**320489**	**338370**	**348995**	**380241**	**410419**
#柑桔	132883	110975	87131	90676	92719	95438	99908	108039	113906	119769
龙眼	2508	11202	17859	16645	18941	18834	20660	21310	22258	25321
荔枝	916	1363	1925	2125	1962	1951	2041	2218	2552	2401
香蕉	5391	6010	12179	13010	13755	14136	13802	14146	14447	15658
枇杷	8719	16883	13710	28310	31419	33219	26884	29522	32966	35718
菠萝		36	36	36	36	36	36	36	36	36
橄榄	3795	9981	18762	19408	21350	29734	35866	39530	45974	53402
柿	3850	9360	13098	13998	13681	14509	14546	16299	16841	17728
桃	10393	9861	13006	12718	13857	15055	16684	17382	17857	17771
李	25196	25966	49165	39560	48630	44399	51794	43945	53665	62062
柚	173	897	1745	1776	1757	1923	2957	3935	4096	4165
梨	2979	3985	4357	4537	4883	5082	5295	5405	5559	5558
苹果		1	15	15	15	16	15	15		
葡萄	8507	11916	6219	14076	13719	13816	14550	14769	16095	17017
杨梅	701	1148	1581	1703	1805	1856	1985	1975	1979	2004
食用菌产量	**29909**	**34419**	**62537**	**72455**	**79217**	**87944**	**98351**	**106678**	**116858**	**130842**
#香 菇	9317	12877	9471	10245	10608	12060	12618	13175	14121	14785
蘑 菇	18042	14751	19006	10631	21526	22408	22231	22798	24034	24138
黑木耳	947	1691	4236	4203	4508	5087	5699	6033	6315	6782
白木耳	401	1105	1343	1378	1482	1674	1781	1813	1853	1797
平菇类（含袖珍菇.凤尾菇等）								50525	55727	63713

5-18 续表

单位：吨

项　　目	2013 年	2014 年	2015 年	2016 年	2017 年	2018 年	2019 年	2020 年	2021 年	2022 年	2023 年
蔬菜（含菜用瓜）总产量	**3236711**	**3422325**	**3599961**	**3506533**	**3706574**	**3903627**	**4106955**	**4289749**	**4476953**	**4684664**	**4882857**
茶叶产量	**21934**	**24803**	**27461**	**32506**	**37627**	**40257**	**42399**	**44694**	**46660**	**48967**	**50737**
#绿毛茶	17813	19549	21113	25276	27507	29274	30553	31685	33157	35053	35745
乌龙茶											
水果产量	**454596**	**496405**	**533792**	**635038**	**715830**	**775297**	**837424**	**899161**	**935953**	**1006740**	**1062918**
#柑桔	128852	138007	145442	158421	167130	198025	209731	223346	241242	258626	275126
龙眼	24327	27203	29601	24749	27254	48821	55948	59879	61201	65008	66974
荔枝	2327	2414	2532	3111	4164	5669	6338	6398	6636	7048	7346
香蕉	16516	17709	19105	18531	20590	21578	23853	25220	26473	28005	28894
枇杷	40010	43090	46878	89655	101061	98768	104777	112625	112076	116712	118989
菠萝	34										
橄榄	56869	68263	71985	72341	81545	102647	109993	120193	128340	137470	147350
柿	19171	19978	21334	13716	12937	13875	16206	18884	20299	21218	22178
桃	19281	20635	22824	23341	24430	30914	34712	36590	38979	41516	43905
李	78933	86171	95028	79289	90486	142293	145988	159244	156593	177574	191107
柚	5779	8048	9554	18104	21272	20100	20192	23664	26249	30405	32723
梨	5713	6022	6285	7577	8639	7603	8444	8840	9087	9431	9818
苹果											
葡萄	19427	18439	18832	18901	19630	20847	22852	23810	24143	25573	26610
杨梅	2118	2234	2399	7407	8349	7331	8398	8715	8977	9165	9385
食用菌产量	**145024**	**153530**	**173993**	**185729**	**208220**	**223740**	**239383**	**257271**	**267567**	**279417**	**276221**
#香　菇	15401	16616	17897	18164	18738	19906	21261	24028	25003	27094	27849
蘑　菇	24351	25389	26773	26199	28561	26842	28005	28221	26910	27808	17401
黑木耳	7733	8349	8813	9496	10620	11364	12032	12484	13145	13170	13476
白木耳	1479	1578	1643	1726	1871	1966	2135	2231	2338	2578	2654
平菇类（含袖珍菇.凤尾菇等）	68958	73572	89516	100407	114833	126770	133557	144959	152028	158694	165308

5-19 主要年份林业 牧业 水产品生产情况

年　份	造林面积（公顷）	猪牛羊肉产量（吨）	猪出栏数（头）	水产品产量（吨）
1952	5828		220146	52718
1957	14034		433618	99877
1962	7858		183119	96056
1965	26001		526678	127761
1970	30130		521406	139001
1975	22790		599998	129771
1978	20891		671865	153731
1980	22453		755444	156087
1985	31750		927279	265359
1990	36341	94566	928283	440433
1995	4530	177027	2006653	804394
2000	3469	198081	2561742	1462961
2001	2398	213177	2759628	1459291
2002	3397	216571	2829732	1508296
2003	2433	216918	2881159	1617731
2004	2925	222732	2955053	1685635
2005	2228	233068	3094176	1712836
2006	3601	238382	3148552	1740456
2007	7564	170796	2154173	1538387
2008	5895	196660	2456643	1648255
2009	6012	209465	2658355	1691129
2010	4839	216853	2756838	1771046
2011	26246	221280	2821030	1847918
2012	6833	236989	3062932	1962207
2013	10013	243318	3095043	2076954
2014	4389	233807	2935448	2187393
2015	4729	211700	2514700	2216700
2016	4119	209089	2472644	2316750
2017	4359	152812	1799879	2457839
2018	7596	148060	1748536	2583963
2019	1629	129667	1530834	2715228
2020	12013	132474	1536429	2837470
2021	1097	173220	2096380	2971828
2022	4134	176820	2172866	2997881
2023	3044	185660	2188291	3074746

5-20 造林面积

单位：公顷

项　　目	1995年	2000年	2005年	2006年	2007年	2008年	2009年	2010年	2011年	2012年
当年造林面积	4530	3469	2228	3601	7564	5894	6012	4839	26246	6833
#用材林	3276	1636	1321	2485	1251	3779	3332	2397	16219	2738
经济林	310	482	33	51	55	173	474	620	1703	1977
防护林	1903	1295	864	1016	1876	1908	2207	2294	8286	2119
薪炭林	2592	55	9	48	6					
人工促进天然林更新面积	3551	4702	9650	8223	4908		1512	2432	8644	3411
零星植树（万株）	20	6	252	12	142	152	165	7	56	457
育苗面积	24	35	27	31	31	41	42	44	27	289
幼林抚育作业面积	41478	9692	7792	9749	11972	12259	13805	14820	41599	70730
成林抚育作业面积	14683	6360	2397	1598	1410	1149	2027	13277	14506	41414

注：1985年以前造林面积成活率45%以上统计，1986年及以后各年成活率85%以上统计；2011年数据不含平潭。

5-20 续表 单位：公顷

项　　目	2013年	2014年	2015年	2016年	2017年	2018年	2019年	2020年	2021年	2022年	2023年
当年造林面积	10013	4389	4729	4119	4359	7596	1629	1130	1097	4134	3044
#用材林	5738	2436	6963	2069	1244	293	435	3		6	
经济林	572	214	182		48	233	113	2			
防护林	3501	1688	6250	1074	609	185	916	924	735	188	60
薪炭林	202			70	199		165	95	250		
人工促进天然林更新面积	7615	492	1762	1458	1759	1453	1475	1113	1182	480	450
零星植树（万株）	649	634	1018	950	1200	1234	1341	1388	1284	1313	1312
育苗面积	383	1190	1011	1163	1188	1467	1757	1804	1469	1630	1685
幼林抚育作业面积	50279	45385	11310	17683	22551	20672	21481	29515	16821	13391	11478
成林抚育作业面积	36347	39837	20677	17683	46313	57355	63920	68043	69658	72213	74535

5-21 主要林产品产量

项　　目	1995 年	2000 年	2001 年	2002 年	2003 年	2004 年	2005 年	2006 年	2007 年	2008 年	2009 年	2010 年
木材采伐产量（立方米）	123885	77034	77597	76669	183494	187167	149259	161922	702337	665705	714887	791697
竹材采伐产量（万根）	1889	1236	979	1101	296	1088	1267	2028	2401	2696	2853	2943
油桐籽（吨）	936	2422	2297	2444	2600	2575	2726	2535	2646	2793	2922	3040
油茶籽（吨）	3620	5600	5161	5463	5523	6039	6312	6675	7145	7976	8895	10167
棕片（吨）	752	1944	1899	2103	2119	2245	2481	2719	2787	2809	2967	3429
松脂（吨）	591	983	1048	1003	1039	1076	1199	1332	1405	1449	1539	1839
笋干（吨）	2051	5527	5424	5494	5285	5504	6557	7342	8256	9600	10392	11874
板栗（吨）	138	2362	1894	2344	2371	2572	3043	3718	3845	4493	4666	5213
紫胶（吨）		32	32						106	98	106	102
山苍籽（吨）	101	207	191	191	277	334	372	429	459	495	531	573

注：本表 2004 年木材采伐产量不含栲材；竹材采伐产量含毛竹、篙竹；2003 年起为全社会口径，其他年份为村及村以下口径。

5–21 续表

项目	2011 年	2012 年	2013 年	2014 年	2015 年	2016 年	2017 年	2018 年	2019 年	2020 年	2021 年	2022 年	2023 年
木材采伐产量（立方米）	652785	765869	786839	916617	878455	824351	1070485	1100543	1182914	1258129	1255455	1336093	1304995
竹材采伐产量（万根）	2970	3388	3909	7671	8118	9251	9010	10460	10946	13286	14339	13255	13355
油桐籽（吨）	3166	3299	3471	3534	3199	3735	3637	3932	3993	4178	4321	4460	4699
油茶籽（吨）	11206	13301	15237	17314	19862	22527	28742	36315	41017	47382	51109	64291	70009
棕片（吨）	3447	3647	3769	3810	3734	3822	3504	3437	3452	4064	4047	4072	3975
松脂（吨）	1837	1866	1923	1923	1935	1938	2015	2091	2057	2319	2336	2459	2650
笋干（吨）	12783	14021	15551	17471	19773	22958	25011	27521	29217	31537	32924	35255	36428
板栗（吨）	5454	5791	5954	6526	6981	7468	3047	3309	3893	4518	4849	4925	5150
紫胶（吨）													
山苍籽（吨）	572	606	634	659	691	713	722	741	732	415	414	404	408

5-22 主要畜禽产品产量

项　　目	单位	1995年	2000年	2005年	2006年	2007年	2008年	2009年	2010年	2011年	2012年
肉类产量	吨	210142	245787	283425	287798	201723	230900	244802	253058	257969	269037
# 猪肉	吨	172233	192111	226284	231361	164561	189903	202559	209716	213770	229038
牛肉	吨	2088	2708	2494	2378	2169	2286	2269	2344	2482	2620
羊肉	吨	2706	3262	4290	4643	4066	4471	4637	4793	5028	5331
禽肉	吨	30865	44868	47197	46422	27516	30701	32133	33058	33370	28663
兔肉	吨	2250	2838	3160	2994	3411	3445	3103	3142	3319	3385
牛奶产量	吨	34138	38539	40032	36655	22522	24759	24452	22067	21733	19108
蜂蜜产量	吨	836	775	907	836	1050	957	1038	1069	1127	1164
禽蛋产量	吨	91500	152478	155656	156899	137300	115166	117792	120547	123007	126660
肉猪出栏数	头	2006653	2561742	3094176	3148552	2154173	2456643	2658355	2756838	2821030	3062932
肉羊出栏数	头	215065	262579	331407	364472	318458	348641	361440	373413	392052	413137
肉牛出栏数	头	18775	27609	25015	25071	21009	22395	22322	23039	24391	25677
家禽出栏数	只	25445259	34309369	35730267	35156291	19909745	21209931	22220499	23099853	23792849	19524862
家兔出栏数	只	1756271	2275287	2389477	2252492	2302779	2331491	2201494	2242233	2376219	2435816

5-22 续表

项　目	单　位	2013年	2014年	2015年	2016年	2017年	2018年	2019年	2020年	2021年	2022年	2023年
肉类产量	吨	275581	262571	247700	248191	193333	181839	167105	169834	210119	215118	225134
# 猪肉	吨	234726	224281	203500	200899	143979	139403	120247	122702	163484	166722	175319
牛肉	吨	2912	3247	2600	2442	2904	3102	3346	3412	3525	3658	3772
羊肉	吨	5680	6279	5600	5748	5929	5555	6074	6360	6211	6441	6569
禽肉	吨	28615	24961	33900	36805	38210	31493	34420	34412	34029	35315	36593
兔肉	吨	3648	3803	3971	1927	1768	1774	2265	2317	2224	2320	2479
牛奶产量	吨	16941	17446	6400	5794	5587	6679	6119	6112	7448	7173	5548
蜂蜜产量	吨	1223	1263	1454	1614	1998	2260	2307	2502	2660	2758	3021
禽蛋产量	吨	106316	102057	120700	125414	124480	113301	108201	118560	123356	130032	140773
肉猪出栏数	头	3095043	2935448	2514700	2472644	1799879	1748536	1530834	1536429	2096380	2172866	2188291
肉羊出栏数	头	432972	471593	418300	422061	434734	401038	438216	457336	446528	463319	468072
肉牛出栏数	头	27699	30629	24300	22963	26927	28223	30099	31101	32280	33891	34922
家禽出栏数	只	19510455	16794211	23607300	25917006	24745732	20387233	22754360	22743411	22624081	23501081	24361218
家兔出栏数	只	2576273	2668774	2790769	1339218	1155749	1159765	1419244	1331545	1371140	1413497	1512869

5-23 年末畜禽存栏数

项目	单位	1995年	2000年	2005年	2006年	2007年	2008年	2009年	2010年	2011年	2012年
大牲畜	头	125733	108228	96365	89841	68687	70946	70083	69050	71188	72329
牛	头	125730	108226	96363	89792	66141	70946	70083	69050	71188	72329
#乳牛	头		8868	9998	8112	4919	5904	7637	7168	8082	7300
#役畜	头	84434	64978	50832	46918	33037	21057	19556	19018	18958	18142
猪	头	1267342	1472923	1519169	1587448	1647877	1725669	1730479	1759074	1827694	1867715
#能繁殖母猪	头	25083	76349	98084	95397	131028	145494	161986	166887	172215	191235
羊	只	193419	193741	240842	255442	229208	248361	250494	259029	267577	283624
蜜蜂箱数	箱	41242	42655	42613	41634	48861	44620	46014	46805	48275	47922
家兔	只	1139739	1237035	1227390	1257436	1349558	1255941	1274911	1296344	1362616	1298219
家禽	只	15917782	17547471	18172230	17622955	15249057	13155578	13788580	14243604	14685156	13617748

5-23 续表

项　　目	单　位	2013 年	2014 年	2015 年	2016 年	2017 年	2018 年	2019 年	2020 年	2021 年	2022 年	2023 年
大牲畜	头	74759	74817	47400	43168	51597	49538	39573	–	–	–	–
牛	头	74759	74817	47400	43168	51597	49538	39573	42713	42958	44699	45170
#乳牛	头	7014	7253	7434	2709	2226	2584	2780	2802	3418	3272	1886
#役畜	头	17395	16909	16737	22550	28828	23866	17796	–	–	–	–
猪	头	1788827	1622463	1455300	947477	1072934	915495	711836	1077164	1199574	1215283	1155834
#能繁殖母猪	头	180990	160121	153668	98662	119013	84170	62750	108276	123335	127383	118612
羊	只	293696	311379	270100	263676	238503	232988	269077	274696	268031	277447	261852
蜜蜂箱数	箱	49407	47597	49614	39230	34414	28285	29740	36666	53384	64193	64219
家兔	只	1310769	1371453	1486117	613182	545580	568336	737093	811042	716371	726147	644041
家禽	只	13232381	11658765	13761500	12766058	13198073	10551197	10954453	12222454	12367842	13340219	13358747

5-24 淡水产品产量

单位：吨

项目	1995年	2000年	2005年	2006年	2007年	2008年	2009年	2010年	2011年	2012年
淡水产品产量	**83082**	**149340**	**159158**	**165612**	**185383**	**166919**	**179006**	**186610**	**198648**	**206357**
#鱼类	77359	118596	128496	134808	163319	140378	153152	156261	160887	163063
虾蟹类	472	1516	6867	7210	8124	9974	9189	15435	20701	25116
贝类	4062	27728	22387	22412	12505	15121	15364	13873	15924	16531
淡水养殖产量	78234		145212	190995	168290	152518	164951	172786	184179	191974
#池塘			98722	94770	128395	115745	127087	142124	150153	155874
水库			16455	49995	17599	15467	16650	16304	17100	18790
河沟			10230	20970	5727	7939	8360	6407	6160	6488
湖泊			4286	8505	913	2841	2906	3210	3203	3439

5-24 续表

单位：吨

项　目	2013年	2014年	2015年	2016年	2017年	2018年	2019年	2020年	2021年	2022年	2023年
淡水产品产量	**221966**	**240085**	**253818**	**193806**	**221282**	**228843**	**258899**	**262993**	**271550**	**268572**	**286346**
#鱼类	175307	190048	191534	154511	165978	180392	199442	202890	210081	205762	213445
虾蟹类	27652	30772	33427	30516	33338	37412	43653	45578	46032	48485	58040
贝类	17061	17230	12022	6974	7517	8998	14313	13334	14201	13210	13593
淡水养殖产量	207581	225383	239006	193806	208493	228843	245522	249104	256694	264653	272159
#池塘	168932	183306	194460	160611	174871	132142	144119	150224	159186	166712	174911
水库	20062	21889	24111	19724	16938	16519	16733	16861	15480	14386	13662
河沟	7414	7962	8479	6571	7576	7409	7746	7886	8051	8570	8549
湖泊	3547	3660	3790	2802	2837	3125	3508	3272	3267	2922	2920

5-25 海水产品产量

单位：吨

项　　目	1995 年	2000 年	2005 年	2006 年	2007 年	2008 年	2009 年	2010 年	2011 年	2012 年
海水产品产量	**721312**	**1313621**	**1553678**	**1574844**	**1353005**	**1481336**	**1512123**	**1584436**	**1649270**	**1755850**
#鱼类	486701	582172	699645	679973	543664	635820	636565	648748	648626	664080
虾蟹类	28419	52964	67559	73181	63413	83613	91625	99484	105916	122602
贝类	134777	555200	623718	650981	574586	553018	553018	598123	632268	668978
藻类	66278	116223	146062	153454	157409	192757	189310	207371	226250	247604
#海水养殖产量	194312	673686	797615	842736	752956	799279	825603	879635	946091	1024919
#鱼类			34799	40396	41603	41256	46286	48434	53978	60913
虾蟹类			14535	17621	13733	21303	27111	32620	38553	51090
贝类			601799	631238	525041	543808	562471	591066	625455	661636
藻类			145972	153344	172514	192757	189285	207306	226205	247554

5-25 续表

单位：吨

项　　目	2013 年	2014 年	2015 年	2016 年	2017 年	2018 年	2019 年	2020 年	2021 年	2022 年	2023 年
海水产品产量	**1854988**	**1947308**	**2028361**	**2285864**	**2236557**	**2341925**	**2456329**	**2574477**	**2700278**	**2718782**	**2788400**
#鱼类	690520	701898	684761	815015	860478	658806	615854	693471	748349	739897	736815
虾蟹类	130436	143028	144960	157691	159653	152199	153510	167933	157769	171023	152970
贝类	717098	761383	787799	860956	906024	989823	1058987	1061331	1108239	1096735	1147814
藻类	271401	284667	326401	373996	419301	455542	473376	492053	500575	520502	570285
#海水养殖产量	1107384	1189546	1282872	1425062	1513738	1639136	1732959	1772772	1831849	1838606	1946562
#鱼类	66319	82589	99139	108485	98675	97481	106496	121256	122280	122577	126186
虾蟹类	52507	61836	69332	80316	85423	82525	86888	89838	91877	90037	89986
贝类	710570	753613	780776	854658	900602	983315	1052102	1054933	1102160	1090701	1144926
藻类	270951	283967	325376	373620	419301	455492	473326	492053	500575	520452	570235

5-26 按县（市）区分农林牧渔业总产值

（2023 年）　　单位：万元

县（市）区	农林牧渔业总产值		# 农业产值	林业产值	牧业产值	渔业产值
	数　值	比上年增长（%）				
福州市	12352797	4.1	3526875	405494	1126763	6918496
仓山区	34781	-5.59	26382	72		1338
晋安区	155022	4.6	108387	7223	33425	1295
马尾区	254584	4.5	41606	241	22937	189191
长乐区	1382687	4.6	335176	1233	114521	900694
福清市	2457765	4.0	735733	6360	330703	1271194
闽侯县	986960	3.8	675927	20023	192818	56131
连江县	3366168	3.9	131848	5846	98070	3068506
罗源县	1082241	4.2	283892	15002	78576	665743
闽清县	702823	4.7	506319	68899	96227	24734
永泰县	1100497	4.4	650217	279249	121927	31360
平　潭	829270	3.5	31389	1345	37560	708309

5-27 按县（市）区分主要农产品产量

（2023年） 单位：吨

县（市）区	粮食总产量		油料总产量		蔬菜总产量	
	数 值	比上年增长（%）	数 值	比上年增长（%）	数 值	比上年增长（%）
福州市	**496260**	**0.5**	**59237**	**2.2**	**4882857**	**4.2**
仓山区					26562	-17.9
晋安区	4169	3.2			168725	6.8
马尾区	1525	0.9	25	8.7	45177	4.0
长乐区	70914	0.2	2213	7.8	758236	4.3
福清市	109314	0.7	34480	0.8	895245	4.9
闽侯县	59639	0.8	2683	3.1	1383061	4.2
连江县	43002	0.7	1141	3.6	125069	1.4
罗源县	35680	1.9	532	5.0	157909	3.1
闽清县	54906	0.2	3205	3.8	554510	3.9
永泰县	98077	0.0	8312	2.2	710376	5.9
平 潭	19034	0.1	6646	0.1	57987	-6.5

5-27 续表 1 （2023 年） 单位：吨

县（市）区	水果总产量		茶叶总产量		禽蛋总产量		牛奶总产量	
	数 值	比上年增长（%）	数 值	比上年增长（%）	数 值	比上年增长（%）	数 值	比上年增长（%）
福州市	**1062918**	**5.6**	**50737**	**3.6**	**140773**	**8.3**	**5548**	**-22.7**
仓山区								
晋安区	9701	21.4	2793	7.7	1810	5.5		
马尾区	11511	3.5			794	-47.4	122	47.0
长乐区	47688	4.8	188	4.4	18337	4.3	750	5.6
福清市	155047	2.4	499	3.1	44711	7.6	3702	-30.5
闽侯县	204549	4.5	2270	3.4	20608	1.5	892	0.6
连江县	28139	0.2	13009	0.8	10055	12.6	13	-40.9
罗源县	68729	3.0	8977	0.7	12861	12.2	40	-60.4
闽清县	221301	8.6	4373	7.6	22755	14.9	0	-100.0
永泰县	315119	7.4	18628	5.6	7269	34.3	28	-2.1
平 潭	1134	-61.7			1573	-9.5		

5-27 续表2 （2023年） 单位：吨

县（市）区	肉类总产量		水产品产量		海水产品产量	
	数 值	比上年增长（%）	数 值	比上年增长（%）	数 值	比上年增长（%）
福州市	**225134**	**4.7**	**3074746**	**2.6**	**2788400**	**2.6**
仓山区			1222	–9.3	30	20.0
晋安区	7387	5.4	618	4.2		
马尾区	6126	5.6	122968	–35.7	115289	–37.2
长乐区	24163	9.2	214731	5.6	122469	5.9
福清市	63263	1.1	684316	19.4	571816	24.6
闽侯县	42628	2.6	23515	3.3	2301	0.4
连江县	18829	7.7	1285192	–0.4	1277300	–0.5
罗源县	14367	7.8	232676	4.1	210563	3.7
闽清县	19321	11.9	8154	5.5		
永泰县	19398	4.1	12517	5.4		
平 潭	9652	3.4	488837	3.5	488632	3.5

5-28 按县（市）区分年末畜禽存栏数

（2023年）

县（市）区	猪		牛		羊		兔		禽	
	年末存栏（头）	比上年增长（%）	年末存栏（头）	比上年增长（%）	年末存栏（头）	比上年增长（%）	年末存栏（头）	比上年增长（%）	年末存栏（头）	比上年增长（%）
福州市	**1155834**	**-4.9**	**45170**	**1.1**	**261852**	**-5.6**	**644041**	**-11.3**	**13358747**	**0.1**
仓山区										
晋安区	30010	-3.0	724	-17.3	3128	3.9	1238	1.8	276028	4.3
马尾区	23082	-2.1	1119	156.1	2914	74.1			52321	-74.8
长乐区	107286	0.8	4426	-18.2	6838	-1.4	63319	-6.6	1014817	3.6
福清市	401544	-3.7	10685	16.0	52516	-7.1	41093	-49.1	2543979	2.5
闽侯县	162813	-14.0	8703	-7.7	57322	-8.1	201989	1.4	3419329	0.0
连江县	121902	0.0	3954	2.5	22001	-2.3	59731	-27.4	963903	10.3
罗源县	66534	-7.8	5841	-4.1	33432	4.9	116734	1.5	1279264	11.7
闽清县	81452	-0.7	2739	10.0	15506	-14.1	24603	-25.9	2132457	-3.1
永泰县	85867	-4.0	4017	-1.2	59283	-7.5	127843	-7.9	1515440	-3.9
平　潭	75344	-8.7	2962	4.6	8912	-14.5	7491	-4.6	161209	-15.2

5-29 按县（市）区分粮食播种面积和产量

（2023年）

县（市）区	粮食作物		春收粮食		夏收粮食		秋收粮食	
	播种面积（亩）	总产量（吨）	播种面积（亩）	总产量（吨）	播种面积（亩）	总产量（吨）	播种面积（亩）	总产量（吨）
福州市	**1309485**	**496260**	**189538**	**58154**	**186042**	**60735**	**933905**	**377371**
晋安区	8939	4169			364	121	8575	4048
马尾区	4461	1525	877	207	1256	353	2328	965
长乐区	174160	70914	60575	19972	33109	12711	80476	38231
福清市	287254	109314	25266	6560	71379	25455	190609	77299
闽侯县	168785	59639	23150	6609	26390	6716	119245	46314
连江县	109301	43002	8777	2470	16058	4835	84466	35697
罗源县	95903	35680	6543	1702	2484	440	86876	33538
闽清县	144722	54906	13619	3570	10144	3002	120959	48334
永泰县	260801	98077	43560	13559	22927	6738	194314	77780
平　潭	55159	19034	7171	3505	1931	364	46057	15165

主要统计指标解释

乡镇个数 指农村中经省、自治区、直辖市人民政府批准成立的乡一级行政区划的数量。不包括城关镇、城市街道办事处、工矿区。

村委会个数 指农村中经上级政府批准，按居住地区设立的基层群众性自治组织的个数，含城关镇中的村。

乡村户数 是指长期（一年以上）居住在乡镇（不包括城关镇）行政管理区域内的住户，还包括居住在城关镇所辖行政村范围内的农村住户。户口不在本地而在本地居住一年及以上的住户也包括在本地农村住户内；有本地户口，但举家外出谋生一年以上的住户，无论是否保留承包耕地都不包括在本地农村住户范围内。不包括乡村地区内的国有经济的机关、团体、学校、企业、事业单位的集体户。

乡村劳动力资源数 指乡村人口中劳动年龄以上（16 周岁）能够参加生产经营活动的人员。

乡村从业人员 指乡村人口中 16 岁以上实际参加生产经营活动并取得实物或货币收入的人员，既包括劳动年龄内经常参加劳动的人员，也包括超过劳动年龄但经常参加劳动的人员。但不包括户口在家的在外学生、现役军人和丧失劳动能力的人，也不包括待业人员和家务劳动者。从业人员按从事主业时间最长（时间相同按收入）分为农业从业人员、工业从业人员、建筑业从业人员、交运仓储及邮政业从业人员、信息传输、计算机服务和软件业从业人员、批发与零售业从业人员、住宿和餐饮业从业人员、其他行业从业人员。

耕地 指种植农作物的土地，包括熟地，新开发、复垦、整理地，休闲地（含轮歇地、轮作地）；以种植农作物（含蔬菜）为主，间有零星果树、桑树或其他树木的土地；平均每年能保证收获一季的已垦滩地和海涂。耕地中包括南方宽度<1.0 米、北方宽度<2.0 米固定的沟、渠、路和地坎（埂）；临时种植中草药材、草皮、花卉、苗木等的耕地，以及其他临时改变用途的耕地。

农用化肥施用量 指本年度内实际用于农业生产的化学肥料数量，包括氮肥、磷肥、钾肥和复合肥。化肥施用量要求按折纯量计算数量，折纯量是指把氮肥、磷肥、钾肥分别按含氮、含五氧化二磷、含氧化钾的百分之百成分进行折算后的数量。复合肥按其所含主要成分折算。计算公式为：

折纯量=实物量 × 某种化肥有效成分含量的百分比

农作物播种面积 指实际播种或移植的面积。凡是实际种植有农作物的面积，不论种植在耕地还是非耕地上，也不论面积大小，均应如实统计，种什么就报什么，种多少就报多少，不得遗漏。时改变用途的耕地。

粮食产量 指全社会的产量。包括国有经济经营的、集体统一经营的和农民家庭经营的粮食产量，还包括工矿企业办的农场和其他生产单位的产量。粮食除包括稻谷、小麦、玉米、高粱、谷子及其他杂粮外，还包括薯类和豆类。其产量计算方法，豆类按去豆荚后的干豆计算；薯类（包括甘薯和马铃薯，不包括芋头和木薯）1963 年以前按每 4 公斤鲜薯折 1 公斤粮食计算，从 1964 年开始及以后改为按 5 公斤鲜薯折 1 公斤粮食计算。城市郊区作为蔬菜的薯类（如马铃薯等到）按鲜品计算，并且不作粮食统计。其他粮食一律按脱粒后的原粮计算。

农林牧渔业总产值 指以货币表现的农、林、牧、渔全部产品和对农业生产进行各种支持性服务活动的总量，它反映一定时期内生产的总规模和总成果。从 2003 年开始农林牧渔业总产值执行新的国民经济行业分类标准，包括农业、林业、牧业、渔业及农林牧渔业服务业，不再包括农民家庭兼营商品性工业。

农林牧渔业中间消耗 指各种经济类型的农业生产单位和农户在农业生产经营过程中投入（或消耗）的各种物质产品和劳务价值的总和。包括中间物质消耗和中间劳务消耗两个部分。计入中间消耗必须具备以下两个条件：一是与总产出相对应的生产过程中消耗的物质产品和劳务活动；二是本期投入并一次消耗的不属于固定资产的非耐用品。

农林牧渔业增加值 指各种经济类型的农业生产单位和农户从事生产经营活动所提供的社会最终产品的货币表现。增加值的计算方法有两种，一是生产法：农林牧渔业增加值=农林牧渔业总产出-农林牧渔业中间消耗；二是分配法：农林牧渔业增加值=固定资产折旧+劳动者报酬+生产税净额（生产税-生产补贴）+营业盈余。

6 工业与交通

6-1 主要年份工业总产值和工业增加值

单位：亿元

年　份	工业总产值	工业增加值	工业增加值指数	
			以上年为 100	以 1952 年为 100
1952	0.84	0.23	160.0	100.0
1957	1.80	0.50	100.6	215.5
1962	2.67	0.75	86.0	320.0
1965	4.59	1.28	131.1	549.2
1970	6.71	1.88	118.5	803.3
1975	12.14	3.40	109.9	1453.7
1978	16.18	4.53	123.4	1937.1
1979	18.06	5.06	111.4	2162.2
1980	19.94	5.58	111.3	2386.8
1985	45.13	14.31	136.8	6119.5
1990	137.28	34.50	79.0	14751.4
1995	506.82	130.01	118.3	48430.8
2000	1123.85	321.15	114.8	124540.1
2001	1162.64	346.98	111.8	139235.8
2002	1342.91	385.36	115.7	161095.9
2003	1627.09	463.84	118.8	191381.9
2004	1992.10	539.12	115.0	220089.2
2005	2209.99	543.74	105.0	231093.6
2006	2545.96	592.83	108.5	250736.6
2007	3080.63	715.96	114.0	285839.7
2008	3584.58	806.00	113.4	324142.2
2009	3965.65	930.33	113.8	368873.8
2010	4869.05	1184.72	118.7	437853.3
2011	5873.36	1361.31	113.9	498714.9
2012	6353.25	1547.48	114.2	569532.4
2013	7253.98	1737.29	113.9	648697.4
2014	8009.76	1918.20	111.5	723297.6
2015	8195.22	1876.89	106.7	771758.5
2016	8810.37	2017.86	107.3	828096.9
2017	8931.28	2196.10	105.4	872814.1
2018	9745.37	2412.70	107.0	933911.1
2019		2480.91	103.0	961928.4
2020		2532.16	105.1	1010986.8
2021		2758.62	109.2	1103728.9
2022		3020.19	102.9	1136013.5
2023		2997.28	102.7	1166685.8

6-2 "规模以上"工业企业单位数

单位：个

项 目	2003年	2004年	2005年	2006年	2007年	2008年	2009年	2010年	2011年	2012年
合 计	**1901**	**2345**	**2359**	**2470**	**2656**	**2902**	**2889**	**2879**	**2050**	**2119**
一、按轻重工业分										
轻工业	1112	1356	1363	1419	1520	1644	1647	1660	1153	1182
重工业	789	989	996	1051	1136	1257	1242	1219	897	937
二、按企业规模分										
大型企业	10	12	11	13	15	18	20	26	81	81
中型企业	169	196	223	257	282	315	299	327	401	471
小型企业	1722	2137	2125	2200	2359	2568	2570	2526	1493	1526
微型企业									75	41
三、按登记注册类型分										
内资企业	1129	1437	1426	1489	1649	1855	1883	1889	1318	1403
港澳台商投资企业	470	502	500	532	545	562	545	547	394	383
外商投资企业	302	406	433	449	462	485	461	443	338	333

注：1.2011年起规模以上工业企业指年主营业务收入2000万元及以上工业企业，下同。

2.2011年起增加微型企业规模分类，故企业数与往年不可比，下同。

6-2　续表　　　　　　　　　　　　　　　　　　　　单位：个

项　　目	2013年	2014年	2015年	2016年	2017年	2018年	2019年	2020年	2021年	2022年	2023年
合　　计	**2205**	**2275**	**2302**	**2220**	**2213**	**2240**	**2539**	**2662**	**2854**	**2893**	**2920**
一、按轻重工业分											
轻工业	1229	1262	1281	1241	1323	1336	1475	1533	1605	1598	1577
重工业	976	1013	1021	979	890	904	1064	1129	1249	1295	1343
二、按企业规模分											
大型企业	85	84	92	91	87	92	107	103	110	71	61
中型企业	468	484	476	464	482	451	415	399	383	311	250
小型企业	1603	1647	1654	1621	1585	1606	1880	1957	2058	2172	2258
微型企业	49	60	80	44	59	91	137	203	303	339	351
三、按登记注册类型分											
内资企业	1508	1610	1665	1645	1655	1710	2011	2167	2378	2440	2519
港澳台商投资企业	371	349	346	314	306	288	278	250	239	226	211
外商投资企业	326	316	291	261	252	242	250	245	237	227	190

6-3 “规模以上”工业主要产品产量

项 目	单 位	2005 年	2006 年	2007 年	2008 年	2009 年	2010 年	2011 年	2012 年	2013 年
食用植物油	万吨	9.12	11.63	26.29	18.05	18.42	29.30	19.33	16.34	19.58
啤酒	万千升	8.13	9.68	9.55	9.05	9.55	9.53	9.04	10.85	12.44
软饮料	万吨	30.44	44.04	51.36	66.04	58.28	75.15	74.03	91.46	127.80
精制茶	万吨	0.45	0.48	0.53	0.67	0.29	0.38	0.46	0.79	1.02
纱	万吨	47.09	78.89	83.88	99.33	114.31	133.18	159.95	198.19	213.91
布	万米	10849	13227	17397	13109	13946	19626	26589	28371	35490
#棉布	万米	2964	3598	5041	8937	7211	11574	19517	16320	14992
棉混纺布	万米	232	414	430	831	2845	4177	6072	7571	8176
化学纤维布	万米	7653	9215	11926	3341	3890	3875	1000	4480	12322
服装	万件	3294	3013	2867	4453	4283	4927	4840	8449	9478
皮鞋	万双	4807	5259	4836	4981	5833	8283	9396	13294	14988
纯碱	万吨	17.73	19.80	18.88	18.02	19.28	17.07	9.27		
氮肥	万吨	6.53	9.52	6.67	4.89	5.57	4.88	3.28		
化学纤维	万吨	13.74	30.87	45.97	74.41	91.50	105.46	105.09	135.16	211.40
塑料制品	万吨	49.36	45.37	55.93	75.31	70.10	74.46	83.80	104.08	99.68
花岗石板材	万平方米	2801.58	2924.05	4032.37	5280.03	6101.38	7417.82	8096.96	9606.84	12851
粗钢	万吨	13.80	45.43	69.31	175.73	179.19	428.19	502.15	618.77	682.45
钢材	万吨	129.79	205.44	327.93	257.05	384.08	440.16	629.62	738.78	865.67
泵	万台	17.82	12.69	82.73	97.62	61.07	68.90	78.36	63.81	88.64
汽 车	万辆	6.67	5.72	6.95	4.49	9.65	14.08	13.10	12.65	13.92
交流电动机	万千瓦	23.72	25.82	29.51	26.98	22.01	1.06		14.06	16.70
电力变压器	万千伏安	336.45	387.90	443.06	385.18	353.38	551.05	256.30	346.05	343.09
显示器	万台	2240.15	2646.41	2902.42	2692.61	2381.14	2710.88	3064.81	2988.06	3330.18
彩色电视机	万部	22.70	33.65	38.18	381.90	327.60	267.25	142.99	146.93	169.91
钟	万只	2429.43	2060.98	2374.70	4118.21	2868.42	3795.40	3338.50	3833.83	2984.26
发电量	亿千瓦小时	157.41	173.27	212.59	280.82	328.68	341.98	460.98	419.55	431.47
#水 电	亿千瓦小时	60.99	67.92	56.18	57.10	49.24	80.30	44.79	81.94	63.80

6-3 续表

项目	单位	2014年	2015年	2016年	2017年	2018年	2019年	2020年	2021年	2022年	2023年
食用植物油	万吨	68.38	71.90	67.50	62.51	64.22	73.35	63.95	61.45	65.31	65.70
啤酒	万千升	11.12	10.55	9.80	8.01	7.34	6.73	7.90	8.02	7.27	6.01
软饮料	万吨	134.97	91.19	103.27	142.71	142.28	157.93	168.21	168.44	173.79	171.15
精制茶	万吨	0.44	0.78	0.93	0.78	0.85	0.67	0.68	0.74	0.63	0.71
纱	万吨	241.66	255.88	278.87	295.41	326.35	349.13	391.24	381.46	383.06	263.27
布	万米	55585	54449	51841	50025	46999	42140	41589	42411	39669	20763
#棉布	万米	24759	23110	22483	20264	17780	12866	10956	10264	9875	5330
棉混纺布	万米	14987	14819	15378	15974	14828	14155	13326	14182	12519	2490
化学纤维布	万米	15839	16520	13981	13787	14392	15120	17307	17965	17276	12943
服装	万件	11024	10760	12185	14530	15657	18286	12762	12147	12577	5217
皮鞋	万双	8015	12511	13089	13098	11407	11106	2478	2070	2483	1470
纯碱	万吨			14.87	24.23	24.67	29.07	25.49	24.10	19.02	0.00
氮肥	万吨			8.87	36.56	42.35	52.86	54.47	46.13	35.36	9.56
化学纤维	万吨	247.28	337.55	422.38	428.03	426.01	547.76	580.38	658.11	655.81	414.17
塑料制品	万吨	99.03	104.56	109.52	121.12	122.74	145.42	159.41	141.36	147.26	74.11
花岗石板材	万平方米	14255	17299	20001.86	279.00	235.06	106.59	34.20	24.10	1.37	3.35
粗钢	万吨	770.64	581.43	564.72	605.69	716.16	977.95	1142.05	1166.36	1373.09	1666.54
钢材	万吨	851.08	838.65	791.83	858.36	880.64	1184.57	1432.48	1451.10	1406.40	1641.71
泵	万台	94.41	120.60	124.90	44.50	0.00	2.26	2.34	2.76	2.92	2.53
汽车	万辆	9.30	9.86	13.48	19.19	12.33	6.71	4.66	5.45	6.53	3.44
交流电动机	万千瓦	24.39	31.74	33.52	36.64	51.60	45.18	95.82	105.63	95.21	66.34
电力变压器	万千伏安	485.03	479.77	429.18	432.22	637.73	889.34	1152.40	1269.30	1341.68	1392.04
显示器	万台	3076.95	2884.49	3025.05	2914.45	3147.22	3037.20	3185.30	2684.29	2511.51	2507.89
彩色电视机	万部	240.89	299.05	284.37	232.23	60.55	4.92	2.37	0.91	0.00	0.00
钟	万只	2689.33	3337.79	3606.36	4017.73	4793.26	5243.63	3891.55	4967.85	1210.07	1118.96
发电量	亿千瓦小时	446.50	459.01	474.63	617.00	715.97	751.28	806.93	956.61	1105.87	1189.21
#水电	亿千瓦小时	73.90	80.51	92.18	72.63	61.35	79.52	56.87	50.44	69.92	73.13

6-4 “规模以上”工业主要经济指标

（2023 年）

单位：万元

项　　目	企业单位数（个）	资产总计	负债合计	利润总额	利税总额
合　计	**2920**	**101637766**	**59302800**	**5607648**	**7435820**
#亏损企业	498	24087101	15612182	–622489	–458160
国有控股企业	134	38143290	22313585	1168929	1671635
一、按轻重工业分					
轻工业	1577	25530362	14743027	1992323	2431856
重工业	1343	76107404	44559773	3615325	5003964
二、按企业规模分					
大型企业	61	42817855	25578559	2128321	2750353
中型企业	250	21933236	11362736	1361599	1734722
小型企业	2258	34736701	20821126	1990806	2795141
微型企业	351	2149974	1540380	126922	155604
三、按登记注册类型分					
内资企业	2519	83900688	49480086	4677344	6140029
集体企业	5	175338	44225	30862	31611
联营企业	2	42070	5614	3196	3372
有限责任公司	2411	71959918	43615461	4044236	5341850
国有独资公司	5	131379	32953	12173	14084
私营有限责任公司	2226	37136237	22486294	2855635	3600411
其他有限责任公司	180	34692302	21096214	1176429	1727355
股份有限公司	87	11649684	5802198	593574	755122
私营股份有限公司	71	7077281	3312445	294858	385750
其他股份有限公司	16	4572404	2489754	298716	369373
个人独资企业	7	69240	9598	4750	7070
合伙企业	5	4438	2990	726	1004
港、澳、台投资企业	211	9099947	5397454	618632	859549
港澳台投资有限责任公司	200	7331333	4194439	617301	846610
港澳台投资股份有限公司	11	1768614	1203015	1331	12939
外商投资企业	190	8637131	4425261	311672	436243
外商投资有限责任公司	185	5616209	2952295	317919	412123
外商投资股份有限公司	4	2579860	1233108	–18900	6571

6–5 按行业分“规模以上”工业主要经济指标

（2023 年）

单位：万元

项目	企业单位数（个）	资产总计	#流动资产合计	固定资产原价	固定资产净额	负债合计	#流动负债合计
总计	**2920**	**101637766**	**44754514**	**66509873**	**36351844**	**59302800**	**40463258**
非金属矿采选业	6	67394	30345	26030	11171	27918	8573
农副食品加工业	237	4024784	2818911	1113286	577602	2640946	2343478
食品制造业	75	867320	445418	358050	198124	481964	422375
酒、饮料和精制茶制造业	44	491454	281384	206703	89219	217837	191640
纺织业	285	6411402	3436607	3829713	1526790	3239029	2643314
纺织服装、服饰业	80	519215	398003	138888	64148	335236	322561
皮革、毛皮、羽毛及其制品和制鞋业	137	707546	542092	234391	101711	512712	472201
木材加工和木、竹、藤、棕、草制品业	32	148750	88625	86470	51145	55724	43265
家具制造业	107	449538	292579	157954	85002	226969	199605
造纸和纸制品业	54	328764	200870	186282	83910	217003	193978
印刷和记录媒介复制业	47	500100	228665	143593	64819	199937	153174
文教、工美、体育和娱乐用品制造业	154	1057523	708204	415537	195404	618143	536372
石油加工、炼焦和核燃料加工业	9	364100	192661	108494	36058	191824	131323
化学原料和化学制品制造业	87	10036450	3751055	6083191	3923596	5178260	2545749
医药制造业	37	1023753	631579	375631	208074	383872	330476
化学纤维制造业	35	4525704	2153123	3944967	1152331	3120608	2083682
橡胶和塑料制品业	153	2294340	1345473	864665	513743	1300492	1078776
非金属矿物制品业	262	4681920	2842796	2078985	1000367	2776761	2380298
黑色金属冶炼和压延加工业	32	8182032	2634139	7064150	3684795	6714145	6091905
有色金属冶炼和压延加工业	28	1425673	437857	919509	546687	971517	598996
金属制品业	140	2195344	1438008	497515	208043	1460535	1374334
通用设备制造业	123	1718093	1095120	489313	211050	777550	741886
专用设备制造业	90	1041322	754747	275292	153081	618835	512478
汽车制造业	112	4078823	2847567	1922807	663992	2267643	2024893
铁路、船舶、航空航天和其他运输设备制造业	16	1310846	1014246	334209	234869	1000254	870688
电气机械和器材制造业	170	3688319	2886724	656590	367898	2507973	2174340
计算机、通信和其他电子设备制造业	148	11334066	5333418	4511565	1971207	3942970	3259998
仪器仪表制造业	71	1476639	966404	366569	216891	804663	548790
其他制造业	6	142139	126508	27606	13905	102038	100464
废弃资源综合利用业	30	647778	417990	256285	184090	463365	390090
金属制品、机械和设备修理业	12	485762	139085	295161	212132	219795	118324
电力、热力生产和供应业	56	22370867	3321503	26714931	16740107	14084131	4852845
燃气生产和供应业	15	826941	373315	446444	256574	466909	191920
水的生产和供应业	29	2150142	546689	1323319	779147	1171310	527085

6-5 续表 （2023年） 单位：万元

项目	所有者权益合计	利润总额	所得税费用	亏损企业亏损总额	利税总额
总计	**42334945**	**5607648**	**474242**	**622489**	**7435820**
非金属矿采选业	39476	1219	670	1868	3921
农副食品加工业	1383836	339316	9123	19655	392051
食品制造业	385356	30453	3945	8581	52394
酒、饮料和精制茶制造业	273617	34945	3671	2120	52227
纺织业	3172373	702317	34005	32530	803786
纺织服装、服饰业	183978	8144	1573	6000	21461
皮革、毛皮、羽毛及其制品和制鞋业	194833	8985	1751	15688	31213
木材加工和木、竹、藤、棕、草制品业	93026	27550	2040	342	33873
家具制造业	222568	33522	916	1024	46351
造纸和纸制品业	111760	13780	749	9938	24456
印刷和记录媒介复制业	300163	21903	1269	5319	27972
文教、工美、体育和娱乐用品制造业	439380	85857	5359	3068	129027
石油加工、炼焦和核燃料加工业	172276	3944	87	933	5906
化学原料和化学制品制造业	4858190	900019	65778	22557	1036335
医药制造业	639881	111952	16254	15435	135832
化学纤维制造业	1405096	394029	28417	51419	428965
橡胶和塑料制品业	993846	87887	2746	4545	122736
非金属矿物制品业	1905157	330250	26622	48425	436799
黑色金属冶炼和压延加工业	1467887	–14985	–18746	127159	16457
有色金属冶炼和压延加工业	454156	59027	–4743	735	121097
金属制品业	734807	78297	8106	11454	107554
通用设备制造业	940544	92728	5760	7635	115559
专用设备制造业	422486	50958	4688	15391	72550
汽车制造业	1811179	320992	89648	60766	526276
铁路、船舶、航空航天和其他运输设备制造业	310592	19716	323	240	27353
电气机械和器材制造业	1180346	256110	25713	12707	318536
计算机、通信和其他电子设备制造业	7391094	382523	4402	78450	519792
仪器仪表制造业	671975	17082	978	26299	37798
其他制造业	40101	9593	358	0	11032
废弃资源综合利用业	184413	2731	859	11323	144608
金属制品、机械和设备修理业	265968	19160	3723	4487	29076
电力、热力生产和供应业	8286736	1068186	133183	7683	1455727
燃气生产和供应业	360031	63927	6974	1178	90732
水的生产和供应业	978832	44408	7899	7538	53289

6–6 规模以上工业主要经济效益指标

（2023 年）

项　　目	总资产贡献率（%）	资产负债率（%）	流动资产周转率（次/年）	成本费用利润率（%）
总　计	**8.23**	**58.35**	**2.06**	**6.48**
#亏损企业	−1.20	64.82	1.46	−3.99
国有控股企业	5.58	58.50	2.39	5.81
一、按轻重工业分				
轻工业	10.58	57.75	2.30	6.13
重工业	7.44	58.55	1.94	6.69
二、按企业规模分				
大型企业	7.42	59.74	2.63	6.26
中型企业	8.78	51.81	1.83	6.80
小型企业	8.91	59.94	1.84	6.48
微型企业	7.85	71.65	1.21	7.11
三、按登记注册类型分				
内资企业	8.36	58.97	2.21	6.49
集体企业	22.01	25.22	22.97	11.10
联营企业	8.01	13.34	1.48	10.33
有限责任公司	8.51	60.61	2.35	6.49
国有独资公司	11.25	25.08	0.95	18.13
私营有限责任公司	10.73	60.55	2.28	6.68
其他有限责任公司	6.14	60.81	2.54	6.04
股份有限公司	7.21	49.81	1.54	6.33
私营股份有限公司	6.22	46.80	1.33	5.88
其他股份有限公司	8.75	54.45	1.90	6.86
个人独资企业	10.41	13.86	4.15	9.82
合伙企业	22.62	67.38	6.87	3.02
港、澳、台投资企业	9.71	59.31	1.54	7.71
港澳台投资有限责任公司	11.77	57.21	1.47	9.19
港澳台投资股份有限公司	1.19	68.02	2.12	0.10
外商投资企业	5.38	51.24	1.53	4.83
外商投资有限责任公司	7.59	52.57	1.72	5.96
外商投资股份有限公司	0.52	47.80	0.61	−2.82

6–7 按行业分“规模以上”工业企业主要经济效益指标

（2023 年）

项目	总资产贡献率（%）	资产负债率（%）	流动资产周转率（次/年）	成本费用利润率（%）	产品销售率（%）
总计	**8.23**	**58.35**	**2.06**	**6.48**	**95.11**
非金属矿采选业	5.62	41.43	1.60	2.63	100.00
农副食品加工业	10.76	65.62	2.25	5.66	97.44
食品制造业	6.42	55.57	1.90	3.73	98.60
酒、饮料和精制茶制造业	11.00	44.32	2.10	6.31	103.99
纺织业	13.87	50.52	2.64	8.41	97.35
纺织服装、服饰业	4.78	64.57	1.47	1.42	96.77
皮革、毛皮、羽毛及其制品和制鞋业	5.15	72.46	1.69	1.00	95.23
木材加工和木、竹、藤、棕、草制品业	23.07	37.46	3.52	9.71	97.05
家具制造业	10.60	50.49	2.33	5.20	95.25
造纸和纸制品业	8.28	66.01	3.26	2.17	92.39
印刷和记录媒介复制业	6.11	39.98	1.59	6.26	95.51
文教、工美、体育和娱乐用品制造业	13.04	58.45	3.40	3.70	95.64
石油加工、炼焦和核燃料加工业	1.87	52.68	1.74	1.19	105.81
化学原料和化学制品制造业	11.30	51.59	2.33	11.46	95.66
医药制造业	13.50	37.50	0.95	23.79	90.02
化学纤维制造业	11.28	68.95	3.45	5.63	89.68
橡胶和塑料制品业	5.92	56.68	1.48	4.61	94.22
非金属矿物制品业	9.95	59.31	1.41	8.94	96.16
黑色金属冶炼和压延加工业	0.66	82.06	3.28	–0.17	91.85
有色金属冶炼和压延加工业	10.48	68.14	6.09	2.27	95.99
金属制品业	5.41	66.53	1.24	4.62	94.58
通用设备制造业	7.06	45.26	1.16	7.86	94.41
专用设备制造业	7.62	59.43	0.93	7.88	92.50
汽车制造业	12.80	55.60	1.26	10.09	98.72
铁路、船舶、航空航天和其他运输设备制造业	3.84	76.31	0.96	2.04	99.54
电气机械和器材制造业	9.08	68.00	1.54	6.14	95.51
计算机、通信和其他电子设备制造业	4.69	34.79	1.39	5.36	91.07
仪器仪表制造业	2.91	54.49	0.78	2.32	85.33
其他制造业	8.55	71.79	0.91	9.07	95.40
废弃资源综合利用业	23.52	71.53	4.38	0.15	92.39
金属制品、机械和设备修理业	6.69	45.25	1.87	7.82	94.50
电力、热力生产和供应业	8.20	62.96	2.84	12.58	99.48
燃气生产和供应业	11.70	56.46	5.35	3.30	99.60
水的生产和供应业	2.95	54.48	0.58	15.81	98.31

6-8 规模以上工业企业能源购进、消费与库存

（2023 年）

项　　目	计量单位	年初库存量	购进量	工业生产消费量	期末库存量
原煤	吨	1936917	30289925	30425585	1698435
# 无烟煤	吨	183933	2405535	2320601	269450
炼焦烟煤	吨				
一般烟煤	吨	1752984	27884390	28104984	1428985
褐煤	吨				
洗精煤	吨	39430	1219399	1219933	38896
其他洗煤	吨				
煤制品	吨		6	6	
焦炭	吨	535670	5057245	5167497	425418
其他焦化产品	吨				
焦炉煤气	万立方米		17359	17359	
高炉煤气	万立方米		40206	1782419	
转炉煤气	万立方米			191222	
其他煤气	万立方米				
天然气（气态）	万立方米	16	77368	77277	
液化天然气（液态）	吨	150	9675	9740	79
氢气	万立方米		109796	123225	
原油	吨				
汽油	吨	52	10266	9604	39
煤油	吨		54	54	
柴油	吨	2673	61286	59504	2096
燃料油	吨	95	1774	3962	17
液化石油气	吨	2	799150	799145	2
炼厂干气	吨				
石脑油	吨				
润滑油	吨	86	2338	2280	94
石蜡	吨	6	48	51	3
溶剂油	吨	143	545	627	61
石油焦	吨				
石油沥青	吨	1319	10611	11414	
其他石油制品	吨				
热力	百万千焦		33808905	45908667	
电力	万千瓦时		3494092	3537570	
煤矸石（用于燃料）	吨				
城市生活垃圾（用于燃料）	吨	32996	2318720	2132560	35536
生物质能（用于燃料）	吨标准煤	783	24897	25348	52
余热余压	百万千焦			14662353	
工业废料（用于燃料）	吨		16755	16755	
其他燃料	吨标准煤	10	697	1701	
能源合计	吨标准煤			38499354	

注：本表数据不含国网福建省电力有限公司。

6-9 规模以上工业企业主要能源品种分行业消费量

（2023年）

项　　目	综合能源消费量（吨标准煤）	原煤（吨）	洗精煤（吨）	煤制品（吨）	焦炭（吨）
合　计	**25820615**	**30425585**	**1219933**	**6**	**5167497**
轻工业	2069949	641194			
重工业	23750667	29784391	1219933	6	5167497
一、按工业行业门类分					
采矿业	5515				
煤炭开采和洗选业					
石油和天然气开采业					
黑色金属矿采选业					
有色金属矿采选业					
非金属矿采选业	5515				
开采辅助活动					
其他采矿业					
制造业	16852406	7321387	1219933	6	5167497
农副食品加工业	177752	257			
食品制造业	35644				
酒、饮料和精制茶制造业	16337	856			
烟草制品业	6686				
纺织业	648930	167518			
纺织服装、服饰业	3692				
皮革、毛皮、羽毛及其制品和制鞋业	30373				
木材加工和木、竹、藤、棕、草制品业	20038				
家具制造业	16884				
造纸和纸制品业	36702	3404			
印刷和记录媒介复制业	8286				
文教、工美、体育和娱乐用品制造业	74329	53			
石油加工、炼焦和核燃料加工业	123654		1219933		
化学原料和化学制品制造业	5171017	3838234			
医药制造业	55125				
化学纤维制造业	788446	456276			
橡胶和塑料制品业	125122				
非金属矿物制品业	1030089	426020			
黑色金属冶炼和压延加工业	7841438	2421528			5167497
有色金属冶炼和压延加工业	136821				
金属制品业	43179	22			
通用设备制造业	46664			6	
专用设备制造业	10435				
汽车制造业	87526				
铁路、船舶、航空航天和其他运输设备制造业	14693				
电气机械和器材制造业	46459				
计算机、通信和其他电子设备制造业	191615				
仪器仪表制造业	6110				
其他制造业	5516				
废弃资源综合利用业	37259	7221			
金属制品、机械和设备修理业	15585				
电力、热力、燃气及水生产和供应业	8962695	23104197			
电力、热力生产和供应业	8917635	23104197			
燃气生产和供应业	2200				
水的生产和供应业	42860				
二、按企业登记注册类型分					
国有企业					
集体企业	13935				
股份合作企业					
股份制企业	22112899	24998448	1219933		4499804
外商及港澳台商投资企业	3691972	5427137			667692
其他经济类型企业	1810			6	

注：本表数据不含国网福建省电力有限公司。

6-9　续表 1　　（2023 年）

项　　目	天然气（气态）（万立方米）	液化天然气（液态）（吨）	汽　油（吨）	煤　油（吨）	柴　油（吨）
合　计	**77277**	**9740**	**9604**	**54**	**59504**
轻工业	9826	5960	4559		5860
重工业	67451	3779	5045	54	53644
一、按工业行业门类分					
采矿业					636
煤炭开采和洗选业					
石油和天然气开采业					
黑色金属矿采选业					
有色金属矿采选业					
非金属矿采选业					636
开采辅助活动					
其他采矿业					
制造业	76969	9740	9150	53	55325
农副食品加工业	1522	2619	363		1161
食品制造业	1189		310		205
酒、饮料和精制茶制造业	423	1288	90		148
烟草制品业	373		7		5
纺织业	2085	1995	624		582
纺织服装、服饰业			226		36
皮革、毛皮、羽毛及其制品和制鞋业	39		506		729
木材加工和木、竹、藤、棕、草制品业			80		353
家具制造业	4		115		121
造纸和纸制品业	848		164		592
印刷和记录媒介复制业	162		135		64
文教、工美、体育和娱乐用品制造业	177	43	901		416
石油加工、炼焦和核燃料加工业	6				350
化学原料和化学制品制造业	3387	5	183		3837
医药制造业	362		133		5
化学纤维制造业	968		144		563
橡胶和塑料制品业	1878	34	569		959
非金属矿物制品业	35092	2260	678		26888
黑色金属冶炼和压延加工业	19338	80	46		8251
有色金属冶炼和压延加工业	6432	444	273		505
金属制品业	640	390	411		455
通用设备制造业	8	64	387	53	198
专用设备制造业	64	105	218		181
汽车制造业	1206	355	648		320
铁路、船舶、航空航天和其他运输设备制造业	86	46	89		1039
电气机械和器材制造业	424		440		323
计算机、通信和其他电子设备制造业	69	12	677		98
仪器仪表制造业			224		21
其他制造业	72		23		1338
废弃资源综合利用业			424		1451
金属制品、机械和设备修理业	117		60		4131
电力、热力、燃气及水生产和供应业	309		454	1	3543
电力、热力生产和供应业	307		218	1	3397
燃气生产和供应业	1		124		121
水的生产和供应业			112		26
二、按企业登记注册类型分					
国有企业					
集体企业			2		12
股份合作企业					
股份制企业	55562	7654	7780	53	51978
外商及港澳台商投资企业	21715	2086	1800	1	7510
其他经济类型企业			22		4

6–9 续表 2 （2023 年）

项目	燃料油（吨）	液化石油气（吨）	热力（百万千焦）	电力（万千瓦时）	生物质能用于燃料（吨标准煤）	其他燃料（吨标准煤）
合　计	**3962**	**799145**	**45908667**	**3537570**	**25348**	**1701**
轻工业	3	1170	7781409	943022	21118	
重工业	3959	797974	38127258	2594548	4231	1701
一、按工业行业门类分						
采矿业				3733		
煤炭开采和洗选业						
石油和天然气开采业						
黑色金属矿采选业						
有色金属矿采选业						
非金属矿采选业				3733		
开采辅助活动						
其他采矿业						
制造业	3962	799145	45149835	2922754	25348	1701
农副食品加工业		887	2377324	51772	5824	
食品制造业		135	101468	13010	374	
酒、饮料和精制茶制造业				5929	920	
烟草制品业				1738		
纺织业		2	2132555	344138		
纺织服装、服饰业				2691		
皮革、毛皮、羽毛及其制品和制鞋业	3	65		22478	382	
木材加工和木、竹、藤、棕、草制品业			30069	6485	4434	
家具制造业		24		13380		
造纸和纸制品业		55	166937	12079	2578	
印刷和记录媒介复制业				4810		
文教、工美、体育和娱乐用品制造业		2	1057573	27563	194	
石油加工、炼焦和核燃料加工业			117298	7620		
化学原料和化学制品制造业	2157	796849	36800258	633171		
医药制造业		1	752522	19949	222	
化学纤维制造业			840116	329477		
橡胶和塑料制品业			363099	67083	6406	
非金属矿物制品业	1710	440	312939	145858	4013	993
黑色金属冶炼和压延加工业		60	4736	821139		45
有色金属冶炼和压延加工业	59	116		44085		
金属制品业	3	120	11392	26022		663
通用设备制造业		10		37004		
专用设备制造业				7234		
汽车制造业		378		56088		
铁路、船舶、航空航天和其他运输设备制造业				9637		
电气机械和器材制造业		2	23462	32283		
计算机、通信和其他电子设备制造业	29		58088	152616		
仪器仪表制造业				4674		
其他制造业				2136		
废弃资源综合利用业				14133		
金属制品、机械和设备修理业				6473		
电力、热力、燃气及水生产和供应业			758832	611083		
电力、热力生产和供应业			735493	575535		
燃气生产和供应业				1486		
水的生产和供应业			23339	34061		
二、按企业登记注册类型分						
国有企业						
集体企业				11316		
股份合作企业						
股份制企业	3868	798295	45150552	2985335	20991	708
外商及港澳台商投资企业	94	850	758115	539578	4237	993
其他经济类型企业				1341	120	

6-10 按县（市）区分“规模以上”工业主要财务指标

（2023年）

县（市）区	企业单位数（个）	资产总计（万元）	#流动资产合计（万元）	固定资产原价（万元）	固定资产净额（万元）
福州市	**2920**	**101637766**	**44754514**	**66509873**	**36351844**
鼓楼区	67	6557950	1460471	8209591	3908324
仓山区	266	4647421	3077300	971228	398423
晋安区	163	2487346	1554543	736266	309186
马尾区	186	7540668	3963187	2067818	1135373
长乐区	488	20415742	9956797	13646090	5914424
福清市	558	30945473	11897349	21104986	13333856
闽侯县	686	9148225	5947332	3678241	1542982
连江县	161	8183016	3318867	5641234	3735521
罗源县	118	6774245	1923967	6092816	3553014
闽清县	151	1802709	827133	2191518	829094
永泰县	44	1310245	424449	920417	719387
平潭县	32	1824726	403119	1249670	972262

6-10 续表 1 （2023 年）

县（市）区	负债合计（万元）	#流动负债合计（万元）	所有者权益合计（万元）	利润总额（万元）	利税总额（万元）
福州市	**59302800**	**40463258**	**42334945**	**5607648**	**7435820**
鼓楼区	3610458	2368477	2947492	109732	219498
仓山区	2110145	1967978	2537275	233702	330132
晋安区	1003053	816672	1484292	157566	190259
马尾区	3689976	3107755	3850690	215373	332435
长乐区	13160374	10324001	7255368	1591875	1929164
福清市	18373487	9942677	12571983	1788649	2320931
闽侯县	5399067	4392224	3749150	650643	1024975
连江县	4023663	2451675	4159353	601929	690120
罗源县	4889039	3716332	1885205	-14595	38461
闽清县	622982	396438	1179725	198966	261425
永泰县	991505	474483	318739	34844	48474
平潭县	1429052	504546	395673	38965	49946

6-10 续表 2 （2023 年）

县（市）区	总资产贡献率（%）	资产负债率（%）	流动资产周转率（次/年）	成本费用利润率（%）	产品销售率（%）
福州市	**8.23**	**58.35**	**2.06**	**6.48**	**95.11**
鼓楼区	4.19	55.05	3.90	1.96	101.60
仓山区	7.33	45.40	1.45	5.46	96.44
晋安区	8.01	40.33	1.24	8.88	96.14
马尾区	5.08	48.93	1.59	3.55	94.54
长乐区	10.58	64.46	2.46	6.98	94.99
福清市	8.50	59.37	1.85	8.76	93.36
闽侯县	11.65	59.02	1.72	6.87	96.96
连江县	10.00	49.17	2.14	9.26	97.00
罗源县	1.27	72.17	3.44	–0.22	92.01
闽清县	14.77	34.56	2.98	8.81	94.87
永泰县	5.35	75.67	1.33	6.60	93.32
平潭县	4.00	78.32	0.72	15.02	102.71

注：鼓楼区包含全市供电数据。

6–11 民用车辆拥有量

（2023 年）

单位：辆

项　　目	总　计	营　运	非营运	校　车	预约出租客运	进　口	个　人	新注册	报　废
合　　计	**2165654**	**70182**	**2068957**	**753**	**25762**	**150669**	**1870947**	**176020**	**37811**
一、汽车	**1778000**	**54025**	**1697460**	**753**	**25762**	**147063**	**1511835**	**146795**	**34714**
载客汽车	1629868	22150	1581203	753	25762	146639	1447664	134887	26659
# 大 型	9055	7548	1254	253		45	46	333	660
中 型	3827	1003	2324	500		81	504	218	369
小 型	1614375	13599	1575014		25762	145081	1444662	134336	25438
微 型	2611		2611			1432	2452		192
载货汽车	139664	31861	107803			398	62617	11334	7862
# 重 型	28279	22020	6259			184	1019	1676	1407
中 型	2032	1077	955				179	194	110
轻 型	109225	8760	100465			214	61314	9447	6330
微 型	21		21				1	17	2
其他汽车	107	4	103				104		13
# 三轮汽车									
低速货车	107	4	103				104		13
专项作业车	8648	14	8454			26	1554	574	193
# 重 型	5026	10	5016			13	1112	310	109
中 型	1671	2	1669			12	145	119	39
轻 型	1771	2	1769			1	297	145	45
微 型									
二、摩托车	370991	1	370990			3572	358821	28505	2521
普 通	308620	1	308619			3572	297926	26791	2427
轻 便	62371		62371				60895	1714	94
三、拖拉机（农机部门数据）									
四、挂车	16663	16156				34	291	720	576

注：补充资料为机动车驾驶员 279.47 万人，其中汽车驾驶员 261.75 万人。

6-12 运输线路长度

（2023 年）

单位：公里

项 目	福州市	市区	福清市	闽侯县	连江县	罗源县	闽清县	永泰县
公路通车里程合计	**11749.567**	**1961.786**	**2196.160**	**1797.091**	**1247.047**	**1016.442**	**1558.061**	**1972.980**
# 国 道	1338.610	282.241	222.601	238.513	191.887	92.369	78.899	232.100
省 道	703.052	139.967	129.345	105.448	84.087	58.592	89.611	96.002
县 道	1447.035	218.972	159.371	280.453	136.033	135.162	267.651	249.393
乡 道	4484.729	808.115	774.781	677.682	536.632	342.796	595.983	748.740
村 道	3741.294	512.491	907.052	494.995	298.408	355.686	525.917	646.745
专用公路	34.847	0.000	3.010			31.837		
等级公路	11086.492	1856.911	2141.638	1731.921	1196.548	992.404	1364.614	1802.456
# 高速公路	762.758	198.823	133.122	167.261	96.157	29.463	46.979	90.953
一 级	145.208	102.287		26.434	7.061		9.426	
二 级	1070.216	260.873	289.042	108.356	155.588	63.968	102.261	90.128
三 级	1224.623	215.446	206.500	126.869	72.568	156.135	170.575	276.530
四 级	7883.687	1079.482	1512.974	1303.001	865.174	742.838	1035.373	1344.845
等外公路	663.075	104.875	54.522	65.170	50.499	24.038	193.447	170.524

注：全市通车里程包含等级公路和等外公路。

主要统计指标解释

工业 指从事物质产品生产活动的部门，包括：采矿业、制造业、电力、热力、燃气及水生产和供应业。

工业总产值 指工业企业在报告期内生产的以货币形式表现的工业最终产品和提供工业劳务活动的总价值量。包括：生产的成品价值、对外加工费收入、自制半成品在制品期末期初差额价值。

工业增加值 指工业企业在报告期内以货币表现的工业生产活动的最终成果。工业增加值有两种计算方法：一是生产法，即工业总产出减去工业中间投入；二是收入法，即从收入的角度出发，根据生产要素在生产过程中应得到的收入份额计算，具体构成项目有固定资产折旧、劳动者报酬、生产税净额、营业盈余，这种方法也称要素分配法。

轻工业 指主要提供生产消费品和制作手工工具工业。按其所使用的原料不同，可分为两大类：（1）以农产品为原料的轻工业，是指直接或间接以农产品为基本原料的轻工业。主要包括食品制造饮料制造、烟草加工、纺织、缝纫、皮革和毛皮制作、造纸以及印刷等工业；（2）以非农产品为原料的轻工业，是指以工业品为原料的轻工业。主要包括文教体育用品、化学药品制造、合成纤维制造、日用化学制品、日用玻璃制品、日用金属制品、手工工具制造、医疗器械制造、文化和办公用机械制造等工业。

重工业 指为国民经济各部门提供物质技术基础的主要生产资料的工业。按其生产性质和产品用途，可以分为下列三类：（1）采掘（伐）工业，是指对自然资源的开采，包括石油开采、煤炭开采、金属矿开采、非金属矿开采和木材采伐等工业；（2）原材料工业，指向国民经济各部门提供基础材料、动力和燃料的工业。包括金属冶炼及加工、炼焦及焦炭化学、化工原料、水泥、人造板以及电力、石油和煤炭加工等工业；（3）加工工业，是指对工业原材料进行再加工制造的工业。包括装备国民经济各部门的机械设备制造工业、金属结构、水泥制品等工业，以及为农业提供的生产资料如化肥、农药等工业。

资产总计 指企业过去的交易或者事项形成的、由企业拥有或者控制的、预期会给企业带来经济利益的资源。包括企业拥有的土地、办公楼、厂房、机器、运输工具、存货等实物资产和现金、存款、应收账款和预付账款等金融资产。

流动资产合计 资产满足以下条件之一应归为流动资产：（1）预计在一个正常营业周期中变现、出售或耗用，主要包括存货、应收账款等；（2）主要为交易目的而持有；（3）预计在资产负债表日起一年内（含一年）变现；（4）自资产负债表日起一年内，交换其他资产或清偿负债的能力不受限制的现金或现金等价物。包括货币资金、应收票据、应收账款、存货等项目。

固定资产原价 指固定资产的成本，包括企业在购置、自行建造、安装、改建、扩建、技术改造某项固定资产时所发生的全部支出总额。

固定资产净额 指固定资产原价减去累计折旧、固定资产减值准备后的金额。

负债合计 指企业过去的交易或者事项形成的，预期会导致经济利益流出企业的现时义务。包括银行贷款、借款、应付账款、应付职工工资、应付职工福利费、应交税金等企业负有偿还责任的债务。

流动负债合计 负债满足下列条件之一的应归为流动负债：（1）预计在一个正常营业周期中清偿；（2）主要为交易目的而持有；（3）自资产负债表日起一年内到期应予清偿；（4）企业无权自主地将清偿推迟至资产负债表日后一年以上。包括短期借款、应付票据、应付账款、应付职工薪酬、应交税费等项目。

所有者权益合计 指企业资产扣除负债后由所有者享有的剩余权益。公司的所有者权益又称股东权益。包括实收资本、资本公积、盈余公积、未分配利润等。

利润总额 指企业在一定会计期间的经营成果，是生产经营过程中各种收入扣除各种耗费后的盈余，反映企业在报告期内实现的盈亏总额。

利税总额 指企业利润总额、税金及附加和应交增值税之和。

公路里程 也称“公路通车里程”，是反映公路建设发展规模的重要指标，也是计算运输网密度等指标的基础资料；是指实际达到交通运输部制定的公路工程技术标准规定的等级的公路长度。它包括大中城市的郊区公路以及通过小城镇街道的公路里程，也包括桥梁、渡口的长度，但不包括城市的街道以及厂矿、林区和农业生产用道的里程，两条或多条公路共同经由同一路段，只计算一次，不得重复计算里程长度。

7 建筑业

7-1 按登记注册类型分建筑业总承包、专业承包施工企业生产情况

（2023年）

项目	单位	总计	按登记注册类型分		
			内资企业	港、澳、台商投资企业	外商投资企业
建筑业企业个数	个	2290	2280	8	2
签订的合同额	万元	136930274	135561371	1290109	78794
上年结转合同额	万元	71573479	70767699	797567	8213
本年新签合同额	万元	65356795	64793672	492542	70581
承包工程完成情况					
直接从建设单位承揽工程完成的产值	万元	62950154	62059633	839174	51346
自行完成施工产值	万元	62785411	61904890	829174	51346
分包出去工程的产值	万元	164743	154743	10000	
从建设单位以外承揽工程完成的产值	万元	2668301	2654627	13675	
建筑业总产值	万元	65453712	64559517	842849	51346
# 装饰装修产值	万元	1867283	1857926	9357	
在外省完成的产值	万元	33130340	32567095	528244	35002
建筑业总产值按构成分					
建筑工程产值	万元	60944153	60059317	833544	51291
安装工程产值	万元	3662268	3653064	9149	55
其他产值	万元	847291	847135	155	
竣工产值	万元	27102265	26733789	368476	
房屋建筑施工面积	平方米	527792229	522657230	5134999	
# 本年新开工面积	平方米	103831329	102757824	1073505	
年末自有施工机械设备(净值)	万元	367101	367006	95	
年末自有施工机械设备(总台数)	台	46454	46286	168	
年末自有施工机械设备(总功率)	千瓦	1414434	1408501	5933	
房屋建筑竣工面积	平方米	77746550	76154366	1592184	
住宅	平方米	63553205	62078580	1474625	
商业及服务用房	平方米	3463083	3463083		
办公用房	平方米	2547583	2547583		
科研、教育、医疗用房	平方米	1783835	1783835		
文化、体育、娱乐用房	平方米	319822	319822		
厂房及建筑物	平方米	5688744	5571185	117559	
仓库	平方米	207623	207623		
其他用房	平方米	182655	182655		
房屋竣工价值	万元	18170494	17805314	365180	
住宅	万元	14699510	14361369	338141	
商业及服务用房	万元	772893	772893		
办公用房	万元	532254	532254		
科研、教育、医疗用房	万元	643932	643932		
文化、体育、娱乐用房	万元	145192	145192		
厂房及建筑屋	万元	1204098	1177059	27038	
仓库	万元	140501	140501		
其他用房	万元	32114	32114		

7-2 按行业分建筑业总承包、专业承包施工企业生产情况

（2023 年）

项目	单位	总计	按国民经济行业分			
			房屋建筑业	土木工程建筑业	建筑安装业	建筑装饰和其他建筑业
建筑业企业个数	个	2290	1281	521	136	352
签订的合同额	万元	136930274	111634209	20699291	2310203	2286572
上年结转合同额	万元	71573479	60694725	9050000	935660	893095
本年新签合同额	万元	65356795	50939484	11649290	1374543	1393477
承包工程完成情况						
直接从建设单位承揽工程完成的产值	万元	62950154	49100815	11106067	1348485	1394786
自行完成施工产值	万元	62785411	49034035	11033495	1333153	1384728
分包出去工程的产值	万元	164743	66780	72573	15332	10059
从建设单位以外承揽工程完成的产值	万元	2668301	1095619	1399357	35220	138106
建筑业总产值	万元	65453712	50129654	12432852	1368373	1522834
# 装饰装修产值	万元	1867283	1166495	59518	9155	632116
在外省完成的产值	万元	33130340	25403356	6648666	568031	510286
建筑业总产值按构成分						
建筑工程产值	万元	60944153	48208391	11089549	326459	1319754
安装工程产值	万元	3662268	1487128	1066925	981559	126657
其他产值	万元	847291	434135	276379	60355	76422
竣工产值	万元	27102265	21958331	4111010	589369	443555
房屋建筑施工面积	平方米	527792229	515362612	9678638	1513401	1237578
# 本年新开工面积	平方米	103831329	99101305	3973260	173513	583251
年末自有施工机械设备(净值)	万元	367101	156013	197364	8045	5679
年末自有施工机械设备(总台数)	台	46454	25858	18178	1576	842
年末自有施工机械设备(总功率)	千瓦	1414434	525331	841564	28555	18984
房屋建筑竣工面积	平方米	77746550	73267197	3780087	313641	385625
住宅	平方米	63553205	61050201	1968407	298378	236219
商业及服务用房	平方米	3463083	3043405	375617	5800	38261
办公用房	平方米	2547583	1913956	593114		40513
科研、教育、医疗用房	平方米	1783835	1699884	83951		
文化、体育、娱乐用房	平方米	319822	313637			6185
厂房及建筑物	平方米	5688744	4936241	685856	2200	64447
仓库	平方米	207623	135002	72621		
其他用房	平方米	182655	174871	521	7263	
房屋竣工价值	万元	18170494	17049750	1034661	28270	57814
住宅	万元	14699510	14039690	601903	26495	31423
商业及服务用房	万元	772893	706814	59533	879	5668
办公用房	万元	532254	418082	104396		9776
科研、教育、医疗用房	万元	643932	627693	16239		
文化、体育、娱乐用房	万元	145192	143757			1435
厂房及建筑屋	万元	1204098	1016149	178266	170	9512
仓库	万元	140501	66210	74290		
其他用房	万元	32114	31355	33	726	

7-3　按企业资质等级分建筑业总承包施工企业生产情况

（2023年）

项　　目	单　位	总　计	按企业资质等级分		
			特级	一级	二级
建筑业企业个数	个	1381	11	145	302
签订的合同额	万元	127688600	55539203	46629265	17229383
上年结转合同额	万元	67777233	37161138	19010440	8618862
本年新签合同额	万元	59911368	18378065	27618825	8610520
承包工程完成情况					
直接从建设单位承揽工程完成的产值	万元	57794922	16319394	27348260	9403815
自行完成施工产值	万元	57692139	16312939	27332280	9381674
分包出去工程的产值	万元	102783	6455	15980	22142
从建设单位以外承揽工程完成的产值	万元	2064650	121214	1028614	527618
建筑业总产值	万元	59756789	16434152	28360894	9909292
# 装饰装修产值	万元	818550	72648	504141	191965
在外省完成的产值	万元	31086590	7294266	16817833	4804380
建筑业总产值按构成分					
建筑工程产值	万元	56361463	16287323	26311662	9091664
安装工程产值	万元	2822416	125121	1812922	663963
其他产值	万元	572911	21709	236310	153665
竣工产值	万元	25507911	6695943	13136131	4329152
房屋建筑施工面积	平方米	517844467	144255658	152000582	213490168
# 本年新开工面积	平方米	101191525	38400899	40434159	18211231
年末自有施工机械设备(净值)	万元	331374	42976	98626	56240
年末自有施工机械设备(总台数)	台	42865	8376	17538	6201
年末自有施工机械设备(总功率)	千瓦	1323002	580996	476885	156410
房屋建筑竣工面积	平方米	75279400	22583779	37459840	12785154
住宅	平方米	62168881	18439541	32640633	9854095
商业及服务用房	平方米	3059766	894457	1621538	405860
办公用房	平方米	2422441	1090203	402043	772897
科研、教育、医疗用房	平方米	1670289	975278	367893	242577
文化、体育、娱乐用房	平方米	296673	128912	111968	42025
厂房及建筑物	平方米	5338726	937625	2287409	1338361
仓库	平方米	193836	47142	20592	112960
其他用房	平方米	128788	70621	7764	16379
房屋竣工价值	万元	17827599	5658237	8810392	2826316
住宅	万元	14519927	4516521	7636548	2082579
商业及服务用房	万元	726485	200829	382432	122529
办公用房	万元	504834	261557	74811	134252
科研、教育、医疗用房	万元	624502	393417	175193	33866
文化、体育、娱乐用房	万元	140877	79166	48673	10806
厂房及建筑屋	万元	1152297	159876	477707	353664
仓库	万元	138665	41655	12147	83304
其他用房	万元	20012	5215	2882	5316

7-4 按企业资质等级分建筑业专业承包施工企业生产情况

（2023 年）

项目	单位	总计	按企业资质等级分	
			一级	二级
建筑业企业个数	个	909	299	466
签订的合同额	万元	9241673	5239073	3005773
上年结转合同额	万元	3796246	2169741	1210535
本年新签合同额	万元	5445427	3069332	1795238
承包工程完成情况				
直接从建设单位承揽工程完成的产值	万元	5155231	2922468	1653700
自行完成施工产值	万元	5093272	2879784	1640268
分包出去工程的产值	万元	61960	42684	13432
从建设单位以外承揽工程完成的产值	万元	603651	349449	195183
建筑业总产值	万元	5696923	3229233	1835451
# 装饰装修产值	万元	1048733	609206	429220
在外省完成的产值	万元	2043751	1223678	626129
建筑业总产值按构成分				
建筑工程产值	万元	4582690	2608302	1497579
安装工程产值	万元	839853	457877	253156
其他产值	万元	274380	163055	84716
竣工产值	万元	1594354	946792	428988
房屋建筑施工面积	平方米	9947762	4222774	5506698
# 本年新开工面积	平方米	2639804	1557531	1067839
年末自有施工机械设备(净值)	万元	35727	16440	8771
年末自有施工机械设备(总台数)	台	3589	2087	863
年末自有施工机械设备(总功率)	千瓦	91432	58082	21656
房屋建筑竣工面积	平方米	2467150	1098025	1150845
住宅	平方米	1384324	605602	576666
商业及服务用房	平方米	403317	80376	322941
办公用房	平方米	125142	81972	41380
科研、教育、医疗用房	平方米	113546	43165	70381
文化、体育、娱乐用房	平方米	23149		23149
厂房及建筑物	平方米	350018	239293	96291
仓库	平方米	13787		13787
其他用房	平方米	53867	47617	6250
房屋竣工价值	万元	342895	149557	182761
住宅	万元	179584	66625	106737
商业及服务用房	万元	46408	11878	34531
办公用房	万元	27420	18987	7614
科研、教育、医疗用房	万元	19430	8983	10446
文化、体育、娱乐用房	万元	4315		4315
厂房及建筑屋	万元	51800	31842	16422
仓库	万元	1836		1836
其他用房	万元	12102	11242	861

7–5 建筑业盈利总承包、专业承包施工企业数及利润总额

（2023 年）

项　　目	单 位	福州市	鼓楼区	台江区	仓山区	晋安区	马尾区	长乐区
企业个数	个	**2290**	**235**	**118**	**198**	**296**	**202**	**133**
施工总承包	个	1381	94	48	120	113	138	103
特 级	个	11	5				1	1
一 级	个	145	19	3	4	17	4	5
二 级	个	302	27	12	23	30	32	10
专业承包	个	909	141	70	78	183	64	30
一 级	个	299	66	25	19	56	21	7
二 级	个	466	45	32	42	104	33	19
利润总额	万元	**1706176**	**154413**	**41407**	**28558**	**109896**	**121457**	**68583**
施工总承包	万元	1605671	138251	37123	19537	73266	119182	64847
特 级	万元	375006	61118				112926	13108
一 级	万元	762886	55759	22885	3193	49460	–2472	4237
二 级	万元	322721	11427	12193	4982	17377	9035	14932
专业承包	万元	100505	16161	4284	9021	36630	2275	3735
一 级	万元	42820	12353	3482	405	19703	–1370	1397
二 级	万元	47100	512	1534	6076	15189	3853	2313

7-5 续表 （2023 年）

项　　目	单 位	福清市	闽侯县	连江县	罗源县	闽清县	永泰县	平潭县
企业个数	个	**143**	**201**	**149**	**80**	**120**	**167**	**248**
施工总承包	个	103	156	68	37	104	153	144
特 级	个					1	3	
一 级	个	19	13	15	3	30	11	2
二 级	个	35	16	20	4	31	33	29
专业承包	个	40	45	81	43	16	14	104
一 级	个	10	35	33	11	5	2	9
二 级	个	26	8	48	25	10	7	67
利润总额	万元	**159030**	**55964**	**29558**	**9854**	**443722**	**433978**	**49757**
施工总承包	万元	150504	48359	23989	6543	438829	432825	52416
特 级	万元					16642	171212	
一 级	万元	129161	32209	17906	3109	313051	133490	898
二 级	万元	12823	12585	4065	1725	78382	110593	32602
专业承包	万元	8527	7605	5569	3311	4894	1152	−2659
一 级	万元	4232	7295	2816	1912	534	326	−10264
二 级	万元	3965	261	2753	1273	4128	340	4904

7-6 按登记注册类型分建筑业总承包、专业承包施工企业主要财务指标

（2023 年）

单位：万元

项 目	总 计	按登记注册类型分		
		内资企业	港、澳、台商投资 企业	外商投资企业
年初存货	3566937	3461899	104734	305
流动资产合计	34406883	34037388	355045	14450
应收工程款	8741662	8561860	167820	11982
存货	4335838	4221721	113496	621
固定资产原价	2538413	2529092	8308	1013
房屋和构筑物	368374	367745		629
机器设备	975939	970662	5214	62
累计折旧	1308533	1304294	3643	597
本年折旧	220311	219722	560	29
在建工程	248804	248796	8	
无形资产	196997	196602	395	
土地使用权	140236	139992	244	
资产总计	42262348	41790603	399389	72357
流动负债合计	18556643	18270913	283918	1812
应付账款	7250012	7113776	134719	1517
非流动负债合计	2645174	2645174		
负债合计	29232740	28880075	296534	56131
所有者权益合计	13005141	12886061	102854	16226
#实收资本	4020332	3962039	58293	
个人资本	1161311	1161311		
营业收入	52227219	51372774	788801	65644
主营业务收入	46418076	45590687	761771	65618
营业成本	48136814	47311323	766593	58897
主营业务成本	43070214	42271194	740123	58897
税金及附加	337128	334485	2493	150
主营业务税金及附加	240615	238036	2433	146
其他业务利润	29043	29016		27
销售费用	105888	104727	1	1161
管理费用	1444731	1436290	6675	1766
研发费用	332010	329153	2857	
财务费用	204423	204185	147	91
营业利润	1698541	1683580	13065	1896
营业外收入	40331	40238	90	4
营业外支出	33831	33749	61	20
利润总额	1706176	1691202	13093	1880
所得税费用	325442	321678	3352	413
应付职工薪酬（本年贷方累计发生额）	14526478	14340766	179853	5860
应交增值税	1042844	1026302	15292	1250
建筑业企业在境外完成的营业收入	589696	589696		

7-7 按行业分建筑业总承包、专业承包施工企业主要财务指标

（2023 年） 单位：万元

项 目	总 计	按国民经济行业分			
		房屋建筑业	土木工程建筑业	建筑安装业	建筑装饰和其他建筑业
年初存货	3566937	2801925	564747	87338	112928
流动资产合计	34406883	24350964	7681131	1272868	1101920
应收工程款	8741662	5431152	2443076	419622	447813
存货	4335838	3068513	1056397	76618	134311
固定资产原价	2538413	1276543	994405	124649	142817
房屋和构筑物	368374	198431	106653	35533	27757
机器设备	975939	377425	521198	40764	36553
累计折旧	1308533	609778	549070	66726	82959
本年折旧	220311	104304	95620	8678	11709
在建工程	248804	176952	66983	3099	1771
无形资产	196997	73107	107745	8954	7192
土地使用权	140236	48544	86602	1989	3100
资产总计	42262348	29386413	9967986	1545646	1362304
流动负债合计	18556643	12353758	4849853	801915	551117
应付账款	7250012	4096145	2539335	315592	298940
非流动负债合计	2645174	1825231	767389	38921	13632
负债合计	29232740	20761860	6661850	926638	882393
所有者权益合计	13005141	8610820	3299506	618693	476122
#实收资本	4020332	2355477	1153725	286258	224872
个人资本	1161311	794280	218062	78080	70888
营业收入	52227219	39593766	10080869	1209022	1343562
主营业务收入	46418076	34994038	9074843	1144482	1204714
营业成本	48136814	36654221	9180748	1072668	1229177
主营业务成本	43070214	32635198	8320281	1014166	1100569
税金及附加	337128	271757	54566	4704	6101
主营业务税金及附加	240615	188800	42624	4007	5183
其他业务利润	29043	5981	21377	1529	157
销售费用	105888	61181	32409	8401	3896
管理费用	1444731	908401	399807	63905	72619
研发费用	332010	234912	67143	24466	5490
财务费用	204423	136912	51159	9983	6369
营业利润	1698541	1360434	283485	32672	21951
营业外收入	40331	27018	11209	1420	683
营业外支出	33831	23386	7697	1668	1080
利润总额	1706176	1367178	286302	32255	20441
所得税费用	325442	250177	66471	4333	4462
应付职工薪酬（本年贷方累计发生额）	14526478	11232171	2731577	240824	321906
应交增值税	1042844	746191	243296	23429	29929
建筑业企业在境外完成的营业收入	589696	121465	446814	21418	

7-8 按企业资质等级分建筑业总承包施工企业主要财务指标

（2023年） 单位：万元

项目	总计	#特级	一级	二级
年初存货	3202251	775818	1568442	659027
流动资产合计	30134173	7732506	15398293	4515486
应收工程款	6817197	1557929	3233549	1021580
存货	3999453	339890	2472917	901017
固定资产原价	2077794	423050	761969	442324
房屋和构筑物	303454	113493	139121	41459
机器设备	753476	178868	216369	138023
累计折旧	1074626	229584	394090	214521
本年折旧	172796	30891	51569	44402
在建工程	241108	725	88278	32830
无形资产	175105	46881	95928	9007
土地使用权	135907	29246	81307	3752
资产总计	36880909	9345479	18213689	5667911
流动负债合计	16069891	5689882	6736089	2503271
应付账款	6258187	2272134	2493852	1084483
非流动负债合计	2558116	929097	1153363	180803
负债合计	25754921	6726650	13337520	3475726
所有者权益合计	11106149	2618829	4872201	2179559
#实收资本	3248689	546199	1385765	779436
个人资本	893653	38495	363271	269129
营业收入	47205692	12658579	22315429	8073877
主营业务收入	42013402	12643408	19957620	6758096
营业成本	43584913	11857527	20623024	7337839
主营业务成本	39095000	11851329	18609134	6227808
税金及附加	310837	33310	173787	62378
主营业务税金及附加	221222	32974	135214	38666
其他业务利润	27743	9178	6427	10103
销售费用	71554	287	41385	21455
管理费用	1195776	144444	564914	314451
研发费用	310088	216896	89908	1204
财务费用	173832	43125	100373	9845
营业利润	1598629	370511	765070	318916
营业外收入	31383	6818	10705	6404
营业外支出	26606	2323	14075	3249
利润总额	1605671	375006	762886	322721
所得税费用	302225	42391	161035	72276
应付职工薪酬（本年贷方累计发生额）	13227629	4166174	6091904	2025710
应交增值税	920291	187718	463273	174602
建筑业企业在境外完成的营业收入	578659	156339	398136	14376

7–9 按企业资质等级分建筑业专业承包施工企业主要财务指标

（2023年）　　单位：万元

项目	总计	一级	二级
年初存货	364686	210179	100211
流动资产合计	4272710	2393903	1098896
应收工程款	1924466	1105092	512561
存货	336385	202454	61679
固定资产原价	460619	261486	97645
房屋和构筑物	64920	46868	7130
机器设备	222462	137524	32476
累计折旧	233908	118008	52734
本年折旧	47515	22947	16652
在建工程	7696	3755	2465
无形资产	21892	20786	114
土地使用权	4329	3458	
资产总计	5381439	3062438	1312875
流动负债合计	2486752	1544931	429147
应付账款	991825	627512	171063
非流动负债合计	87057	46843	23847
负债合计	3477819	1894536	894420
所有者权益合计	1898993	1167146	414809
#实收资本	771643	497217	115917
个人资本	267658	204555	35263
营业收入	5021527	2724507	1652905
主营业务收入	4404674	2547071	1270027
营业成本	4551901	2461812	1505238
主营业务成本	3975215	2286762	1155224
税金及附加	26291	13463	10289
主营业务税金及附加	19393	10918	6213
其他业务利润	1300	943	139
销售费用	34334	24298	4863
管理费用	248955	130410	79556
研发费用	21922	20519	604
财务费用	30591	23254	4348
营业利润	99913	40988	47532
营业外收入	8948	6451	2214
营业外支出	7225	3366	2780
利润总额	100505	42820	47100
所得税费用	23218	12022	8987
应付职工薪酬（本年贷方累计发生额）	1298849	705724	460343
应交增值税	122553	63720	44076
建筑业企业在境外完成的营业收入	11037		1031

7-10 按县（市）区分建筑业总承包、专业承包施工企业主要财务指标

（2023年）

单位：万元

项目	福州市	鼓楼区	台江区	仓山区	晋安区	马尾区	长乐区
年初存货	3566937	1211097	65990	100937	789733	253392	102869
流动资产合计	34406883	8959934	1003611	1709198	4364520	7016293	1285206
应收工程款	8741662	1831610	253109	291489	943463	1143968	389977
存货	4335838	786903	140533	273497	1073923	338714	523522
固定资产原价	2538413	522545	70841	192613	292805	287231	63328
房屋和构筑物	368374	98717	8676	11152	74730	76682	15823
机器设备	975939	218538	24732	41784	83971	163659	16817
累计折旧	1308533	309164	35904	83539	166490	105939	26455
本年折旧	220311	44841	3909	11728	32220	21474	4441
在建工程	248804	6629	11556	14960	8828	36662	6157
无形资产	196997	59447	142	47340	21703	17149	11437
土地使用权	140236	37877		46233	8472	14411	3873
资产总计	42262348	11286383	1135353	2205234	5567564	8141194	1475079
流动负债合计	18556643	6107622	646402	1324418	2391106	2926604	903410
应付账款	7250012	1981632	351379	562860	982628	1771123	89713
非流动负债合计	2645174	1322359	1981	142009	896046	105854	42144
负债合计	29232740	8264738	849913	1641088	3680773	6666614	1111279
所有者权益合计	13005141	3014713	279770	561277	1886772	1466438	363608
#实收资本	4020332	969726	141319	180493	646292	411540	187246
个人资本	1161311	152026	31692	31506	96466	119365	122583
营业收入	52227219	7478368	1387217	1789331	4202199	5426184	2611142
主营业务收入	46418076	7363728	1368955	1387788	4148872	5423040	1726906
营业成本	48136814	6967482	1239749	1631590	3884827	5036211	2462925
主营业务成本	43070214	6864249	1218588	1273927	3827377	5034556	1652572
税金及附加	337128	28190	7158	11208	24558	15223	33100
主营业务税金及附加	240615	24468	7154	3220	23352	15212	11319
其他业务利润	29043	12232	6079	1238	3913	1207	–113
销售费用	105888	9116	2199	6678	18299	5400	3416
管理费用	1444731	204989	87893	83037	122673	85487	29669
研发费用	332010	109997	1077	7828	32191	110887	8157
财务费用	204423	50067	2256	15603	19585	23996	8773
营业利润	1698541	156030	41229	28850	109059	120279	65871
营业外收入	40331	5259	828	588	2781	4378	4053
营业外支出	33831	5037	668	674	1938	3191	1435
利润总额	1706176	154413	41407	28558	109896	121457	68583
所得税费用	325442	25318	5965	5199	17877	13506	12554
应付职工薪酬（本年贷方累计发生额）	14526478	2090387	343370	346212	1014806	1687512	666416
应交增值税	1042844	127479	31698	31012	63864	72332	50540
建筑业企业在境外完成的营业收入	589696	268609	1031	116326	76962	6283	7685

7-10 续表　　(2023年)　　单位：万元

项　　目	福清市	闽侯县	连江县	罗源县	闽清县	永泰县	平潭县
年初存货	303442	194493	92965	66896	143227	106346	135551
流动资产合计	2155905	1141640	857460	193191	2898410	1350760	1470755
应收工程款	935443	391693	242447	83914	962272	535647	736630
存货	271923	214684	127913	45580	256453	171010	111182
固定资产原价	247426	85681	58701	42163	249292	221878	203909
房屋和构筑物	20648	1795	3382	23208	12606	19639	1316
机器设备	107352	34829	21565	7473	58619	79171	117429
累计折旧	134581	45692	38426	14780	114870	115744	116951
本年折旧	16050	9128	3609	3221	20921	23935	24833
在建工程	3182	57447	3145	14	90791	6303	3130
无形资产	8241	1223	12	8372	1411	19891	632
土地使用权	5521	342		3100		19825	582
资产总计	2494706	1330474	987518	354059	3369490	1934757	1980537
流动负债合计	1076502	534898	426647	137801	890966	371076	819193
应付账款	384346	200270	195568	32683	340377	137913	219521
非流动负债合计	14597	8706	3583	6932	768	33292	66903
负债合计	1388315	794175	581129	205017	1897754	774611	1377334
所有者权益合计	1106391	536264	406390	149042	1471735	1159539	603203
#实收资本	301590	237737	188966	79536	289915	225220	160754
个人资本	150708	111437	63510	50883	88539	65987	76611
营业收入	4131721	2896634	3204059	408377	9096662	7861767	1733559
主营业务收入	3829908	2217539	3171320	407414	6241390	7850238	1280978
营业成本	3825725	2706216	3111175	373777	8140096	7166091	1590948
主营业务成本	3545876	2112412	3079389	368025	5755000	7152807	1185436
税金及附加	24917	12083	10348	4533	66748	91349	7715
主营业务税金及附加	18179	8632	10149	4526	28680	80678	5046
其他业务利润	521	228		104		3636	
销售费用	8359	11541	3156	6204	21345	7297	2879
管理费用	96557	99784	45705	12825	369581	145186	61346
研发费用	9921	6053	9939	623	18365	16973	
财务费用	8626	10531	1987	2317	38910	8333	13439
营业利润	160215	55978	27282	9950	446935	424622	52243
营业外收入	3386	864	2710	220	7873	6570	822
营业外支出	4570	879	435	316	11085	1468	2134
利润总额	159030	55964	29558	9854	443722	433978	49757
所得税费用	37226	13080	6079	1945	104810	70221	11662
应付职工薪酬（本年贷方累计发生额）	1373870	608452	942148	162689	2626431	2328667	335518
应交增值税	107252	58426	47818	7797	229824	152897	61905
建筑业企业在境外完成的营业收入	408	418			75073	27251	9650

主要统计指标解释

签订合同额 指建筑业企业在报告期直接同建设单位签订的各种国内工程合同的总价款和以前年度同建设单位签订的各种国内工程合同的未完工程跨入本年度继续施工工程合同的总价款余额。

建筑业总产值 指以货币表现的建筑业企业在一定时期内生产的建筑业产品和服务的总和。建筑业总产值包括建筑工程产值、安装工程产值和其他产值三部分内容。

劳务分包企业建筑业总产值指劳务分包企业与总承包企业或专业承包企业签定劳务分包合同后，从事建筑安装工程取得的所有劳务收入。

建筑工程产值 指列入建筑工程预算内的各种工程价值，包括：

（1）各种房屋如厂房、仓库、办公室、住宅、商店、学校、医院、俱乐部、食堂、车库、招待所等房屋建筑，按照当前预算制度规定，列入房屋工程预算内的暖气、卫生、通风、照明、煤气等设备价值及其装饰油漆工程，以及列入建筑工程预算内的各种管道（如蒸汽、压缩空气、石油、给排水等管道），电力、电讯电缆导线的敷设等工程。

（2）设备基础、支柱、操作平台、梯子、烟囱、凉水塔、水池、灰塔等建筑工程、炼焦炉、裂解炉、蒸汽炉等各种窑炉的砌筑工程及金属结构工程。

（3）为施工而进行的建筑场地的布置，工程地质勘探，原有建筑物和障碍物的拆除及平整土地，施工临时用水、电、汽道路工程，以及完工后建筑场地的清理，环境绿化工作等。

（4）矿井的开凿、井巷掘进延伸、露天矿的剥离、石油、天然气钻井工程和铁路、公路、港口、桥梁等工程。

（5）水利工程，如水库、堤坝、灌渠以及河道整治等工程。

（6）防空、地下建筑等特殊工程。

（7）装饰装修工程。

安装工程产值 指设备安装工程价值，包括：

（1）生产、动力、起重、运输、传动和医疗、实验等各种需要安装设备的装配和安装与设备相连的工作台、梯子、栏杆等装设工程，附属于被安装设备的管线敷设工程、被安装设备的绝缘、防腐、保温、油漆等工作。

（2）为测定安装工作质量，对单个设备、系统设备进行单机试运和系统联动无负荷试运工作。

在设备安装产值中，不得包括被安装设备本身价值。

其他产值 建筑业总产值中除建筑工程、安装工程以外的产值。包括房屋构筑物修理产值、非标准设备制造产值、总包企业向分包企业收取的管理费以及不能明确划分的施工活动所完成的产值。

竣工产值 一般是以单位工程为对象，当该工程按照设计所规定的工程内容全部完成，达到了设计规定的交工条件，经有关部门检查验收鉴定合格的单位工程价值，即为竣工产值。

主营业务收入 指企业确认的销售商品、提供劳务等主营业务的收入。根据会计“主营业务收入”科目的期末贷方余额（结转前）填报。执行2006年《企业会计准则》或2011年《小企业会计准则》的企业，如未设置该科目，以“营业收入”代替填报。

主营业务成本 指企业经营主要业务所发生的成本总额。根据会计“主营业务成本”科目的期末借方余额（结转前）填报。执行2006年《企业会计准则》或2011年《小企业会计准则》的企业，如未设置该科目，以“营业成本”代替填报。

主营业务税金及附加 指企业经营主要业务应负担的营业税、消费税、城市维护建设税.、教育费附加等。根据会计“主营业务税金及附加”科目的期末借方余额（结转前）填报。执行2006年《企业会计准则》或2011年《小企业会计准则》的企业，如未设置该科目，以“营业税金及附加”代替填报。

房屋施工面积 指报告期内施工的全部房屋建筑面积。包括本期新开工的房屋建筑面积、上期跨入本期继续施工的房屋建筑面积、上期停缓建在本期恢复施工的房屋建筑面积、本期竣工的房屋建筑面积以及本期施工后又停缓建的房屋建筑面积。多层建筑应填各层建筑面积之和。

房屋竣工面积 指报告期内房屋建筑按照设计要求已全部完工，达到住人和使用条件，经验收鉴定合格或达到竣工验收标准，可正式移交使用的各栋房屋建筑面积的总和。

竣工面积以房屋单位工程（栋）为核算对象，在整栋房屋符合竣工条件后按其全部建筑面积一次性计算，而不是按各栋施工房屋中已完成的部分或层次分割计算。

8 批发零售、住宿餐饮与旅游业

8-1 主要年份社会消费品零售总额

单位：万元

年　份	社会消费品零售总额
1952	14728
1957	28730
1962	41885
1965	40392
1970	41312
1975	55755
1978	69385
1979	81434
1980	105652
1981	107486
1982	119816
1983	132492
1984	159722
1985	203152
1986	246647
1987	284971
1988	377931
1989	440614
1990	452764
1991	506952
1992	605046
1993	762545
1994	1019877
1995	1296563
1996	1795791
1997	2235688
1998	2609755
1999	2947541
2000	3276424
2001	3572907
2002	3951171
2003	4501755
2004	5315459
2005	6000823
2006	6995883
2007	8448810
2008	10124005
2009	11732622
2010	14134846
2011	16802023
2012	19871647
2013	22807830
2014	25871765
2015	29255269
2016	31448425
2017	34740855
2018	38307977
2019	41989358
2020	42256054
2021	45494113
2022	46795215
2023	49637645

8–2 限额以上批发企业基本情况

（2023年）　　单位：万元

项　　目	法人企业（个）	年末从业人员（人）	商品购进额	商品销售额	#批发额	商品年末库存
总　　计	**4486**	**74755**	**124302276**	**130121214**	**127729227**	**4271452**
按登记注册统计类别分						
内资企业	4413	73358	121604341	127173578	124788039	4149511
有限责任公司	4365	70802	119313709	124480621	122134318	4076887
股份有限公司	16	979	842640	853392	820375	30941
非公司企业法人	7	1197	999269	1374891	1374891	41578
个人独资企业	25	380	448722	464674	458455	105
合伙企业						
其他内资企业						
港澳台投资企业	55	923	1069376	1210139	1203690	44420
外商投资企业	16	436	1623729	1732252	1732252	76316
其他统计类别	2	38	4831	5246	5246	1206

8-2 续表 （2023年） 单位：万元

项 目	法人企业（个）	年末从业人员（人）	商品购进额	商品销售额	#批发额	商品年末库存
按国民经济行业分						
农、林、牧、渔产品批发	145	1861	2863869	2971634	2959682	565925
谷物、豆及薯类批发	41	695	1165116	1223533	1217447	437794
种子批发	3	30	18474	20511	20511	3357
畜牧渔业饲料批发	48	528	654396	676828	676828	66067
食品、饮料及烟草制品批发	575	13948	11946021	12897088	12347213	700582
米、面制品及食用油批发	61	1189	1836805	1874886	1844298	153753
糕点、糖果及糖批发	16	285	250081	274057	258093	51614
果品、蔬菜批发	75	2328	1288365	1470384	1284128	20181
肉、禽、蛋、奶及水产品批发	219	5265	4073997	4215380	4061134	270144
盐及调味品批发	24	491	182329	203426	201554	12952
营养和保健品批发	6	156	32345	37799	37799	656
酒、饮料及茶叶批发	95	1455	798159	888781	788287	83908
烟草制品批发	1	1123	849758	1222706	1222706	41578
其他食品批发	78	1656	2634183	2709671	2649215	65796
纺织、服装及家庭用品批发	710	12525	11648599	12427590	12243823	565477
纺织品、针织品及原料批发	230	2019	5527537	5649468	5590766	226889
服装批发	136	2231	1058957	1164149	1156829	50613
鞋帽批发	94	2281	1326361	1624246	1600261	41477
化妆品及卫生用品批发	36	874	508287	565977	562196	61451
厨具卫具及日用杂品批发	38	847	205444	222327	214641	17578
灯具、装饰物品批发	23	458	281322	308245	298310	5728
家用视听设备批发	24	629	469833	503994	480873	81647
其他家庭用品批发	84	1853	475328	544359	534436	22290
文化、体育用品及器材批发	113	2587	1400276	1441787	1352364	130085
文具用品批发	52	761	620206	654873	621814	12683
图书批发	10	493	69493	92469	88119	6178
首饰、工艺品及收藏品批发	35	776	600333	561767	521998	99566
其他文化用品批发	12	414	83826	100569	89797	10678
医药及医疗器材批发	200	7495	3910713	4207268	4135480	371014
西药批发	35	2833	1693104	1753006	1727843	165984
中药批发	22	1558	820717	859112	823854	69927
医疗用品及器材批发	127	2865	1335543	1525164	1519507	131812
矿产品、建材及化工产品批发	1865	18738	67733414	70253885	69468556	1429875
煤炭及制品批发	126	1216	10200510	10657468	10657468	148131
石油及制品批发	82	1768	6127244	6540210	5980784	134825
非金属矿及制品批发	59	437	2288923	2374801	2371240	36359
金属及金属矿批发	475	3334	17356447	18033304	17973059	394235
建材批发	699	7323	9557893	9945749	9803314	332195
化肥批发	15	414	1328694	1375756	1375756	153674
农药批发	6	214	74474	77335	77335	14108
其他化工产品批发	403	4032	20799230	21249262	21229602	216348
机械设备、五金产品及电子产品批发	666	12567	12688585	13357283	12846086	403701
农业机械批发	6	159	43437	45889	45889	3058
汽车及零配件批发	84	1161	1431161	1612356	1605090	68796
摩托车及零配件批发	8	98	75854	76760	74931	2848
五金产品批发	92	1310	836215	875975	865436	40813
电气设备批发	74	1139	1270235	1393019	1381124	20798
计算机、软件及辅助设备批发	75	1342	1091261	1089632	1071093	48010
通讯设备批发	59	757	3130565	3121125	2838277	58454
广播影视设备批发	7	196	184340	188056	188056	5048
其他机械设备及电子产品批发	261	6405	4625518	4954472	4776189	155876
贸易经纪与代理	6	152	461207	504585	503560	4900
贸易代理	6	152	461207	504585	503560	4900
其他贸易经纪与代理						
其他批发业	206	4882	11649592	12060095	11872463	99893
再生物资回收与批发	113	3017	3738267	3965919	3963206	19755
其他未列明批发业	68	1214	1005910	1056382	1052419	28111

8–3 限额以上零售企业基本情况

（2023 年）　　单位：万元

项　　目	法人企业（个）	年末从业人员（人）	商品购进额	商品销售额	#批发额	商品年末库　存
总　　计	**1563**	**79100**	**17337922**	**19245343**	**1833304**	**1131709**
按登记注册统计类别分						
内资企业	1529	64686	14255556	16216044	979638	985333
有限责任公司	1436	52878	12991817	14379738	802957	878176
股份有限公司	7	10568	958795	1501975	168427	97010
非公司企业法人	12	184	21304	22662	1571	577
个人独资企业	70	879	266538	290751	6023	9166
合伙企业	4	177	17101	20918	659	405
其他内资企业						
港澳台投资企业	20	4191	1048043	985492	10663	100011
外商投资企业	14	10223	2034323	2043806	843003	46365
其他统计类别						

8-3 续表　　　　（2023年）　　　　单位：万元

项　　目	法人企业（个）	年末从业人员（人）	商品购进额	商品销售额	#批发额	商品年末库　存
按国民经济行业分						
综合零售	153	15140	3672046	4326091	18160	197655
百货零售	33	2467	722213	1003700	16708	64379
超级市场零售	95	10615	2653690	3003888	1306	113655
其他综合零售	12	291	43980	48918	145	1318
食品、饮料及烟草制品专门零售	213	7444	863028	1025930	98269	67271
粮油零售	17	403	51751	55384		1591
糕点、面包零售	13	1344	25974	37165	337	879
肉、禽、蛋、奶及水产品零售	48	1434	206475	239174	4433	6334
营养和保健品零售	3	19	3197	3491	398	568
酒、饮料及茶叶零售	72	1152	171575	212219	16233	27918
烟草制品零售	3	158	94369	114565	36993	21061
其他食品零售	38	905	169785	202808	3112	7807
纺织、服装及日用品专门零售	87	2861	304835	377167	8084	27221
纺织品及针织品零售	6	72	8754	10231	304	91
服装零售	34	898	111094	152389		4195
鞋帽零售	8	337	11730	19855	82	4985
化妆品及卫生用品零售	7	676	84672	92095		7294
厨具卫具及日用杂品零售	5	45	3173	4603	270	711
钟表、眼镜零售	6	189	7022	11539		721
自行车等代步设备零售	5	64	13279	13380		2711
其他日用品零售	15	424	56018	63978	7220	6500
文化、体育用品及器材专门零售	63	4004	884838	958590	338834	100863
文具用品零售	13	244	50736	68089		8777
图书、报刊零售	5	2994	636553	650020	320086	57791
珠宝首饰零售	26	563	139445	170919	265	26891
工艺美术品及收藏品零售	6	68	4946	6041		2263
乐器零售	4	51	9450	10050	6993	336
照相器材零售	2	15	9742	10538		547
其他文化用品零售	2	29	27136	35293	11490	3752
医药及医疗器材专门零售	77	14632	701797	1064293	175331	91069
西药零售	63	13458	643392	997646	174848	81849
中药零售	11	1142	57082	63645	483	9216
医疗用品及器材零售	2	22	802	2348		
汽车、摩托车、零配件和燃料及其他动力销售	405	23227	7405593	7606203	1117351	406816
汽车新车零售	297	10910	4423359	4503724	160579	377241
汽车零配件零售	13	545	59123	59447		6961
摩托车及零配件零售	12	192	68378	71728	2528	4306
机动车燃油零售	75	11515	2835970	2951686	954245	17398
家用电器及电子产品专门零售	158	2731	800735	924770	15432	64749
家用视听设备零售	7	125	20581	24258	5082	3692
日用家电零售	67	1180	490249	563616	1612	31738
计算机、软件及辅助设备零售	30	426	98164	114070	1854	8456
通信设备零售	32	690	129101	147539	4401	17475
其他电子产品零售	22	310	62639	75287	2484	3389
五金、家具及室内装饰材料专门零售	128	1956	320805	399046	748	22599
五金零售	17	182	15591	19991	172	930
灯具零售	14	89	27095	34615		1311
家具零售	32	772	70125	84358		8290
木质装饰材料零售	8	168	13446	14501		985
陶瓷、石材装饰材料零售	13	123	28391	33060		1007
其他室内装饰材料零售	18	164	37241	49269	217	1700
货摊、无店铺及其他零售业	279	7105	2384247	2563254	61097	153466
生活用燃料零售	13	361	29498	35418	2827	479
其他未列明零售业	6	83	23534	31085		638

8-4 限额以上批发企业年末资产及负债情况

（2023年）

单位：万元

项目	法人企业数（个）	流动资产合计	固定资产原价	资产合计	负债合计	所有者权益合计
总计	**4486**	**43536036**	**1856569**	**55042949**	**41535647**	**13507302.2**
按登记注册统计类别分						
内资企业	4413	42410180	1716089	53568869	40536344	13032525
有限责任公司	4365	41178689	1563210	49555829	38531188	11024640
股份有限公司	16	838191	78231	3551595	1910823	1640773
非公司企业法人	7	362017	68647	427003	76721	350282
个人独资企业	25	31283	6001	34442	17613	16829
合伙企业						
其他内资企业						
港澳台投资企业	55	571064	68241	682440	479677	202763
外商投资企业	16	552266	71556	788607	518529	270079
其他统计类别	2	2526	683	3033	1097	1936

8-4 续表 （2023年） 单位：万元

项　　目	法人企业数（个）	流动资产合计	固定资产原价	资产合计	负债合计	所有者权益合计
按国民经济行业分						
农、林、牧、渔产品批发	145	1843012	98710	2213874	1885557	328316.9
谷物、豆及薯类批发	41	863995	63803	1129129	1017924	111206
种子批发	3	6084	2493	7590	3727	3863
畜牧渔业饲料批发	48	279948	13055	331016	227132	103884
食品、饮料及烟草制品批发	575	6007188	286593	9239686	6399358	2840327
米、面制品及食用油批发	61	719766	74165	1029121	797585	231535
糕点、糖果及糖批发	16	123263	3113	129903	83891	46012
果品、蔬菜批发	75	393927	30532	577947	346816	231131
肉、禽、蛋、奶及水产品批发	219	3002034	55166	3325659	2924324	401335
盐及调味品批发	24	120599	20570	259465	130207	129259
营养和保健品批发	6	8094	380	9416	8113	1303
酒、饮料及茶叶批发	95	595778	28040	2787631	1440749	1346882
烟草制品批发	1	339913	66908	403671	60082	343589
其他食品批发	78	703813	7720	716874	607592	109282
纺织、服装及家庭用品批发	710	4883436	175453	5382578	4342214	1040363
纺织品、针织品及原料批发	230	1988215	91283	2129693	1949539	180154
服装批发	136	552929	27202	691061	399324	291737
鞋帽批发	94	466729	24356	520516	421412	99104
化妆品及卫生用品批发	36	179222	4333	184877	132948	51930
厨具卫具及日用杂品批发	38	162359	6010	171572	144884	26689
灯具、装饰物品批发	23	94554	6859	105043	64249	40794
家用视听设备批发	24	224173	3354	229555	196630	32925
其他家庭用品批发	84	184038	9814	197138	142233	54905
文化、体育用品及器材批发	113	570466	23592	742995	520654	222341
文具用品批发	52	180326	10199	287454	214276	73178
图书批发	10	88692	3630	138540	47032	91508
首饰、工艺品及收藏品批发	35	252701	7458	266203	221766	44437
其他文化用品批发	12	36326	1979	38098	26118	11980
医药及医疗器材批发	200	1638184	109639	1862056	1312039	550017
西药批发	35	625997	46476	700635	490506	210129
中药批发	22	342219	18565	411112	261728	149385
医疗用品及器材批发	127	646664	42583	725505	544108	181397
矿产品、建材及化工产品批发	1865	19709738	888873	26021087	19017186	7003901
煤炭及制品批发	126	2087086	42452	2692267	1858203	834064
石油及制品批发	82	2054352	430598	2608579	2189814	418764
非金属矿及制品批发	59	781376	10748	849067	653748	195320
金属及金属矿批发	475	5153432	111578	6960268	4905442	2054827
建材批发	699	4568043	133690	5101668	4065420	1036247
化肥批发	15	488429	10816	645663	329485	316178
农药批发	6	23657	367	26478	21804	4674
其他化工产品批发	403	4553363	148625	7137097	4993270	2143827
机械设备、五金产品及电子产品批发	666	6876440	188838	7467987	6294994	1172993
农业机械批发	6	24313	3672	27688	24670	3018
汽车及零配件批发	84	830806	46880	879143	773742	105401
摩托车及零配件批发	8	17923	617	20593	17317	3276
五金产品批发	92	390382	13755	413284	333953	79331
电气设备批发	74	356903	11626	492387	272251	220136
计算机、软件及辅助设备批发	75	447125	10884	460109	300293	159816
通讯设备批发	59	2176234	6135	2240601	2096199	144402
广播影视设备批发	7	43890	7274	48698	22368	26331
其他机械设备及电子产品批发	261	2588864	87995	2885484	2454202	431282
贸易经纪与代理	6	137930	2349	141405	135305	6101
贸易代理	6	137930	2349	141405	135305	6101
其他贸易经纪与代理						
其他批发业	206	1869643	82522	1971283	1628341	342942
再生物资回收与批发	113	199791	10460	210585	155079	55506
其他未列明批发业	68	305141	60254	383109	338056	45053

8-5 限额以上批发企业财务状况

（2023 年）

单位：万元

项目	营业收入	主营业务收入	营业成本	税金及附加	营业利润
总计	**118029219**	**117584739**	**112309825**	**295060**	**2653661**
按登记注册统计类别分					
内资企业	115233791	114897344	109611657	292972	2619380
有限责任公司	112794418	112464236	107563822	141488	2543667
股份有限公司	768731	763535	728078	2057	-75386
非公司企业法人	1222696	1221628	895675	148217	133036
个人独资企业	447945	447945	424081	1210	18063
合伙企业					
其他内资企业					
港澳台投资企业	1222998	1117551	1169397	1138	23034
外商投资企业	1567184	1564598	1523941	950	11208
其他统计类别	5246	5246	4831		39

8–5 续表 （2023年） 单位：万元

项 目	营业收入	主营业务收入	营业成本	税金及附加	营业利润
按国民经济行业分					
农、林、牧、渔产品批发	2810492	2806257	2749026	1976	27526
谷物、豆及薯类批发	1158607	1157987	1159665	512	12094
种子批发	19613	19613	17822	11	–53
畜牧渔业饲料批发	663476	660453	635953	449	9412
食品、饮料及烟草制品批发	11969480	11897511	11012045	162732	259807
米、面制品及食用油批发	1725458	1710440	1679642	1642	10405
糕点、糖果及糖批发	252247	251189	230934	428	9919
果品、蔬菜批发	1414584	1412990	1300129	2205	35210
肉、禽、蛋、奶及水产品批发	3979191	3971535	3812560	4489	29902
盐及调味品批发	184868	182545	169689	638	9140
营养和保健品批发	34524	34524	28083	148	1051
酒、饮料及茶叶批发	814094	809098	711857	1414	–30630
烟草制品批发	1082968	1082041	758284	148033	132422
其他食品批发	2481547	2443150	2320868	3736	62387
纺织、服装及家庭用品批发	11421026	11394705	10725773	11715	279416
纺织品、针织品及原料批发	5086691	5080556	4888887	4311	123130
服装批发	1114164	1106012	1049837	1004	14978
鞋帽批发	1587659	1587045	1498628	729	14655
化妆品及卫生用品批发	507414	507365	454905	773	4642
厨具卫具及日用杂品批发	206127	206041	177985	398	5456
灯具、装饰物品批发	281207	281182	231669	407	22254
家用视听设备批发	453542	453228	423280	763	5433
其他家庭用品批发	1645089	1636603	1529259	2883	69984
文化、体育用品及器材批发	1300100	1288551	1169713	4469	60596
文具用品批发	594828	593099	540839	581	28876
图书批发	91453	87549	67611	381	10185
首饰、工艺品及收藏品批发	490756	484839	455359	1761	19459
其他文化用品批发	93139	93139	78071	1703	2020
医药及医疗器材批发	3810298	3792512	3451442	9143	95380
西药批发	1604199	1595204	1488419	3434	31210
中药批发	773764	769477	701658	1648	11808
医疗用品及器材批发	1367679	1363176	1208610	3085	48336
矿产品、建材及化工产品批发	63212455	62957941	61183104	57096	1062995
煤炭及制品批发	9445336	9437710	9119076	7415	180793
石油及制品批发	5805254	5794442	5648829	6557	73062
非金属矿及制品批发	2088619	2088619	2001949	1748	46357
金属及金属矿批发	16187478	16145258	15666959	15014	295969
建材批发	9001270	8996456	8582611	10864	158723
化肥批发	1315138	1313567	1286069	1165	1424
农药批发	76727	76326	71149	76	412
其他化工产品批发	19292633	19105565	18806462	14257	306255
机械设备、五金产品及电子产品批发	12038944	11991410	11125625	13491	469064
农业机械批发	40953	40265	35702	39	901
汽车及零配件批发	1357507	1344479	1299793	1260	20417
摩托车及零配件批发	72185	72185	60704	35	8580
五金产品批发	801303	799567	749337	1537	16904
电气设备批发	1244236	1242532	1106803	1156	91543
计算机、软件及辅助设备批发	1003707	994754	890068	688	49769
通讯设备批发	2874345	2866021	2741570	2861	130719
广播影视设备批发	167608	166904	151917	304	2132
其他机械设备及电子产品批发	4477100	4464705	4089732	5612	148100
贸易经纪与代理	450659	450609	440058	399	1383
贸易代理	450659	450609	440058	399	1383
其他贸易经纪与代理					
其他批发业	11015766	11005243	10453040	34037	397496
再生物资回收与批发	3752875	3749399	3563310	25284	143894
其他未列明批发业	961978	954930	860659	1608	15666

8-6 限额以上零售企业年末资产及负债情况

（2023 年） 单位：万元

项目	法人企业数（个）	流动资产合计	固定资产原价	资产合计	负债合计	所有者权益合计
总计	**1563**	**7065104**	**1721387**	**11154332**	**7717297**	**3437035.2**
按登记注册统计类别分						
内资企业	1529	5153857	1057057	7505725	5538990	1966734
有限责任公司	1436	4161911	708109	5671004	4630928	1040077
股份有限公司	7	938496	336108	1766499	872899	893600
非公司企业法人	12	5147	2069	7105	4311	2794
个人独资企业	70	46428	9811	58909	29832	29077
合伙企业	4	1876	962	2207	1020	1187
其他内资企业						
港澳台投资企业	20	354681	64993	577317	382964	194353
外商投资企业	14	1556566	599337	3071290	1795342	1275948
其他统计类别						

8-6 续表 （2023年） 单位：万元

项　　目	法人企业数（个）	流动资产合计	固定资产原价	资产合计	负债合计	所有者权益合计
按国民经济行业分						
综合零售	153	1092314	259342	1745008	1414363	330645
百货零售	33	720898	81612	1133624	909623	224001
超级市场零售	95	302962	167391	530691	441258	89434
其他综合零售	12	26646	1600	31674	27669	4005
食品、饮料及烟草制品专门零售	213	311770	47594	447189	240939	206251
粮油零售	17	30361	9845	38941	12504	26438
糕点、面包零售	13	6522	4858	16157	18668	–2511
肉、禽、蛋、奶及水产品零售	48	63563	6386	74359	57301	17058
营养和保健品零售	3	4371	48	4400	2608	1792
酒、饮料及茶叶零售	72	59147	8715	73951	49590	24361
烟草制品零售	3	52612	7676	110291	17133	93159
其他食品零售	38	65050	6740	92069	59662	32407
纺织、服装及日用品专门零售	87	89889	17991	123501	101601	21900
纺织品及针织品零售	6	1026	112	2232	1462	770
服装零售	34	35875	2242	48393	42939	5454
鞋帽零售	8	8946	271	13197	17757	–4559
化妆品及卫生用品零售	7	11199	7815	17613	13529	4084
厨具卫具及日用杂品零售	5	4238	3097	5508	4061	1447
钟表、眼镜零售	6	3659	769	4633	1093	3539
自行车等代步设备零售	5	5573	367	5894	5100	794
其他日用品零售	15	18251	2018	24428	15018	9410
文化、体育用品及器材专门零售	63	933462	141370	1330275	892157	438118
文具用品零售	13	19880	603	25326	8130	17196
图书、报刊零售	5	485453	135983	871778	492252	379526
珠宝首饰零售	26	387669	4222	392104	358510	33593
工艺美术品及收藏品零售	6	4087	84	4250	3575	675
乐器零售	4	3469	131	3509	2053	1456
照相器材零售	2	5150	28	5176	4904	272
其他文化用品零售	2	24465	72	24621	21223	3398
医药及医疗器材专门零售	77	278683	27987	450496	289074	161422
西药零售	63	256605	23970	415606	253081	162525
中药零售	11	18075	3559	30818	34623	–3805
医疗用品及器材零售	2	3989	420	4031	1363	2669
汽车、摩托车、零配件和燃料及其他动力销售	405	3027516	1112251	5428998	3206180	2222819
汽车新车零售	297	1266427	259603	1732148	1376001	356147
汽车零配件零售	13	19666	6258	25107	18543	6564
摩托车及零配件零售	12	17021	1087	18430	14201	4228
机动车燃油零售	75	1718974	843442	3646671	1790439	1856232
家用电器及电子产品专门零售	158	232394	11615	302785	181030	121755
家用视听设备零售	7	7931	269	8503	5403	3100
日用家电零售	67	115104	2943	176751	93932	82819
计算机、软件及辅助设备零售	30	34590	2927	37331	23885	13447
通信设备零售	32	43877	3449	46856	36414	10442
其他电子产品零售	22	30892	2028	33344	21397	11947
五金、家具及室内装饰材料专门零售	128	79193	61730	183117	151265	31853
五金零售	17	10072	673	13102	6568	6534
灯具零售	14	4092	37	4231	3379	853
家具零售	32	28184	56701	124539	118593	5946
木质装饰材料零售	8	5513	925	6613	3844	2769
陶瓷、石材装饰材料零售	13	6592	675	6953	4523	2430
其他室内装饰材料零售	18	7433	1234	8640	6329	2311
货摊、无店铺及其他零售业	279	1019884	41507	1142961	1240688	–97727
生活用燃料零售	13	15444	19281	35316	20353	14963
其他未列明零售业	6	2476	219	2570	2013	557

8-7 限额以上零售企业财务状况

（2023 年）

单位：万元

项目	营业收入	主营业务收入	营业成本	税金及附加	营业利润
总计	**23262504**	**22813889**	**20754085**	**50345**	**603301**
按登记注册统计类别分					
内资企业	16428870	16137323	14552460	37796	340389
有限责任公司	12879532	12687283	11303741	29378	280563
股份有限公司	3247325	3152798	2992010	7864	39341
非公司企业法人	21263	18022	19260	29	136
个人独资企业	262767	261307	221647	487	19790
合伙企业	17983	17912	15802	38	558
其他内资企业					
港澳台投资企业	938316	924522	815175	3378	8609
外商投资企业	5895317	5752044	5386450	9171	254303
其他统计类别					

8-7 续表 （2023 年） 单位：万元

项　　目	营业收入	主营业务收入	营业成本	税金及附加	营业利润
按国民经济行业分					
综合零售	3935975	3896661	3467472	9702	46947
百货零售	874616	858491	748240	5579	–1558
超级市场零售	2774560	2751444	2474302	3937	41064
其他综合零售	47023	47021	40585	38	283
食品、饮料及烟草制品专门零售	945948	940776	801935	2124	33584
粮油零售	53696	53095	48385	193	1337
糕点、面包零售	35264	34197	20028	35	578
肉、禽、蛋、奶及水产品零售	213439	212958	187324	280	3898
营养和保健品零售	3221	3221	2961	5	35
酒、饮料及茶叶零售	190471	189713	153233	537	8350
烟草制品零售	102844	102844	87445	327	7160
其他食品零售	191201	189325	163503	429	5472
纺织、服装及日用品专门零售	343733	341498	264223	1050	10218
纺织品及针织品零售	9053	9053	7453	9	642
服装零售	138166	138152	109429	450	3259
鞋帽零售	17670	17670	9044	37	–1215
化妆品及卫生用品零售	87191	87171	67731	231	2903
厨具卫具及日用杂品零售	4285	4285	3114	23	910
钟表、眼镜零售	6552	6552	3084	5	406
自行车等代步设备零售	12190	12135	11067	65	130
其他日用品零售	60850	58704	47296	183	2945
文化、体育用品及器材专门零售	809064	800052	687842	3351	37717
文具用品零售	60576	60576	51705	137	4368
图书、报刊零售	533220	525307	444966	2142	32915
珠宝首饰零售	152503	152017	139974	906	–63
工艺美术品及收藏品零售	5663	5605	4857	18	175
乐器零售	9895	9792	8763	27	–69
照相器材零售	9368	9368	9073	4	111
其他文化用品零售	30845	30749	22365	111	233
医药及医疗器材专门零售	1009169	992096	779173	2338	41746
西药零售	944688	928328	734828	2112	38608
中药零售	61710	60997	42276	225	2964
医疗用品及器材零售	2203	2203	1536	1	154
汽车、摩托车、零配件和燃料及其他动力销售	12640583	12332404	11650332	26489	359838
汽车新车零售	4138225	4064929	3819042	13144	37872
汽车零配件零售	55790	53900	48448	94	1093
摩托车及零配件零售	66121	66077	62544	62	–582
机动车燃油零售	8361545	8128595	7703294	13178	321108
家用电器及电子产品专门零售	826746	825490	755507	1003	18743
家用视听设备零售	21436	21436	19267	28	541
日用家电零售	501018	500968	467860	318	8636
计算机、软件及辅助设备零售	101353	100779	89740	195	3243
通信设备零售	134800	134232	121327	311	1984
其他电子产品零售	68140	68077	57313	152	4339
五金、家具及室内装饰材料专门零售	363730	363620	301056	1518	20509
五金零售	16973	16973	14497	100	931
灯具零售	33129	33091	28237	29	3812
家具零售	79762	79691	63808	1114	–8417
木质装饰材料零售	13063	13063	11861	16	46
陶瓷、石材装饰材料零售	28198	28198	23294	81	1566
其他室内装饰材料零售	44005	44005	36897	48	3849
货摊、无店铺及其他零售业	2387555	2321290	2046546	2771	34000
生活用燃料零售	33785	32637	28428	56	1048
其他未列明零售业	26091	26091	28812	9	–5409

8-8 限额以上住宿业基本情况

（2023年）

项　　目	法人企业（个）	年末从业人员（人）	床位数（个）	餐位数（位）
总　　计	**350**	**20254**	**65860**	**95666**
按住宿行业小类分				
旅游饭店	204	16039	45914	84102
一般旅馆	132	3912	18682	11113
其他住宿服务				
按登记注册类型分				
内资企业	333	18358	61542	86577
有限责任公司	273	16780	55075	78752
股份有限公司	1	34	165	0
非公司企业法人	5	451	1004	760
个人独资企业	48	879	4826	3535
合伙企业	6	214	472	3530
其他内资企业				
港澳台投资企业	15	1774	4053	8839
外商投资企业	2	122	265	250
其他统计类别				

8-9 限额以上餐饮业企业基本情况

（2023 年）

项　　目	法人企业（个）	年末从业人员（人）	餐位数（位）	年末餐饮营业面积（平方米）
总　　计	**680**	**37947**	**293449**	**879141**
按餐饮行业小类分				
正餐服务	588	18782	209968	583947
快餐服务	40	16131	73314	247479
其他餐饮业	11	113	552	3079
按登记注册类型分				
内资企业	663	23207	260472	735738
有限责任公司	551	20204	185963	544927
股份有限公司	1	99	25321	87513
非公司企业法人				
个人独资企业	99	2524	38959	81976
合伙企业	12	380	10229	21322
其他内资企业				
港澳台投资企业	10	5250	16302	73260
外商投资企业	7	9490	16675	70143
其他统计类别				

8–10 限额以上住宿业经营情况

（2023 年）

单位：万元

项目	营业额	客房收入	餐费收入	商品销售收入	其他收入
总计	**819960**	**359211**	**420186**	**6465**	**34098**
按住宿行业小类分					
旅游饭店	681829	249075	394583	6327	31844
一般旅馆	131741	104854	24540	110	2237
其他住宿服务					
按登记注册类型分					
内资企业	748620	331111	379306	6224	31979
有限责任公司	702625	301032	364182	6044	31368
股份有限公司	93	83			10
非公司企业法人	8327	5680	2181		467
个人独资企业	30301	22180	7805	180	136
合伙企业	7274	2136	5138		
其他内资企业					
港澳台投资企业	70068	27300	40454	241	2073
外商投资企业	1272	799	426		46
其他统计类别					

8-11　限额以上餐饮业企业经营情况

（2023年）　　单位：万元

项　　目	营业额	客房收入	餐费收入	商品销售收入	其他收入
总　　计	**1923517**	**916**	**1863395**	**27232**	**31974**
按餐饮行业小类分					
正餐服务	938382	916	911542	17439	8484
快餐服务	873425		853888	3003	16534
其他餐饮业	5549		5283	70	195
按登记注册类型分					
内资企业	1632157	916	1584506	23608	23127
有限责任公司	833514	916	795926	16045	20628
股份有限公司	550367		550367		
非公司企业法人					
个人独资企业	224773		214710	7564	2499
合伙企业	23502		23502		
其他内资企业					
港澳台投资企业	104715		97351	3047	4317
外商投资企业	186646		181539	577	4530
其他统计类别					

8–12 限额以上住宿企业年末资产及负债情况

（2023 年）　　单位：万元

项目	法人企业数（个）	流动资产合计	固定资产原价	资产总计	负债合计	所有者权益合计
总计	**350**	**771406**	**964917**	**1963570**	**1209324**	**754246**
按住宿行业小类分						
旅游饭店	204	544482	845923	1565451	1119423	446028
一般旅馆	132	80170	107331	164393	75550	88842
其他住宿服务	5	3156	351	3689	3190	499
按登记注册类型分						
内资企业	333	710727	843737	1773637	1104335	669302
有限责任公司	273	548920	809426	1508145	1072656	435490
股份有限公司	1	142274	8797	222501	7855	214646
非公司企业法人	5	5292	10812	15180	10644	4536
个人独资企业	48	12339	8415	18791	10525	8266
合伙企业	6	1903	6287	9021	2656	6365
其他内资企业						
港澳台投资企业	15	55866	117596	156271	84126	72145
外商投资企业	2	4813	3583	33662	20863	12799
其他统计类别						

8-13 限额以上餐饮企业年末资产及负债情况

（2023 年） 单位：万元

项　　目	法人企业数（个）	流动资产合　计	固定资产原　价	资产总计	负债合计	所有者权益合计
总　计	**680**	**353082**	**178953**	**655717**	**496110**	**159608**
按餐饮行业小类分						
正餐服务	588	186542	79840	291597	203926	87672
快餐服务	40	144846	91019	318644	244103	74541
其他餐饮业	11	4426	343	4847	3279	1567
按登记注册类型分						
内资企业	663	331685	95350	470653	323836	146816
有限责任公司	551	203990	77884	315211	238471	76740
股份有限公司	1	108460	235	121776	73517	48259
非公司企业法人						
个人独资企业	99	17197	14147	29067	8788	20280
合伙企业	12	2038	3083	4598	3060	1538
其他内资企业						
港澳台投资企业	10	9900	42986	90131	78938	11193
外商投资企业	7	11496	40618	94934	93335	1599
其他统计类别						

8–14 限额以上住宿企业财务状况

（2023 年）　　单位：万元

项目	营业收入	主营业务收入	营业成本	税金及附加	营业利润
总计	**852452**	**827250**	**491283**	**11983**	**31760**
按住宿行业小类分					
旅游饭店	711528	693296	416347	10698	20301
一般旅馆	129082	127660	71811	1189	6693
其他住宿服务	3144	3139	1371	16	–253
按登记注册类型分					
内资企业	784228	759440	457569	10834	32885
有限责任公司	734115	715787	431929	10372	24984
股份有限公司	5635	93	168	73	4223
非公司企业法人	8022	7963	3794	73	–146
个人独资企业	29377	29328	18829	143	1924
合伙企业	7079	6270	2850	173	1901
其他内资企业					
港澳台投资企业	67004	66589	33221	1148	–610
外商投资企业	1220	1220	493	1	–516
其他统计类别					

8–15 限额以上餐饮企业财务状况

（2023 年）　　单位：万元

项　　目	营业收入	主营业务收　入	营业成本	税金及附加	营业利润
总　计	**1832269**	**1823608**	**1348111**	**3361**	**65395**
按餐饮行业小类分					
正餐服务	906702	904676	621170	1808	37876
快餐服务	818980	812414	652338	1187	28617
其他餐饮业	5471	5471	4451	13	373
按登记注册类型分					
内资企业	1556643	1554548	1203229	3131	56148
有限责任公司	805257	803479	533375	1755	33802
股份有限公司	510337	510337	485158	914	13047
非公司企业法人					
个人独资企业	217707	217391	168379	404	9208
合伙企业	23342	23342	16317	58	91
其他内资企业					
港澳台投资企业	98981	98981	37227	46	924
外商投资企业	176645	170078	107654	184	8323
其他统计类别					

8-16 主要年份按县（市）区分社会消费品零售总额

单位：万元

年　份	福州市	鼓楼区	台江区	仓山区	马尾区	晋安区	长乐区
2000	3276424	499023	562327	209580	129275	181478	268470
2001	3572907	568973	621464	237892	141887	195242	291998
2002	3951171	679628	674872	267776	154909	226528	315704
2003	4501755	906025	743358	375809	159515	399445	317546
2004	5315459	1209154	868275	483999	173578	596202	335073
2005	6000823	1578964	966778	568841	174765	890156	331018
2006	6995883	2029661	949828	667241	211869	1137992	336518
2007	8448810	2577687	1092313	882101	262248	1401411	369107
2008	10124005	3172348	1294055	1040368	328878	1694507	418425
2009	11732622	3747551	1434416	1205476	372061	1974605	485649
2010	14134846	4616503	1560587	1454541	453273	2470318	571158
2011	16802023	5490893	1719471	1754422	554582	2983373	697417
2012	19871647	6641188	1997086	2056319	662822	3613558	809041
2013	22807830	7587096	2195500	2350637	903216	4019413	946309
2014	25871765	8704067	2166351	2675365	1172847	4531932	1084215
2015	29255269	9600270	2290235	3049290	1495484	5368953	1270307
2016	31448425	10662483	2096404	3373989	1384376	5782772	1311936
2017	34740855	11258941	2114203	3966665	1589052	6540007	1430905
2018	38307977	11981193	2114290	4409679	1695404	8004901	1522906
2019	41989358	12805900	2370873	4889884	1892856	8945034	1600412
2020	42256054	13050714	2453216	4887906	1827604	9065109	1585609
2021	45494113	13771022	2873603	5481898	2041435	8402238	1980031
2022	46795215	14400913	2955514	5611603	2069732	8776556	2091917
2023	49637645	15286524	3220867	5630675	2188810	9735289	2226222

注：1.本表数据均为根据第四次全国经济普查结果修订数。
2.本表中因四舍五入全市数据与分县（市）区合计数之间的误差均未作调整。

8-16　续表

单位：万元

年　份	福清市	闽侯县	连江县	罗源县	闽清县	永泰县	平　潭
2000	560299	250478	259531	75725	88432	79430	112379
2001	579150	270908	280004	81940	94755	87577	121117
2002	620462	295580	300948	88928	99849	94386	131601
2003	621205	281647	278753	87002	102868	97050	131532
2004	663258	277072	271394	93889	108904	96030	138631
2005	669541	238439	164618	99622	100410	89294	128376
2006	714925	282356	190898	111289	109662	102160	151484
2007	783663	322013	217212	125519	120759	113916	180861
2008	912714	383203	250597	142087	140586	131864	214374
2009	1023390	479626	290196	163251	160708	147210	248483
2010	1163889	660440	346009	190913	182821	167675	296717
2011	1357982	828602	423530	217106	214797	201530	358320
2012	1513203	972836	493431	241075	239272	226456	405360
2013	1715920	1285753	571621	271763	270396	255871	434335
2014	1939250	1574904	653861	306603	305941	286278	470152
2015	2149309	1773575	795929	319215	320289	305642	516771
2016	2353794	2061591	884425	338824	328267	321492	548073
2017	2622065	2472803	1038919	394217	361081	358163	593835
2018	2790744	2807859	1152765	429223	385797	383821	629394
2019	3079930	3093456	1296509	488547	439085	427725	659147
2020	3180779	2972032	1273625	513063	454980	403260	588158
2021	3801912	3183358	1780639	628232	511888	430679	607178
2022	4010107	3283905	1541744	657066	433473	367521	595164
2023	4353439	3469105	1432489	694589	461348	366258	572030

8-17 接待境外旅游人数

单位：人次

年 份	合 计	外国人	华 侨	港澳同胞	台湾同胞
1980	26881	8234	6258	12290	99
1981	27584	9032	3442	14368	742
1982	20335	8592	1767	8957	1019
1983	42131	15706	3713	20928	1784
1984	55474	20903	3207	27822	3542
1985	53693	20836	1669	28177	3011
1986	67586	27256	2754	34388	3188
1987	73789	31118	1669	36223	4779
1988	105195	27028	2537	35849	39781
1989	110016	19563	1494	24131	64828
1990	178984	27823	2549	28883	119729
1991	148135	34656	3366	29958	80155
1992	174414	46273	4547	32654	90940
1993	162741	48717	3601	29330	81093
1994	129680	52800	3030	25664	48186
1995	127669	50381	4549	25566	47173
1996	120563	50154	3804	22870	43735
1997	129148	51315	3638	22724	51471
1998	132098	45719	4846	27059	54474
1999	249601	74603	20808	53636	100554
2000	300269	100745	36705	59496	103323
2001	288763	124814		55625	108324
2002	298003	146135		56963	94905
2003	281762	144792		59067	77903
2004	310779	177842		55147	77790
2005	308883	187642		49876	71365
2006	559602	340571		81232	137799
2007	572273	344548		83812	143913
2008	630457	361155		83525	185777
2009	605973	357898		85095	162980
2010	670206	389198		94562	186446
2011	741826	428371		98526	214929
2012	832696	477274		108172	247250
2013	905000	510274		126046	268680
2014	906886	511337		126309	269240
2015	966198	556129		128927	281142
2016	1086765	626629		149789	310347
2017	1314816	811405		159888	343523
2018	1619542	929548		261154	428840
2019	1734022	1016949		287306	429767
2020	554191	317185		112381	124625
2021	88318	59891		18966	9461
2022	69443	21999		35089	12355
2023	266684	138058		68264	60362

8-18 按国别（地区）分接待旅游人数

单位：人次

国别（地区）	2000 年	2001 年	2002 年	2003 年	2004 年	2005 年	2006 年	2007 年	2008 年	2009 年	2010 年
合　计	**100745**	**124814**	**146135**	**144792**	**177842**	**187642**	**340571**	**344548**	**361155**	**357898**	**389198**
亚洲小计	47302	47854	56290	55826	64763	64552	93867	92406	99827	95158	112202
#日本	17794	19851	21251	20708	27780	29233	40267	36027	38676	35036	39878
菲律宾	3592	2715	4063	2181	2412	2291	5904	5993	5924	6509	6737
新加坡	9201	8610	9477	13816	12818	10447	13345	13655	15763	17669	18961
泰国	684	866	780	347	486	776	1028	1146	1251	1264	1302
印度尼西亚	3365	3192	3565	2226	3039	2912	7151	7022	8046	7762	9283
马来西亚	8237	5391	8343	6750	7900	6334	7641	8277	10712	9313	13791
美洲小计	42869	64934	76603	75966	91550	100414	214932	218164	224152	224080	237081
#美国	40024	59810	72198	72907	86881	96152	192426	195815	201080	201249	214064
加拿大	2203	3746	3516	2629	4322	3947	17580	18067	18583	18610	19603
欧洲小计	8770	9454	10576	10236	16949	18848	23417	24790	27150	28892	29731
#英国	1042	1684	1991	1901	2798	2456	6152	6434	6913	6789	7200
法国	650	639	890	687	1099	1055	1657	1595	1326	1444	1636
德国	2531	2633	2588	3632	6209	6718	3185	3795	5053	7965	6520
意大利	551	518	655	515	948	1293	2759	2763	2835	2654	2908
俄罗斯	1037	1266	981	878	1254	1204	794	555	686	652	839
大洋洲小计	1378	2015	2282	2357	3199	2736	5829	6161	6386	6215	6420
#澳大利亚	1172	1686	1973	2023	2866	2339	4319	4431	4630	4367	4794
新西兰	163	171	258	284	295	326	1139	946	1048	974	1100
非洲小计	426	557	384	407	1381	1092	2526	3027	3640	3553	3764

注：从 2020 年起没有统计到国别。

8-18 续表 单位：人次

国别（地区）	2011年	2012年	2013年	2014年	2015年	2016年	2017年	2018年	2019年	2020年	2021年	2022年	2023年
合　计	**428371**	**477274**	**510274**	**511337**	**556129**	**626629**	**811405**	**929548**	**1016949**	**317185**	**59891**	**21999**	**138058**
亚洲小计	120640	132410	292957	293567	298557	337851	493106	495162	551851				
#日本	41020	41192	97492	97695	114777	126288	210375	157411	151160				
菲律宾	7285	4240	6210	6223	3865	4564	6324	9813	40405				
新加坡	21678	29443	47618	47717	41028	43306	45017	54941	77269				
泰国	1813	2829	5737	5749	5062	6111	5931	9864	14769				
印度尼西亚	10073	1962	24706	24757	20422	23233	23248	29463	59644				
马来西亚	14698	16536	47735	47834	45034	51998	54187	76381	12840				
美洲小计	256477	273467	96622	96823	95432	112140	124059	153382	191506				
#美国	232463	252671	73177	73329	70092	78486	88042	111160	135108				
加拿大	18304	15742	14943	14974	17926	22093	23516	25107	26646				
欧洲小计	35403	44528	80086	80253	113615	109092	110599	158309	175484				
#英国	7147	5627	16300	16334	26028	22492	19862	28241	29311				
法国	1787	2952	7933	7950	7509	6702	7703	11634	17206				
德国	8080	7987	19632	19673	22212	20069	18703	25389	24491				
意大利	3368	3973	6879	6893	13237	10504	8503	9492	8854				
俄罗斯	3289	6248	3682	3690	3113	7504	7006	14928	19796				
大洋洲小计	10699	19523	27979	28037	37449	51149	58777	83795	72160				
#澳大利亚	7984	14090	16735	16770	27233	29647	36278	51587	46026				
新西兰	2100	4685	8981	9000	8445	14429	13506	18706	15604				
非洲小计	5152	7346	12631	12657	11076	16397	24864	38900	25948				

主要统计指标解释

社会消费品零售总额 指企业（单位、个体户）通过交易直接售给个人、社会集团非生产、非经营用的实物商品金额，以及提供餐饮服务所取得的收入金额。个人包括城乡居民和入境人员，社会集团包括机关、社会团体、部队、学校、企事业单位、居委会或村委会等。

批发额 指售给国民经济各行业用于生产、经营用的商品金额。

零售额 指售给个人用于生活消费和社会集团用于公共消费的商品金额。

商品购进额 指从本企业以外的单位和个人购进（包括从国外直接进口）作为转卖或加工后转卖的商品金额（含增值税）。本指标反映批发和零售业从国内外市场上购进商品的总价。

商品销售额 指对本单位以外的单位和个人出售的商品金额(包括售给本单位消费用的商品，含增值税)，在批发和零售业中，本指标反映在国内市场上销售商品以及出口商品的总价。

期末商品库存额 对于批发和零售业法人单位和个体经营户，是指报告期末取得所有权的全部商品金额（含增值税）；对于批发和零售业产业活动单位，是指报告期末实际在库且归属法人具有所有权的全部商品金额（含增值税）。这个指标反映批发和零售业的商品库存情况，以及对市场商品供应的保证程度。

营业额 指住宿和餐饮业单位在经营活动中，因提供服务或销售商品等取得的全部收入（含增值税），收入主要来源于提供客房、餐费服务、商品销售和其他服务，如商务服务。不包括多产业法人企业附营的其他行业产业活动单位的餐费收入、商品销售收入等各项收入。

客房收入 指住宿和餐饮业单位在经营活动中因提供住宿服务取得的收入（含增值税）。不包括多产业法人企业附营的其他行业产业活动单位的客房收入。

餐费收入 指本单位为顾客提供就餐服务取得的收入（含增值税）。包括：经烹饪、调制加工后出售的各种食品，如主食、炒菜、凉拌菜等的收入。不包括多产业法人企业附营的其他行业产业活动单位的餐费收入。

商品销售收入 指对本单位以外的单位和个人出售的商品金额（包括售给本单位消费用的商品，含增值税）。在住宿和餐饮业中，本指标反映住宿和餐饮业单位出售商品的销售总额（含增值税），不包括法人企业附营的其他行业产业活动单位的商品销售额。

其他收入 指提供客房、餐饮服务、商品销售以外的其他服务获得的收入（含增值税），如商品服务、健身娱乐等。

客房数 指本单位提供住宿服务的房间数，该指标按报告期内正常情况下的实有数统计。

床位数 指本单位供应旅客使用的床位数，不包括临时加床和门店内部工作人员使用的床位。该指标按报告期内正常情况下的实有数统计。

餐位数 指本单位为顾客提供就餐服务时，正常可同时容纳就餐人员的餐位数量，不包括临时加的餐位。该指标按报告期内正常情况下的实有数统计。

9 对外经济

9-1 进出口总额

年 份	进出口总额（亿美元）	出口总额	进口总额	进出口总额（亿元）	出口总额	进口总额
1990	3	2	1	17	12	5
1991	4	3	1	23	16	7
1992	7	5	2	38	27	11
1993	15	9	6	87	54	33
1994	21	13	8	180	110	70
1995	23	16	8	197	131	66
1996	30	17	14	252	140	112
1997	38	19	18	311	160	151
1998	38	20	18	314	162	152
1999	37	20	17	307	169	139
2000	51	27	24	423	226	198
2001	54	30	24	445	248	197
2002	64	35	29	528	292	236
2003	83	46	37	686	384	302
2004	125	74	51	1036	616	420
2005	137	87	50	1105	700	405
2006	158	102	56	1241	801	440
2007	186	123	63	1388	916	471
2008	203	136	67	1389	929	460
2009	179	120	58	1220	820	399
2010	246	163	83	1629	1080	549
2011	347	241	106	2188	1520	668
2012	311	211	99	1952	1328	624
2013	314	193	121	1916	1179	737
2014	347	212	134	2130	1305	825
2015	333	211	122	2065	1312	753
2016	317	214	102	2082	1407	675
2017	344	218	126	2336	1482	854
2018	373	252	121	2459	1660	799
2019	368	263	105	2526	1802	724
2020	361	258	103	2508	1784	724
2021	514	341	174	3324	2202	1123
2022	544	381	162	3657	2565	1092
2023	489	364	124	3435	2559	877

注：从 1996 年起为海关统计口径数据。

9–2 按主要国别（地区）分出口商品贸易额

单位：万美元

国别（地区）	2000 年	2001 年	2002 年	2003 年	2004 年	2005 年	2006 年	2007 年	2008 年	2009 年	2010 年	2011 年
总 计	**272947**	**298483**	**349140**	**464279**	**744391**	**867200**	**1016452**	**1231004**	**1358759**	**1201138**	**1631423**	**2413056**
亚洲	107504	115788	136346	173379	270549	306633	321216	416836	456892	442614	640321	841802
#中国香港	23882	30974	39170	53461	84719	76932	65083	63725	66605	61604	89947	103217
中国澳门	615	356	94		592	222	344	429	240	214	373	1637
日本	42091	48061	54609	55487	81891	94095	91517	117239	124542	106124	147136	156625
菲律宾	1916	2640	2795		6272	10394	9859	12285	11084	11929	19092	25127
泰国	989	1002	1454		3823	4559	5050	7956	8016	11071	15428	21884
马来西亚	4145	1503	2472		12069	9827	19691	27655	37824	52759	60905	73582
新加坡	5386	6658	6465		12528	16376	11306	16307	21171	21993	35637	54745
阿拉伯联合酋长国	1884	2319	4424		11279	12941	13617	14225			23243	47047
欧洲	56880	69740	78622	111319	166501	206784	256257	335613	373479	296145	384037	622708
#德国	15412	22245	24621	22445	36411	29231	34993	53696	72969	53306	70346	126184
法国	3715	2701	3866	3572	4882	11873	13750	17593	16972	15613	19179	33943
意大利	4623	4986	5800	8447	7670	13192	15048	22585	27301	23694	30833	43455
芬兰	332	534	594	40814	2415	4010	3262	9135	12652	4340	6660	8950
英国	7151	7843	8589	10407	16226	20946	31156	30638	30020	29109	41880	89642
丹麦	540	531	725		1129	2765	6236	5513	6549	4846	6027	8210
瑞典	549	640	651		1219	1989	2835	4751	4475	4036	5864	8886
瑞士	842	1533	1260	1524	2489	4666	7187	9677	5244	2329	2699	3239
西班牙	3351	3381	3356	4144	4837	8341	10350	22000	14853	12932	18843	33645
北美洲	88011	91870	111316	147468	245699	259031	331638	330818	364212	319300	374739	622898
#加拿大	6533	7984	6723	8007	12023	15942	22236	27449	28350	22315	28949	44383
美国	81478	83886	104594	139460	233676	243089	309401	303364	335862	296985	345777	578514
大洋洲	4511	4255	5840	9720	19830	16907	21047	27467	26727	28148	30961	48854
#澳大利亚	4040	3760	5101	8534	14148	14716	16012	22249	22799	21343	24923	40730
非洲	4961	7747	8455	10525	17879	23938	33652	41177	47262	45496	70994	99549
拉丁美洲	11080	9082	8561	11862	23933	30183	51826	79750	90187	69435	130370	177245
俄罗斯				1443	2749	4584	4664	7440	11696	9925	17729	25095

9–2 续表 单位：万美元

国别（地区）	2012年	2013年	2014年	2015年	2016年	2017年	2018年	2019年	2020年	2021年	2022年	2023年
总 计	**2113124**	**1933708**	**2123845**	**2111956**	**2142037**	**2183461**	**2518856**	**2627852**	**2576740**	**3448351**	**3824643**	**3741343**
亚洲	840147	827281	916214	860327	921755	888662	1049658	1179882	1151073	1585872	1827708	1870326
#中国香港	129926	141054	132695	142037	130200	107757	138425	94649	121378	91297	112644	123799
中国澳门	425	1243	1228	659	400	812	2184	2063	1776	799	804	3184
日本	155158	152402	148842	131280	125266	126188	137818	138683	131619	187248	153469	147925
菲律宾	31867	39758	36216	50455						142874	161439	110671
泰国	21159	23019	32275	36183	52958	43729	49203	52839	59056	79520	114840	126668
马来西亚	73930	77097	67615	43496	50880	46601	60579	104208	84853	308855	197498	278837
新加坡	71573	55848	89148	43542	38090	43352	50457	79960	87305	74189	97854	189948
阿拉伯联合酋长国	42615	33527	38764	38189						39087	65572	90212
欧洲	483501	414748	453049	421711	426087	450848	520059	541644	494263	607569	603203	580113
#德国	79560	56686	67834	70698	67370	69264	81036	77408	73792	71764	79833	70231
法国	23010	18813	21289	19150	21101	20301	25842	30462	30750	34120	38060	45489
意大利	31192	26871	30097	24692						26683	39853	31142
芬兰	9006	6077	4622	3279						2375	2513	1476
英国	62502	50758	71618	69986	67157	61964	65608	78174	74560	154505	85092	98653
丹麦	7153	6697	9437	6773						5819	8146	4307
瑞典	7036	7705	9058	8808						11005	10514	5819
瑞士	4006	2614	1436	1239						1662	2424	1586
西班牙	21893	19188	18684	19759						26993	38623	32125
北美洲	481678	440615	481621	601666	521096	539862	619505	558718	570847	687658	752320	654417
#加拿大	36635	31222	32932	33103	31323	35843	41234	59743	74227	130989	67990	56798
美国	445043	409391	448685	568562	489772	504013	578259	498972	496619	556669	684329	597618
大洋洲	44078	42088	53859	49550	49050	51340	58184	61399	65078	112884	115721	197891
#澳大利亚	37626	34297	34739	39693	39740	42235	48846	51465	54789	97759	95797	182139
非洲	113122	90072	96403	98565	105478	97794	121670	133656	153935	216069	269172	203307
拉丁美洲	151955	118846	122694	124452	118571	154955	149781	152554	141543	238299	256519	233956
俄罗斯	33274	36533	30434	23555	20213	28523	34759	26539	25969	30302	26512	36642

9–3 按主要国别（地区）分进口商品贸易额

单位：万美元

国别（地区）	2000 年	2001 年	2002 年	2003 年	2004 年	2005 年	2006 年	2007 年	2008 年	2009 年	2010 年	2011 年
总　计	**238889**	**238287**	**285379**	**365351**	**498331**	**501710**	**559004**	**633101**	**673663**	**583940**	**828544**	**1059420**
亚洲	200716	196287	240536	307189	419006	419188	472449	512025	532102	411439	559626	570067
#中国香港	2542	2135	2218	2442	2914	1948	1753	1947	1990	2034	5927	20213
中国澳门	24	23	19		2	3	10	14	5			53
日本	38931	36952	42635	62874	81783	72427	66490	74794	91945	69773	95468	87933
菲律宾	671	1237	599		1134	1373	1664	2071	3204	6306	10382	9584
泰国	4379	4670	5839		4690	4088	7504	8613	11490	10885	18975	13475
马来西亚	11737	11201	13551		16683	10787	7993	13197	17369	12952	16262	14937
新加坡	3361	2230	2648		4015	2495	2568	3926	4312	4646	7617	9180
阿拉伯联合酋长国	7	115	7		11	82	91	112			243	265
欧洲	17931	21785	22290	26693	33023	32175	38368	55937	65210	67672	109646	206316
#德国	1628	1443	2107	6606	8499	8617	12773	22150	28017	22092	41003	53748
法国	421	471	598	719	1039	749	821	1961	5093	4875	5848	11057
意大利	1266	1696	2203	1626	2551	1620	1533	1790	3126	2960	5269	6004
芬兰	597	329	282	350	5183	669	507	1448	1335	2150	2361	3061
英国	2978	2598	1337	1940	3079	3060	2122	2421	2882	4628	6250	4745
丹麦	72	73	81		256	264	246	498	876	331	177	371
瑞典	234	151	201		212	598	1093	1988	2374	1230	814	2648
瑞士	4331	8538	8469	8534	9807	9818	10018	9283	1425	959	1644	54238
西班牙	260	91	35	76	319	500	271	394	2057	2720	11292	10894
北美洲	12671	12636	10836	16585	24238	19517	24173	35953	30227	37282	71197	99504
#加拿大	412	707	274	493	476	919	608	1364	1754	2603	9747	13385
美国	12252	11928	10562	16091	23762	18597	23565	34588	28466	34666	61425	86113
大洋洲	1137	915	1112	2003	1877	1806	2513	2396	2832	7801	9488	51695
#澳大利亚	497	226	454	935	734	1056	1330	1144	1167	5214	5797	47086
非洲	832	926	958	1075	1989	2365	4028	4809	5918	13224	24147	65024
拉丁美洲	5561	5738	9646	11804	18199	19307	17212	22279	37374	46521	54434	66812

9–3 续表

单位：万美元

国别（地区）	2012年	2013年	2014年	2015年	2016年	2017年	2018年	2019年	2020年	2021年	2022年	2023年
总　计	**992861**	**1209241**	**1342472**	**1222281**	**1022984**	**1258946**	**1211510**	**1047785**	**1033728**	**1738580**	**1627525**	**1251929**
亚洲	557633	530142	515915	460137	507725	641956	657334	533398	519704	726267	700229	558665
#中国香港	26182	5472	1857	17036	3559	1166	1046	3601	3352	8178	15859	13946
中国澳门											3	
日本	87103	74505	68977	67318	100081	145103	88211	77687	62399	77970	100316	66068
菲律宾	19312	16262	23788	13731						18469	18396	18362
泰国	24417	27026	23091	17350	15966	22867	40837	29057	27157	17796	17760	21543
马来西亚	10915	13933	10419	13947	14430	20178	23898	22910	96774	152109	48074	12675
新加坡	6989	7891	8379	7243	5335	7597	6810	4588	2596	31456	59244	27131
阿拉伯联合酋长国	2075	3770	860	732						6820	636	4306
欧洲	196280	378682	299859	335100	215621	237824	219992	193816	134859	370491	388865	193484
#德国	45382	51009	53172	39802	37705	46490	49810	43351	36462	46778	40321	41884
法国	8629	6772	5478	3550	4362	5879	3559	4282	5993	10178	12662	6216
意大利	5815	4523	5263	5321						5030	6958	3759
芬兰	4169	2002	3536	2477						343	433	1577
英国	6077	6656	7035	6548	14018	17125	9244	3762	2540	3836	4560	2590
丹麦	844	1582	947	699						1813	1848	653
瑞典	828	1686	2418	1507						705	271	1048
瑞士	65160	243581	162372	235267						231438	252737	84811
西班牙	5194	6468	7099	4598						22875	21095	17320
北美洲	112092	166714	223980	212364	105517	139708	77615	45986	49843	101341	82319	88123
#加拿大	19488	27345	47298	48145	20461	17906	6672	7745	6747	18849	8832	7394
美国	92604	139331	176617	164220	85005	121778	70200	36090	41487	79458	66498	75296
大洋洲	23611	24860	123859	71277	65823	75763	84367	84666	127869	253190	173695	120682
#澳大利亚	19709	19836	119984	69322	64301	70406	76309	78944	123911	243487	163563	113087
非洲	32116	18121	81743	49511	39428	51598	11684	11275	11638	42076	35358	36046
拉丁美洲	76994	90711	97083	93843	88870	112097	160518	178644	189815	245214	247060	253701

9-4 外商直接投资合同数

单位：项

年 份	外商直接投资	合资企业	合作企业	独资企业	外商投资股份制	合伙企业
1979	5					
1980	5					
1981	3					
1982	2					
1983	4					
1984	64					
1985	73					
1986	29	19	10			
1987	56	46	9	1		
1988	168	123	26	19		
1989	214	131	16	67		
1990	233	103	9	121		
1991	286	99	16	171		
1992	676	259	35	382		
1993	1134	372	56	706		
1994	722	216	31	475		
1995	678	179	25	474		
1996	412	107	10	295		
1997	437	83	18	336		
1998	481	109	13	359		
1999	338	80	8	250		
2000	295	80	6	209		
2001	319	73	3	243		
2002	386	52	41	293		
2003	360	88	2	268		
2004	414	90	5	319		
2005	326	81	11	234		
2006	327	83	2	242		
2007	234	78		155		
2008	155	31	1	123		
2009	144	29	1	114		
2010	186	44	1	140		
2011	170	51	1	118		
2012	148	47		100		
2013	135	44	1	89		
2014	126	41		85		
2015	339	105		234		
2016	483	104		379		
2017	362	121		241		
2018	524	238	1	285		
2019	310	134	3	168		
2020	297	104		190		
2021	467	263		196		
2022	435	245		190		
2023	585	369		199		17

9–5 外商直接投资合同金额

年 份	单 位	外商直接投资	合资企业	合作企业	独资企业	外商投资股份制	合伙企业
1979	万美元	105					
1980	万美元	387					
1981	万美元	104					
1982	万美元	15					
1983	万美元	106					
1984	万美元	5603					
1985	万美元	4367					
1986	万美元	909	794	115			
1987	万美元	3052	2115	767	170		
1988	万美元	11781	8489	1432	1860		
1989	万美元	15156	9262	656	5238		
1990	万美元	27370	7693	1452	18225		
1991	万美元	29601	6632	1057	21912		
1992	万美元	117538	27587	7565	82386		
1993	万美元	330705	64417	13476	252812		
1994	万美元	220592	56769	16279	147544		
1995	万美元	322706	36978	24674	261053		
1996	万美元	111121	23919	2113	85088		
1997	万美元	92022	16395	9497	65831		
1998	万美元	111031	32927	19577	58527		
1999	万美元	93426	13434	5030	74962		
2000	万美元	95479	15652	1171	78656		
2001	万美元	103264	20122	1944	81198		
2002	万美元	150867	10236	16854	117596		
2003	万美元	161412	20650	3236	135597		
2004	万美元	135003	10651	–376	122331		
2005	万美元	116672	12603	6581	96779		
2006	万美元	142956	22989	4497	115470		
2007	万美元	132371	22323		100379		
2008	万美元	148883	9619	2834	130805		
2009	万美元	122969	5880	2660	112371		
2010	万美元	167297	22793	151	113360		
2011	万美元	176966	18091	2980	147998		
2012	万美元	205643	37432	18	158848		
2013	万美元	205700	31244	5	146811		
2014	万美元	146368	44145		102373		
2015	万 元	1954374	453508		748351		
2016	万 元	1083548	267412		671762		
2017	万 元	3952099	1380423		2529493		
2018	万 元	2616226	996310	10000	1550887		
2019	万 元	2738979	481508	26336	2182824		
2020	万 元	1852028	278351		1562915		
2021	万 元	3929233	1673064		2136720		
2022	万 元	1338447	620664		717782		
2023	万 元	5929191	1188569		4345791		394831

注：从 2015 年起，单位为人民币口径。

9-6　按行业分外商直接投资合同数

单位：项

年　份	农　业	制造业	建筑业	交通运输仓储及邮政通信业信息传输计算机服务和软件业	批发零售住宿餐饮业	房地产公用事业服务业
1987	6	48	1			
1988	6	153	4	2		3
1989	8	179	1			23
1990	6	190	1		2	33
1991	8	248		3		25
1992	22	481	11		3	153
1993	56	675	46		55	134
1994	37	379	39		26	75
1995	46	414	36		39	36
1996	37	209	15		50	20
1997	29	247	13		76	16
1998	23	291	6	4	78	31
1999	26	219	6		17	39
2000	14	210		1	10	35
2001	10	228	3	1	9	23
2002	13	237	9	5	13	53
2003	12	256	8	5	11	67
2004	12	307	5	9	18	63
2005	5	240		7	26	10
2006	8	234	5	4	36	42
2007	10	131	1	3	42	57
2008	8	63	4	1	33	46
2009	4	38		2	54	46
2010	9	46	1	4	82	44
2011	8	37	1	5	74	41
2012	12	32	2	1	64	36
2013	3	14	4	9	74	31
2014	6	11	1	10	56	42
2015	9	31	3	16	207	5
2016	7	22	2	33	246	3
2017	8	40	12	27	94	7
2018	24	41	10	37	113	6
2019	7	28		41	80	15
2020	23	25	12	49	82	3
2021	17	27	5	60	84	14
2022	18	22	5	56	104	3
2023	16	17	8	62	135	10

9–7 按行业分外商直接投资合同金额

年份	单位	农业	制造业	建筑业	交通运输仓储及邮政通信业信息传输计算机服务和软件业	批发零售住宿餐饮业	房地产公用事业服务业
1987	万美元	197	2608	215			
1988	万美元	1103	9906	119	64		589
1989	万美元	256	11095	51			3474
1990	万美元	233	20243	22		115	6752
1991	万美元	959	21744				6623
1992	万美元	1003	50540	432		3480	58127
1993	万美元	5148	134920	2280		5592	149058
1994	万美元	2637	92714	1562		1642	105230
1995	万美元	7501	251052	2036		2857	25104
1996	万美元	2983	54310	1051		3758	15021
1997	万美元	3823	50486	6692		6854	9409
1998	万美元	6588	47296	17819	375	6211	20661
1999	万美元	8560	49682	3970		4178	22143
2000	万美元	703	52199	169	10	3004	33314
2001	万美元	4727	69326	885	1454	501	17967
2002	万美元	4400	101619	8132	3463	944	22600
2003	万美元	3294	128747	3873	208	358	24932
2004	万美元	3887	93171	–1815	8458	2959	28343
2005	万美元	8141	87428	–13	5710	3893	7045
2006	万美元	6922	113480	2695	1395	3704	14760
2007	万美元	5408	73864	–71	1128	13896	38146
2008	万美元	6157	62739	1649	56	7557	70725
2009	万美元	3522	32980	761	8400	13552	63720
2010	万美元	9022	87209	–119	4406	30304	36475
2011	万美元	7411	61022	119	2618	33497	56839
2012	万美元	19238	31366	11798	2030	45849	86017
2013	万美元	1102	44503	10749	15403	61858	40512
2014	万美元	3253	31223	8248	12936	33813	56895
2015	万　元	3251	405658	–21877	93483	1220344	69038
2016	万　元	13339	139859	–1200	165613	440689	275
2017	万　元	58819	834113	225405	108516	284115	7795
2018	万　元	94991	225854	37558	121852	453665	165614
2019	万　元	9851	500660	1953	437527	182085	224766
2020	万　元	54719	303313	32565	439344	216566	79321
2021	万　元	22480	109376	68895	846530	899159	126342
2022	万　元	30005	178295	6053	105761	329142	22768
2023	万　元	243696	125306	16299	114861	236929	128053

注：从 2015 年起，单位为人民币口径。

9-8 按国别（地区）分外商直接投资合同数

单位：项

国别（地区）	2000年	2001年	2002年	2003年	2004年	2005年	2006年	2007年	2008年	2009年	2010年	2011年
合　计	**295**	**319**	**386**	**360**	**414**	**326**	**327**	**234**	**155**	**144**	**186**	**170**
#中国香港	119	95	140	137	158	125	142	78	63	56	72	74
中国澳门	7		1	3	3	4	4	1	1	2		1
日　本	27	24	33	17	24	27	25	16	13	7	9	9
菲律宾	2	2	3	7	3	2						
泰　国		2	1	3	1			1				
马来西亚	1	2	3	2	4	2		2	2	1	5	4
新加坡	7	6	10	15	13	6	12	6	4	5	4	5
印度尼西亚	2	4	1	2	7	4	11		1	2		1
德　国	1					2		2	2			2
维尔京群岛	10	22	27	25	34	22	17	19	15	6	9	4
英　国		1			1		2	1	1			1
开曼群岛	2	3	3	4	2	2	2	1		1	2	
加拿大	5	7	11	12	10	11	12	6	3	3	6	5
美　国	24	33	35	37	43	33	19	32	11	23	10	9
澳大利亚	8	12	7	9	16	16	5	14	4	2	6	2

9-8　续表　　　　　　　　　　　　　　　　　　　　　　　　　　　　单位：项

国别（地区）	2012 年	2013 年	2014 年	2015 年	2016 年	2017 年	2018 年	2019 年	2020 年	2021 年	2022 年	2023 年
合　计	**148**	**135**	**126**	**339**	**483**	**362**	**524**	**310**	**297**	**467**	**435**	**585**
# 中国香港	50	48	57	89	80	150	249	112	120	161	158	177
中国澳门	4	1		1	2	1	8	4	4	14	5	5
日　本	3	5	2	17	2	9	9	5	3	1	5	8
菲律宾												
泰　国					1		1					
马来西亚	4	1		3	2	5	5	4	1	3	6	11
新加坡	5	6	5	6	8	14	7	5	4	10	4	11
印度尼西亚		1		2	2		3			1		3
德　国	1		1	5	1	2		1	1	1		2
维尔京群岛	7	6	1	4	1	1	3			3	2	1
英　国			1	6	5	1	2	1	1	2	4	5
开曼群岛			1					1		2	1	
加拿大	3	2	4	4	4	3	7	4	3	9	5	11
美　国	7	7	6	24	19	15	19	20	5	14	22	35
澳大利亚	6	1	2	12	9	4	10	2	5	1	2	8

9-9 按国别（地区）分外商直接投资合同金额

国别（地区）	2000年	2001年	2002年	2003年	2004年	2005年	2006年	2007年	2008年	2009年	2010年	2011年
	万美元	万美元	万美元	万美元	万美元	万美元	万美元	万美元	万美元	万美元	万美元	万美元
合　计	**95479**	**103264**	**150867**	**161412**	**135003**	**116672**	**142956**	**132371**	**148883**	**122969**	**167297**	**176966**
#中国香港	63312	43296	70300	75503	82905	51832	70580	58978	100517	119015	104403	118214
中国澳门	763		711	443	89	994	381	525	-479	390		9
日　本	4080	1653	18927	2591	3886	5122	12842	3216	1034	1914	2570	4101
菲律宾	98	731	473	1735	-99	151	-191	74	38	-1592	-230	-66
泰　国		190	150	2011	25				889		2	-1000
马来西亚	1045	1004	3270	207	646	412	1	2810	2601	-305	3325	217
新加坡	585	579	37	-1797	2946	2068	5076	395	5946	384	1695	4426
印度尼西亚	494	3141	1198	81	932	763	8857	-1308	2930	348	223	-1989
德　国	10	179	-7		33	86	6	-20	573			510
维尔京群岛	7666	12138	18907	12814	14590	22617	18211	26466	2876	-8122	9659	8084
英　国		-8	-95	552	-289		1291	993	-1883		-89	39
开曼群岛	96	6115	4372	286	1121	2379	1651	4059	1210	735	6197	1419
加拿大	437	159	2994	1294	1495	645	3843	729	-267	520	4792	3639
美　国	7516	7666	7889	6915	10448	7375	1932	8894	2742	1104	395	1510
澳大利亚	325	562	-1	3151	1754	2997	661	1293	-15	88	909	2807

注：从2015年起，单位为人民币口径。

9-9 续表

国别（地区）	2012 年	2013 年	2014 年	2015 年	2016 年	2017 年	2018 年	2019 年	2020 年	2021 年	2022 年	2023 年
	万美元	万美元	万美元	万元	万元	万元	万元	万元	万元	万元	万元	万元
合　计	**205643**	**205700**	**146368**	**1954374**	**1083548**	**3952099**	**2616226**	**2738979**	**1852028**	**3929232**	**1338447**	**5929191**
#中国香港	137328	82593	100040	1183373	638309	3088993	2025105	1838683	1202108	2993981	617833	5027289
中国澳门	2507			51	34048	40	2599	17473	8948	34891	42845	–22669
日　本	–1856	1635	378	3117	500	31205	17029	8559	10885	180	343	5251
菲律宾							–464					
泰　国		–2		1002	52		3000					
马来西亚	–1507	–1717		1408	1642	50598	1974	14380	1000	7765	6935	24547
新加坡	4546	11503	3161	–4907	26364	59484	45574	65116	199208	340011	195158	124586
印度尼西亚	188	777		54	1028		750			49		11861
德　国	793	–500	332	4678	1997	33091	630	109	310	790	–1433	1788
维尔京群岛	12519	18922	–63	330314	–5659	1018	52244	–695	–3402	85358	13042	120926
英　国		210	325	9497	12366	3503	99	163	158	1734	27	7666
开曼群岛	1542	2007	1221		–4909	–9281	19263	6852	–58	6813	10990	
加拿大	951	199	483	9303	16348	69417	21755	6703	1799	6360	323	17110
美　国	10948	–402	810	62730	32050	32644	62697	37257	32801	74166	25492	56420
澳大利亚	816	2910	218	9524	15756	14730	17273	1836	8234	1712	572	19

9-10 实际利用外商直接投资

年 份	单 位	合 计	合资企业	合作企业	独资企业	外商投资股份制	合伙企业
1979	万美元	78					
1980	万美元	167					
1981	万美元	61					
1982	万美元	154					
1983	万美元	679					
1984	万美元	1630					
1985	万美元	1539					
1986	万美元	1495	588	886			
1987	万美元	1462	498	794	170		
1988	万美元	2355	2004	351			
1989	万美元	5035	2815	890	1330		
1990	万美元	10193	6242	703	3248		
1991	万美元	13813	5412	330	8071		
1992	万美元	28452	7870	1175	19407		
1993	万美元	63385	24762	2938	35685		
1994	万美元	81838	42263	3004	46571		
1995	万美元	105035	26106	5289	73640		
1996	万美元	97590	27902	5330	64358		
1997	万美元	97848	30830	5973	60746		
1998	万美元	90348	27883	6177	56288		
1999	万美元	90036	25183	6675	58178		
2000	万美元	80087	8471	3565	66843		
2001	万美元	100198	27953	3095	67754		
2002	万美元	120246	28404	3162	76635		
2003	万美元	130198	12332	3236	114630		
2004	万美元	136042	19336	5407	99029		
2005	万美元	64017	9986	341	51383		
2006	万美元	66069	8913	430	56726		
2007	万美元	70011	11634	55	57859		
2008	万美元	92677	24311	189	68177		
2009	万美元	103227	16842		71491		
2010	万美元	118524	23232		80795		
2011	万美元	127745	10169	17	67927		
2012	万美元	133877	23075	18	83210		
2013	万美元	143063	20199	153	58901		
2014	万美元	154651	30976		120600		
2015	万 元	1073614	138844		429594		
2016	万 元	1249015	143964		539700		
2017	万 元	1317609	163830		716975		
2018	万 元	553862	209794		269283		
2019	万 元	653000	267303		340132		
2020	万 元	700722	274646		384013		
2021	万 元	807781	294327		513454		
2022	万 元	742239	251630		490608		
2023	万 元	645867	200983		419610	21350	3924

注：1.从 2015 年起，单位为人民币口径。

2.2005 年开始为验资口径。

9-11 按国别（地区）分实际利用外商直接投资

国别（地区）	2000年	2001年	2002年	2003年	2004年	2005年	2006年	2007年	2008年	2009年	2010年	2011年
	万美元	万美元	万美元	万美元	万美元	万美元	万美元	万美元	万美元	万美元	万美元	万美元
中国香港	39861	47263	51503	51940	57923	26819	26569	31728	43567	73079	82044	45842
中国澳门	474	500	2358	207	1213	227	52	1525	217	105	101	128
日　本	1679	6072	3258	23600	4818	3624	10020	1614	3344	2044	1657	4636
菲律宾	258	125	1169	228	1184	508	58	209	124		38	
泰　国	174	151	769	941	500	295		56	907			
马来西亚	2075	1480	2883	491	1448	630	20	353	853	20	50	1968
新加坡	1209	1638	1299	1601	2819	2070	1119	2971	2487	2486	128	3212
印度尼西亚	509	1990	796	415	946	336	424	629	361	1458	406	19
德　国		10					61		10	500		
法　国						52	3	42				
英　国	7850	1810	3558	450	267	300	400	667	179	1		
加拿大	50	221	823	695	1398	223	401	377	452	359	36	400
美　国	7031	13452	4791	6642	8220	2138	3613	2195	2160	1788	1442	986
澳大利亚	178	242	784	186	801	378	267	776	488	204	341	290
维尔京群岛	7794	11121	13351	15145	18906	12042	13579	16795	25682	12172	6765	13191
开曼群岛		61	4523	3116	1269	3630	2016	2914	992	1546	3799	2020
百慕大	1001	100	10852	2708	4885	1800			2123	490		31926

注：从2015年起，单位为人民币口径。

9-11 续表

国别（地区）	2012年	2013年	2014年	2015年	2016年	2017年	2018年	2019年	2020年	2021年	2022年	2023年
	万美元	万美元	万美元	万元	万元	万元	万元	万元	万元	万元	万元	万元
中国香港	72914	53236	92626	762773	701771	710207	354579	443820	592797	639891	465332	494242
中国澳门		148						4976	2788	3262	11434	
日　本	3232	979	1511	4142	10029	10360	4054	2914	236	5484		
菲律宾	18	289										
泰　国				935	60							
马来西亚	223	1414	203		70	2095	160	2952	1399	1848	3834	3968
新加坡	4346	10336	12419	15942	29202	25107	46899	15088	66807	104882	167312	26687
印度尼西亚	284	722	156		118	283	120					1426
德　国	488	178	160		1042	1820	636	776		450	155	1276
法　国									6231		3067	1388
英　国	8					21	293	69		59		
加拿大	411	265	116		122	27639			106			980
美　国	1916	1029	1272	7164	21	4005	6879	1342	14	1784	713	448
澳大利亚	161	287	186			66		28	506		67	
维尔京群岛	8391	8186	12247	73948	119025	62531	16729	50836	915	10996	83088	110458
开曼群岛	2396	2062	3009	5174	406		19501	5806		5835	4237	1532
百慕大	561		786			39125						

9-12 按县（市）区分外商直接投资合同数

单位：项

县（市）区	2000年	2001年	2002年	2003年	2004年	2005年	2006年	2007年	2008年	2009年	2010年	2011年
福州市	**295**	**319**	**387**	**360**	**414**	**326**	**327**	**234**	**155**	**144**	**186**	**170**
# 鼓楼区	48	48	64	61	71	54	51	53	43	36	49	40
台江区	25	31	27	26	35	23	22	19	10	17	21	18
仓山区	27	47	48	46	47	38	42	29	18	12	19	19
晋安区	31	31	40	35	42	30	29	17	10	18	10	13
马尾区	31	34	53	49	30	27	28	19	12	5	10	16
长乐区	8	14	23	19	26	16	16	14	7	10	4	8
福清市	32	33	44	40	57	54	60	45	24	19	18	23
闽侯县	29	34	35	24	40	24	19	17	16	13	33	17
连江县	8	8	8	33	17	14	9	4	9	5	4	9
罗源县	6	4	13	10	12	13	9	12	4	5	3	4
闽清县	10	3	1	9	5	5	7	2	1		3	2
永泰县	5	6	2	1	3	5	2	1		2	2	
平　潭	4	1	2	2	5	3		1		2	10	

9-12 续表 单位：项

县（市）区	2012年	2013年	2014年	2015年	2016年	2017年	2018年	2019年	2020年	2021年	2022年	2023年
福州市	**148**	**135**	**126**	**339**	**483**	**362**	**524**	**310**	**297**	**467**	**435**	**584**
# 鼓楼区	33	27	37	34	31	34	83	60	53	107	79	111
台江区	18	22	21	19	18	17	28	22	37	41	49	73
仓山区	16	14	11	33	16	36	85	39	25	58	42	55
晋安区	4	6	12	12	37	12	30	20	13	36	46	55
马尾区	17	16	12	189	218	121	175	59	30	32	29	43
长乐区	6	2	6	8	6	7	16	19	20	27	31	40
福清市	19	12	9	26	38	23	44	28	44	79	68	80
闽侯县	24	24	14	7	19	30	13	15	17	26	47	76
连江县	6	7	3	2	5	14	17	25	5	6	25	15
罗源县	2	2		1	2	9	6	4	5	4	4	14
闽清县	1	1		3	3	2	3	3	11	14	6	10
永泰县	2	1	1	2		1	1	6	18	10	9	12
平　潭												

9–13　按县（市）区分外商直接投资合同金额

县（市）区	2000 年	2001 年	2002 年	2003 年	2004 年	2005 年	2006 年	2007 年	2008 年	2009 年	2010 年	2011 年
	万美元	万美元	万美元	万美元	万美元	万美元	万美元	万美元	万美元	万美元	万美元	万美元
福州市	**95479**	**103264**	**150867**	**161412**	**135003**	**116672**	**142956**	**132371**	**148883**	**122969**	**167297**	**176966**
# 鼓楼区	8907	9380	13173	12422	16356	14074	15291	15750	17168	19331	19755	22197
台江区	7078	8462	12610	11802	12375	7941	10112	15960	16337	18438	21246	22977
仓山区	7782	10156	23500	12343	15032	15050	8688	11757	31315	6609	7161	11255
晋安区	1607	12024	15341	14818	18001	16362	17701	4691	5941	7630	12310	16027
马尾区	4149	14544	31494	29026	11051	12911	22512	21037	21476	4829	22371	23740
长乐区	4618	11724	15062	15536	18191	11613	1078	7906	5697	9353	6498	8474
福清市	12056	13008	19475	53982	20225	15784	40162	17870	23790	23876	19253	23290
闽侯县	12911	10950	12154	10516	9181	6654	16288	9970	10783	18419	25530	35122
连江县	737	1709	2012	5141	5071	5301	4912	6899	7899	5439	4050	4794
罗源县	797	1139	5052	4651	4005	4504	5153	3950	5006	5048	5200	5621
闽清县	354	54	–372	823	704	463	231	74	2119	281	157	167
永泰县	203	2406	1352	4	774	286	285	780	854	1000	1199	1500
平　潭	657	12	353	110	321	761	339	1136		607	1579	

注：从 2015 年起，单位为人民币口径。

9-13 续表

县（市）区	2012年	2013年	2014年	2015年	2016年	2017年	2018年	2019年	2020年	2021年	2022年	2023年
	万美元	万美元	万美元	万元	万元	万元	万元	万元	万元	万元	万元	万元
福州市	**205643**	**205700**	**146368**	**1954374**	**1083548**	**3952099**	**2616226**	**2738979**	**1852028**	**3929232**	**1338447**	**5929176**
# 鼓楼区	22260	23752	17056	616197	169077	124430	248143	230756	399380	398685	104376	787891
台江区	23017	24257	18188	124307	48797	96943	70404	332743	208590	751170	88563	36751
仓山区	18804	19750	4020	83476	118013	1060100	470441	447090	190307	644384	169269	3460091
晋安区	5016	5267	7904	12552	46654	659431	83095	219034	107954	74941	183441	218231
马尾区	25046	29314	34202	587192	430428	999867	1371809	366050	210166	247891	126249	202049
长乐区	9775	10300	11173	81525	63473	162106	58557	185136	38060	248289	57851	260056
福清市	26877	28700	28784	338834	76679	120775	137004	60464	256341	631070	419729	460624
闽侯县	56583	33492	22409	43986	43489	32270	55428	720027	39892	70937	42482	105886
连江县	6029	17862	2488	13639	31967	439795	54969	114960	133133	81172	89518	294531
罗源县	5660	5946	133	2224	2802	143554	28151	23436	21028	489859	7607	38048
闽清县	2000	4990		7446	23751	13928	3600	10862	97601	12696	17521	33427
永泰县	1705	2070	11	17165	-665	10092	7815	6000	54715	160897	31841	31591
平　潭												

9-14 按县（市）区分实际利用外资

县（市）区	2000年	2001年	2002年	2003年	2004年	2005年	2006年	2007年	2008年	2009年	2010年	2011年
	万美元	万美元	万美元	万美元	万美元	万美元	万美元	万美元	万美元	万美元	万美元	万美元
福州市	**80087**	**100198**	**120246**	**130198**	**136042**	**64017**	**66069**	**70011**	**100150**	**103227**	**118524**	**127745**
# 鼓楼区	4503	5646	9240	12318	15404	8123	10133	14002	17827	18162	18180	19710
台江区	3010	3762	7078	9745	11895	4750	4723	6200	9113	9788	11163	11910
仓山区	5048	7575	18600	15926	12418	6567	9310	12586	16403	15371	15400	16180
晋安区	2509	10184	15246	17332	15850	6311	6640	4050	2732	2735	10000	10510
马尾区	15080	18753	21639	21729	21050	7087	13357	13551	13746	15706	25539	27999
长乐区	7191	10272	14799	15316	15523	3757	3815	4747	5824	7960	7965	3615
福清市	11032	13770	20009	17069	20289	12301	12630	12867	13256	13336	13810	15976
闽侯县	5727	8505	12208	13076	16015	5514	6212	9621	11291	13202	13512	15040
连江县	1351	1600	1930	3115	2445	2289	2958	3876	3912	3260	2027	3785
罗源县	1353	1420	996	2850	3532	1733	1821	2115	2459	2380	2381	2525
闽清县	570	510	201	356	604	206	63	131	155	160	222	279
永泰县	361	636	1270	75	100	207	345	577	621	625	875	1113
平　潭	576	638	465	513	304	95	450	500	556	542	650	

注：从2015年起，单位为人民币口径。

9-14 续表

县（市）区	2012年	2013年	2014年	2015年	2016年	2017年	2018年	2019年	2020年	2021年	2022年	2023年
	万美元	万美元	万美元	万元	万元	万元	万元	万元	万元	万元	万元	万元
福州市	**133877**	**143063**	**154651**	**1073614**	**1249015**	**1317609**	**553862**	**653000**	**700722**	**807781**	**742239**	**645867**
# 鼓楼区	22687	24100	25788	179209	218095	260486	154517	41396	100036	116069	28626	156617
台江区	9700	9789	12929	90967	110253	119007	7635	83394	77557	107000	199241	29249
仓山区	18634	5613	14000	96365	113145	150326	139224	139439	133757	28225	206686	101612
晋安区	10655	8839	9755	67441	72680	75522	39448	64439	86765	69702	19465	61741
马尾区	10188	15076	21539	167305	202091	208552	40538	113127	66895	60664	66091	42953
长乐区	3768	8771	11620	88837	104399	23645	19502	24261	69161	77400	18060	28000
福清市	19714	21210	24180	191988	228893	266247	54822	56631	85654	112804	103091	117061
闽侯县	17902	19012	20200	87417	82218	85158	22115	14614	20839	49775	46531	45500
连江县	6823	8575	9094	63175	77921	86771	5397	91071	39878	41800	34680	50643
罗源县	2907	3127	3138	21689	23393	24128	15467	8217	10564	12049	5778	5000
闽清县	401	425	450	3115	3257	3723	5487	3357	3134	2268	3901	4005
永泰县	1371	1724	1958	13534	12671	14044	7854	4481	3192	9770	10089	3483
平　潭												

主要统计指标解释

进出口总额　海关进出口总额指实际进出我国国境的货物总金额。包括对外贸易实际进出口货物，来料加工装配进出口货物，国家间、联合国及国际组织无偿援助物资和赠送品，华侨、港澳台同胞和外籍华人捐赠品，租赁期满归承租人所有的租赁货物，进料加工进出口货物，边境地方贸易及边境地区小额贸易进出口货物（边民互市贸易除外），中外合资经营企业、中外合作经营企业、外商独资经营企业进出口货物和公用物品，到离岸价格在规定限额以上的进出口货样和广告品（无商业价值、无使用价值和免费提供出口的除外），从保税仓库提取在中国境内销售的进口货物，以及其他进出口货物。我国规定出口货物按离岸价格统计，进口货物按到岸价格统计。

利用外资　指我国各级政府、部门、企业和其他经济组织通过对外借款、吸收外商直接投资以及用其他方式筹措的境外现汇、设备、技术等。

外商投资　指国外及港澳台地区的法人和自然人在中国大陆地区以现金实物、无形资产、股权等方式进行投资。其中，外商直接投资是指外国投资者在非上市公司中的全部投资及在单个外国投资者所占股权比例不低于10%的上市公司中的投资。

10 价格指数

10-1　主要物价总指数

（1978 年=100）

年　份	城市居民消费价格指数	商品零售价格指数
1979		101.2
1980		108.2
1981		109.5
1982		113.8
1983		116.4
1984		120.6
1985		141.3
1986		154.2
1987		171.8
1988		221.6
1989		263.5
1990	102.4	262.2
1991	110.3	276.1
1992	120.2	296.3
1993	143.9	350.2
1994	181.7	435.3
1995	214.8	500.6
1996	233.3	524.1
1997	241.9	528.3
1998	242.6	521.4
1999	240.9	505.8
2000	247.9	498.7
2001	245.2	486.2
2002	245.0	475.5
2003	246.0	464.1
2004	257.2	475.2
2005	265.4	480.4
2006	267.5	479.9
2007	278.7	494.8
2008	290.7	516.6
2009	288.1	508.9
2010	297.3	523.7
2011	311.6	544.6
2012	318.5	550.6
2013	327.1	556.1
2014	333.0	559.4
2015	338.3	556.0
2016	346.8	559.9
2017	351.7	561.6
2018	357.0	570.1
2019	365.9	580.4
2020	374.7	585.0
2021	376.9	590.3
2022	385.9	608.6
2023	386.7	

注：1.本表中商品零售价格指数 1990–2000 年为全市数据，其他年份为市区数据。

2.上述年份不全的指数均以开编年份的上一年价格为 100。

10–2 主要物价总指数

（上年=100）

年 份	城市居民消费价格指数	商品零售价格指数
1951		108.4
1952		97.2
1957		100.6
1962		101.0
1965		95.6
1970		99.2
1975		100.1
1978		100.3
1979		101.2
1980		106.9
1985		117.2
1990	102.4	99.5
1995	118.2	115.0
2000	102.9	98.6
2001	98.9	97.5
2002	99.9	97.8
2003	100.4	97.6
2004	104.6	102.4
2005	103.2	101.1
2006	100.8	99.9
2007	104.2	103.1
2008	104.3	104.4
2009	99.1	99.1
2010	103.2	102.9
2011	104.8	104.0
2012	102.2	101.1
2013	102.7	101.0
2014	101.8	100.6
2015	101.6	99.4
2016	102.5	100.7
2017	101.4	100.3
2018	101.5	101.5
2019	102.5	101.8
2020	102.4	100.8
2021	100.6	100.9
2022	102.4	103.1
2023	100.2	

注：1.本表中 1990 年以前零售、消费总指数数据均为市区数据。
2.2001 年起商品零售价格总指数为市区数据。

10–3　居民消费价格分类指数（2023 年）

（上年=100）

项　　目	指　　数
居民消费价格总指数	100.2
一、食品烟酒	101.2
#食品	100.9
粮食	101.6
食用油	96.2
鲜菜	99.6
畜肉类	95.0
禽肉类	102.6
水产品	102.4
蛋类	101.0
二、衣着	101.7
三、居住	100.0
四、生活用品及服务	100.3
五、交通通信	96.5
六、教育文化娱乐	100.8
七、医疗保健	100.4
八、其他用品及服务	103.6

注：表中指数特指城市。

主要统计指标解释

居民消费价格指数 是度量一组代表性消费商品及服务项目价格水平随着时间而变动的相对数，是反映居民家庭购买并用于消费的商品及服务项目价格水平变动趋势和变动幅度的统计指标。它是分析和制定货币政策、价格政策、居民消费政策、工资政策以及进行国民经济核算的重要依据，其按年度计算的变动率通常被用来作为反映通货膨胀（紧缩）程度的指标。

11 财政金融

11-1 主要年份财政收入及支出总额

单位：万元

年 份	一般公共预算收入		一般公共预算支出	
	全 市	市 区	全 市	市 区
1952	2911	1900	1501	
1957	5654	3957	2823	
1962	9553	6071	2997	
1965	10039	6991	4233	
1970	13052	10544	6832	
1975	16454	13465	8834	
1978	24042	19395	12848	
1979	22754	18179	15139	
1980	26401	21191	14464	
1981	27007	21660	15996	
1982	27902	21258	19163	
1983	30441	21916	20214	
1984	33027	25211	23504	
1985	51403	42215	39153	
1986	59296	47000	47064	
1987	68027	52651	52766	
1988	83294	62608	67545	38900
1989	100509	73624	78579	46590
1990	109448	77937	82816	46874
1991	119982	83846	95044	53929
1992	140189	98883	116521	67717
1993	213876	154241	166165	100726
1994	209931	148598	218231	136688
1995	258210	177692	274524	173813
1996	301576	205303	351845	229028
1997	350492	240490	356722	232799
1998	425350	299683	422864	266142
1999	500927	342630	485320	298161
2000	553534	379777	540439	339490
2001	685594	486041	633398	398452
2002	704395	473016	684145	416347
2003	836582	553535	822748	486663
2004	1071070	734463	951458	563094
2005	1276777	871658	1189934	712767
2006	1525163	1036616	1423025	834788
2007	1465641	1020567	1430922	839360
2008	1688559	1132545	1781952	993916
2009	1952612	1264771	2050925	1067934
2010	2478206	1612563	2624208	1261659
2011	3200356	2023382	3633008	1664033
2012	3820151	2301127	4107344	1769500
2013	4539690	2689062	5338424	2525064
2014	5108707	2992262	5748081	2468387
2015	5604635	3378849	7259345	3260059
2016	5989113	3572049	8299274	3806942
2017	6341633	4080478	9388572	5039172
2018	6803797	4072558	9247552	4767964
2019	6680760	3915393	9497604	4634130
2020	6756083	3786911	9514035	4611924
2021	7498470	4148776	9252559	4447675
2022	6985234	3819792	10060892	5020882
2023	7540813	4204800	10049040	4872675

11-2 财政收入主要指标

单位：万元

项　　目	2010年	2011年	2012年	2013年	2014年	2015年	2016年	2017年	2018年	2019年	2020年	2021年	2022年	2023年
一般公共预算收入	**2478206**	**3200356**	**3820151**	**4539690**	**5108707**	**5604635**	**5989113**	**6341633**	**6803797**	**6680760**	**6756083**	**7498470**	**6985234**	**7540813**
增值税	251099	291191	347978	463077	570635	584399	1105992	1525483	1809165	1838682	1873846	2172190	1281919	2114348
营业税	736861	895716	1102551	1259860	1189725	1247305	565742	5044	2451					
企业所得税	313955	404238	507810	589336	740013	821341	905241	898991	976535	943425	801768	1014886	958370	913723
个人所得税	154288	190076	191075	231932	260233	299815	353531	441560	465384	388228	566043	588614	345140	324804
资源税	2792	2496	2473	2300	8180	3213	2682	8882	11779	2612	2372	2298	1812	3735
城市维护建设税	94267	153560	183040	207478	218760	248228	271715	245486	287731	290964	297448	358191	274607	272274
房产税	81276	97719	97558	149351	150617	156979	182295	209708	232515	232426	184943	270470	271564	296755
印花税	45120	58747	59901	75513	78077	80880	89637	101420	110451	112159	124326	161553	148306	166002
城镇土地使用税	53605	55958	45605	83698	67844	65691	75329	97515	88754	64810	49697	73161	66237	59660
土地增值税	186659	323493	386526	549507	622072	508975	632291	933349	682507	636954	536444	518478	480325	235582
车船税	13766	16544	25129	30730	35171	39791	43215	46441	52234	58400	63328	65980	71060	70365
耕地占用税	24159	46949	59925	46409	70210	45159	25790	31638	41372	44850	31181	18930	25839	15506
契税	194050	238768	138792	232269	262428	308341	255090	292524	274243	299456	320130	389028	353039	388349
环境保护税									2252	3405	3353	2838	3468	3072
其他税收收入								14		1242	672	1129	536	925
专项收入	46526	74418	85920	98573	100945	288954	464530	503726	620811	574232	786551	700264	717312	598771
行政事业性收费收入	102509	127125	151573	190788	212801	142317	154695	96079	176373	110579	114953	122041	92940	106409
罚没收入	47170	57369	72141	67609	85194	72130	125816	134351	155340	260049	225563	191902	94467	132433
国有资本经营收入	55549	69730	131625	71573	124402	278060	228250	190860	175174	52648	73095	69206	146501	65976
国有(资源)资产有偿使用收入	69791	82562	204899	167233	264992	366196	396953	452383	488989	660001	558426	627750	1514206	1667800
捐赠收入							4381	5702	4814	881	2912	2286	2497	363
政府住房基金收入							39970	24118	39981	40000	39964	45939	53468	65653
其他收入	4764	13697	25630	22454	46408	46861	65968	96359	104942	64757	99068	101336	81621	38308
政府性基金收入	**4195406**	**5314329**	**3113915**	**5095310**	**5252341**	**4020743**	**6151368**	**6740074**	**10454592**	**10090656**	**13120182**	**9595083**	**6173373**	**5041129**

11–3 财政支出主要指标

单位：万元

项 目	2010年	2011年	2012年	2013年	2014年	2015年	2016年	2017年	2018年	2019年	2020年	2021年	2022年	2023年
一般公共预算支出	**2624208**	**3633008**	**4107344**	**5338424**	**5748081**	**7259345**	**8299274**	**9388572**	**9247552**	**9497604**	**9514035**	**9252559**	**10060892**	**10049040**
一般公共服务支出	304557	374367	453581	517438	463311	484233	575353	684847	780911	896747	841006	784609	925812	856161
外交支出						3500								
国防支出	6673	9416	13412	19647	12050	16385	17373	10901	12972	13904	11663	11602	12810	13239
公共安全支出	193636	252845	275611	324067	327400	382917	471047	511113	534700	494356	504380	444990	494615	507556
教育支出	559878	713825	957850	1081133	1206466	1351744	1530806	1557755	1659184	1819641	1851895	1901386	2064007	2126844
科学技术支出	41759	49275	64780	86258	93278	100554	112461	196765	290765	287913	432935	394536	251025	185070
文化旅游体育与传媒支出	39185	59263	76458	100835	122186	146966	173803	187333	137363	197191	213570	160637	184140	138984
社会保障和就业支出	262489	362696	384223	439851	509560	651435	717424	796883	878383	1030572	1192794	1181502	1450603	1514943
卫生健康支出	181654	276710	310077	379715	530736	580040	620287	755334	839612	857275	940707	907120	1051644	1114931
节能环保支出	42909	62266	65834	74732	133331	123638	197500	257897	182796	264166	286670	201541	153662	160681
城乡社区支出	245784	362925	458111	920065	807993	1328111	1860149	2102376	1686401	1593546	1026582	1058060	1179688	1120424
农林水支出	147086	291350	298982	379070	361467	602675	621048	914002	749954	650620	618302	608915	575682	571440
交通运输支出	65554	279739	216383	185829	302428	360100	233497	279713	278721	204824	332292	362161	254367	365918
资源勘探信息等支出	69998	97377	121486	229206	177695	192130	238274	294509	315810	260444	270481	184713	144552	152508
商业服务业等支出	66295	89169	87113	100611	111129	110367	120723	150631	111134	111891	190412	261476	348232	367255
金融支出	60	2542	719	3806	7080	12460	32594	78725	10322	4134	17718	12307	8663	14659
援助其他地区支出				2368	5421	4827	9641	16412	4151	13042	15109	9871	13240	13173
自然资源海洋气象等支出	26861	33870	30263	46971	137185	76055	91264	90839	115526	100755	87925	61655	95422	87132
住房保障支出	51628	92261	77993	104905	231316	156744	186989	131474	269117	183932	214820	274852	335329	331536
粮油物资储备支出	13291	13847	16533	24250	26093	36994	33252	26697	26697	35588	30390	28186	27145	26288
灾害防治及应急管理支出										59446	56297	49818	67233	70963
其他支出	297362	204426	177484	255947	147365	475942	339260	225738	170237	243656	193654	164330	218908	104452
债务付息支出				61720	34591	60395	115319	116738	192130	173404	183346	186977	202938	204056
债务发行费用支出						1133	1210	1890	666	557	1087	1315	1175	827
政府性基金支出	**3183141**	**5579487**	**3476974**	**5149274**	**4949219**	**4546590**	**5010573**	**6924753**	**10901879**	**12864575**	**14785133**	**11602983**	**8603608**	**9064921**

注：2019 年文化旅游体育与传媒支出、卫生健康支出、 自然资源海洋气象等支出、灾害防治及应急管理支出因机构改革和预算管理工作需要，科目有修订，下同。

11–4 按县（市）区分财政收入主要指标

（2023 年） 单位：万元

项 目	福州市	市本级	鼓楼区	台江区	仓山区	晋安区	马尾区	长乐区
一般公共预算总收入	**11897702**	**3750435**	**639467**	**255201**	**413877**	**347091**	**408982**	**917454**
一般公共预算收入	7540813	2251110	406053	162291	262800	214937	264841	642768
税收收入	4865100	1523536	290993	132618	195381	187168	173603	394780
增值税	2114348	472014	109844	41253	89947	81298	69094	191522
营业税								
企业所得税	913723	289941	82380	34438	40753	33904	48433	39325
个人所得税	324804	222965					1525	14346
资源税	3735		204	5		9	8	1424
城市维护建设税	272274	98612	15631	6518	9073	12702	8748	23015
房产税	296755	27028	42747	29542	28653	25960	15075	28466
印花税	166002	12030	25922	10496	10953	12581	15929	23556
城镇土地使用税	59660	2754	4634	2204	6862	6344	5618	7042
土地增值税	235582	114856	9552	8049	8864	14323	9082	28837
车船税	70365	45746					39	3412
耕地占用税	15506	846						1891
契税	388349	236529						31487
环境保护税	3072	21	76	14	275	45	52	458
其他税收收入	925	194	3	99	1	2		–1
非税收入	2675713	727574	115060	29673	67419	27769	91238	247988
专项收入	598771	242752	6058	2506	4951	5973	24685	58300
行政事业性收费收入	106409	41134	1785	2879	3748	5931	2799	6201
罚没收入	132433	36151	1097	1430	1283	3863	4837	7275
国有资本经营收入	65976	4539	40230	429	549	68	13791	120
国有资源（资产）有偿使用收入	1667800	328972	62704	21814	49925	5554	42239	174404
捐赠收入	363							
政府住房基金收入	65653	59585					341	699
其他收入	38308	14441	3186	615	6963	6380	2546	989
上划中央收入	4356889	1499325	233414	92910	151077	132154	144141	274686
政府性基金收入	**5041129**	**3514750**		**1**			**92539**	**108536**

注：马尾区统计口径包含琅岐经济区及保税区，上划中央消费税包含成品油消费税。

11-4 续表 （2023 年） 单位：万元

项　　目	福州市						
	福清市	闽侯县	连江县	罗源县	闽清县	永泰县	平　潭
一般公共预算总收入	**2044469**	**1433974**	**525030**	**218159**	**315839**	**196814**	**430911**
一般公共预算收入	1312699	918557	359857	152856	203453	134460	254131
税收收入	751703	551030	210165	85956	124690	67943	175534
增值税	475473	255566	116768	39323	92852	35512	43882
营业税							
企业所得税	128156	88453	23493	13301	8161	15228	67757
个人所得税	28826	23424	6416	3564	4358	2175	17205
资源税	125	643	116	332	182	668	19
城市维护建设税	46087	23369	9647	2058	6173	3072	7569
房产税	33173	34272	13608	10463	2095	1763	3910
印花税	22084	11350	7300	4516	2321	2299	4665
城镇土地使用税	8597	5651	2801	1048	1063	434	4608
土地增值税	–43547	61904	9664	2782	2319	–116	9013
车船税	8701	3940	1821	962	1100	1026	3618
耕地占用税	4326	1172	2955	455	778	114	2969
契税	39136	41213	14200	6621	3108	5754	10301
环境保护税	496	79	739	604	180	15	18
其他税收收入	70	–6	637	–73		–1	
非税收入	560996	367527	149692	66900	78763	66517	78597
专项收入	114994	51882	52744	11796	5846	4283	12001
行政事业性收费收入	13919	8126	6528	2454	2031	2925	5949
罚没收入	14686	5394	7737	4050	5567	4527	34536
国有资本经营收入	6219	31					
国有资源（资产）有偿使用收入	408961	301219	81675	44661	65038	57911	22723
捐赠收入	8			139		216	
政府住房基金收入	111	245	285	2829	118	55	1385
其他收入	2098	630	723	971	163	–3400	2003
上划中央收入	731770	515417	165173	65303	112386	62354	176780
政府性基金收入	**691283**	**327661**	**98863**	**43090**	**11883**	**45622**	**106901**

11-5 按县（市）区分财政支出主要指标

（2023 年）

单位：万元

项目	福州市	市本级	鼓楼区	台江区	仓山区	晋安区	马尾区	长乐区
一般公共预算支出	**10049040**	**2576789**	**360642**	**194025**	**375131**	**288337**	**378180**	**699571**
一般公共服务支出	856161	193434	46433	29495	54355	31820	43455	69755
外交支出								
国防支出	13239	2687	662	648	656	507	296	971
公共安全支出	507556	254512	9996	2157	4896	3157	21897	37120
教育支出	2126844	459056	76614	70294	128567	75301	78279	182394
科学技术支出	185070	94458	4648	1521	2430	1765	10794	25534
文化旅游体育与传媒支出	138984	48112	4758	2505	3242	3566	7018	7797
社会保障和就业支出	1514943	362257	80236	28606	55933	54027	44396	90152
卫生健康支出	1114931	382565	40531	24832	46959	31383	47933	95960
节能环保支出	160681	42566	2116	1982	3559	710	1347	29757
城乡社区支出	1120424	141407	34437	14574	23103	43069	24467	36322
农林水支出	571440	106266	3862	2131	6623	13822	8707	35194
交通运输支出	365918	164315		109	109	2145	39509	12473
资源勘探信息等支出	152508	9453	23786	509	4294	2210	9470	16355
商业服务业等支出	367255	47920	5793	6219	7003	2806	7985	27683
金融支出	14659	3943	50		100		240	50
援助其他地区支出	13173	11859						
自然资源海洋气象等支出	87132	16633	990	860	1006	1687	3441	5380
住房保障支出	331536	89486	19408	4512	23389	15375	1641	5227
粮油物资储备支出	26288	12341					774	1655
灾害防治及应急管理支出	70963	22772	2158	708	2486	1046	3187	4726
其他支出	104452	50029	20	37	961	314	14332	4964
债务付息支出	204056	60534	4134	2319	5447	3617	8999	10057
债务发行费用支出	827	184	10	7	13	10	13	45
政府性基金支出	**9064921**	**4494726**	**192023**	**15858**	**44309**	**36021**	**187250**	**569356**

注：马尾区统计口径包含琅岐经济区及保税区。

11-5 续表 （2023年） 单位：万元

项目	福州市						
	福清市	闽侯县	连江县	罗源县	闽清县	永泰县	平潭
一般公共预算支出	**1527246**	**1185829**	**720586**	**356773**	**357349**	**356602**	**671980**
一般公共服务支出	87590	63266	41056	37029	31571	32318	94584
外交支出							
国防支出	928	912	529	1287	333	492	2331
公共安全支出	49396	30396	22220	14382	13210	11385	32832
教育支出	342881	232602	148024	66845	71617	76078	118292
科学技术支出	5132	14095	19880	2875	989	308	641
文化旅游体育与传媒支出	14528	8731	5808	3688	4273	4882	20076
社会保障和就业支出	241672	92051	123139	75433	99029	83823	84189
卫生健康支出	132322	112109	62491	25471	29058	27996	55321
节能环保支出	14701	17581	15250	3817	4027	4715	18553
城乡社区支出	157577	414057	91827	22895	27379	20181	69129
农林水支出	85667	47723	86460	53058	32268	46616	43043
交通运输支出	17568	9246	41302	7007	13932	16360	41843
资源勘探信息等支出	22307	43201	5494	10424	3159	322	1524
商业服务业等支出	219076	17752	16412	2430	707	1168	4301
金融支出	1139	8534	402	51	80	10	60
援助其他地区支出	233		774	307			
自然资源海洋气象等支出	6827	14300	3178	4781	2679	2752	22618
住房保障支出	89214	15693	11381	15680	8776	12165	19589
粮油物资储备支出	3156	2233	1166	1788	995	285	1895
灾害防治及应急管理支出	5342	5029	3701	2485	2723	3836	10764
其他支出	1093	24550	4483	137	1761	1102	669
债务付息支出	28744	11720	15533	4879	8767	9764	29542
债务发行费用支出	153	48	76	24	16	44	184
政府性基金支出	**1407071**	**571480**	**259576**	**135219**	**191822**	**174322**	**785888**

11-6 主要年份金融机构存贷款与现金收支

单位：万元

年份	存款余额	# 居民储蓄	贷款余额	现金收入	现金支出	现金投放（+）回笼（-）
1978	77601	18146	91467			
1979	87455	21716	110420			
1980	151201	29903	138097			
1981	192536	41758	162162			
1982	235293	54044	187095			
1983	265148	70007	204568			
1984	440563	92956	291742	144450	137737	-6713
1985	289820	123555	302934	383319	375659	-7660
1986	378241	166508	366741	462191	456342	-5849
1987	452925	215917	418577	646827	633915	-12912
1988	484704	235407	469953	978225	971666	-6559
1989	618937	350188	559900	1247421	1159087	-88334
1990	854105	518540	677153	1465438	1334921	-130517
1991	1133491	688703	788927	1800124	1684068	-116056
1992	1568301	906030	995055	2605957	2493969	-111988
1993	1817095	1055894	1346071	4282713	4232547	-50166
1994	2566545	1593746	1562959	6604709	6357429	-247280
1995	3971395	2319383	2360780	9698914	9474265	-224649
1996	5184852	3195935	2956459	14524717	14421509	-103208
1997	6078105	3783654	3777974	26480153	26556120	75967
1998	6875763	4355716	4196271	32797002	33003793	206791
1999	9906340	5030220	7970215	37992443	38200333	207890
2000	10338457	4844713	8830450	48839192	48872901	33709
2001	12510171	5590916	11571483	65356687	65345969	-10718
2002	13905993	7106162	11577911	52134542	52131880	-2662
2003	16964051	8762245	13672072	56542003	56509394	-32609
2004	20188730	9962729	15559772	67938302	67730873	-207428
2005	23757542	11550362	17727789	64996351	64815137	-181213
2006	28962492	13113823	21795935	70321239	70074039	-247199
2007	32901090	13753667	26404521	76664702	76248330	-416372
2008	38587590	17098954	30782212	63226947	62801264	-425683
2009	47405776	20475958	40543634	59722733	59318140	-404594
2010	59094203	23269619	49539105	62866429	62558717	-307712
2011	67069357	25422699	58354307			-406530
2012	76357112	29299210	66445336			-233064
2013	87202642	32123554	77387392			61399
2014	94132422	33910117	92877646			-18621
2015	108314943	35200244	105837116			132162
2016	120243795	38699364	120637956			321895
2017	130558969	40639581	132527287			130218
2018	137518581	43851887	148437980			238778
2019	152935811	60255752	170359469			261550
2020	172956197	69503167	192063279			711147
2021	186550309	74921750	210419380			1524075
2022	207303901	90278350	226440689			1769116
2023	230077004	104134568	241373191			438297

注：1.本表为中资金融机构的人民币数据，下同。
2.2011 年起取消现金收支情况表。
3.2019 年起不再提供储蓄存款口径的数据，改用住户存款。

11-7 金融机构信贷资金来源与资金运用

单位：万元

项　　目	2015年	2016年	2017年	2018年	2019年	2020年	2021年	2022年	2023年
资金来源总计	**126255365**	**140187965**	**149680481**	**161964056**	**184564406**	**207492642**	**226874221**	**243537854**	**260766473**
一、各项存款	108314943	120243795	130558969	137518581	152935811	172956197	186550309	207303901	230077004
境内存款	107099650	118924430	129136796	136031375	151156373	170907564	184288145	204852872	227296749
住户存款	36832649	40850393	43828108	50511385	60255752	69503167	74921750	90278350	104134568
非金融企业存款	40310099	45673794	46839972	45292259	46868506	53900588	56569572	60809813	63295152
广义政府存款	20876460	23700509	27226921	28687944	31456961	31007916	32481462	34178100	35521343
非银行业金融机构存款	9080442	8699735	11241795	11539788	12575154	16495893	20315361	19586609	24345685
境外存款	1215293	1319365	1422174	1487206	1779438	2048633	2262164	2451029	2780255
二、金融债券	540738	440549	461155	630834	980737	1269363	919750	949728	1281562
三、卖出回购资产	80000	49130	20000	121404	383531	171295		34178100	35521343
四、借款及非银行业金融机构拆入	5749		2004	89300	249000				
五、联行往来（净）	10645818	7718880	8581113	13341800	21075756	26666650	31165224	28252470	21502119
六、应付及暂收款	2471486	2287838	2260829	2277924	2445162	2835556	3336639	4195242	4502675
七、各项准备	2675884	3123257	3527434	3766747	3755379	3867728	4907653	6076958	6524606
八、所有者权益	1945779	2424481	3512659	4826811	5427831	6168647	6147609	5708074	6254231
# 实收资本	1389807	1474541	1931888	2007627	2757477	2836308	2959727	2960504	2910755
九、其他	-425032	3900037	756318	-609345	-2688802	-6442794	-6152962	-8948519	-9375723

注：本表机构包括中国人民银行、银行业存款类金融机构、银行业非存款类金融机构。

11-7 续表 单位：万元

项　　目	2015 年	2016 年	2017 年	2018 年	2019 年	2020 年	2021 年	2022 年	2023 年
资金运用总计	**126255365**	**140187965**	**149680481**	**161964056**	**184564406**	**207492642**	**226874221**	**243537854**	**260766473**
一、各项贷款	105837116	120637956	132527287	148437980	170359469	192063279	210419380	226440689	241373191
境内贷款	105698304	120464413	132188626	148089349	169816688	191709353	210072076	226095077	240617215
住户贷款	37772883	43962293	49402117	55174910	65620265	77318902	85698019	89298390	91614219
非金融企业及机关团体贷款	67823498	76499635	82780497	92853318	104117521	114350549	124358058	136785687	149002996
非银行业金融机构贷款	101923	2485	6012	61120	78902	39902	16000	11000	
境外贷款	138811	173543	338661	348631	542781	353926	347304	345612	755975
二、债券投资	7503645	6775036	5737314	5572782	6803612	7973780	9336179	10226943	12421780
三、股权及其他投资	9700377	10317986	8690179	5178231	4622668	4841280	4640314	4445973	4210237
四、买入返售资产	826117	163594	134496	593807	374127	9897	153017		302449
五、存放非银行业金融机构款项	50330	1790	1141	4529	3078	3320	9183	2624	3312
六、联行往来（净）									
七、金银占款									
八、外汇买卖	62496								
九、应收及预付款	1196036	1133458	1420595	1004685	1198003	1367839	1091019	1276495	1363671
十、投资性房地产			1240	8690	11840	11840	11589	11111	10693
十一、固定资产	1079249	1158144	1168230	1163353	1191609	1221407	1213539	1134021	1081141

11-8　按县（市）区分金融机构信贷资金主要指标

（2023 年）

单位：万元

项　　目	福州市	市　区	福清市	闽侯县	连江县
金融机构各项存款余额	**230077004**	**171736231**	**25635878**	**9530812**	**7400105**
境内存款	227296749	169829980	25146364	9430616	7193759
住户存款	104134568	65708149	17427011	5831139	5533270
非金融企业存款	63295152	53009722	3576541	1740259	810936
广义政府存款	35521343	29766346	2381105	1309234	574718
非银行业金融机构存款	24345685	21345763	1761707	549983	274835
境外存款	2780255	1906251	489513	100196	206346
金融机构各项贷款余额	**241373191**	**193122598**	**17560126**	**7921842**	**7102697**
境内贷款	240617215	192463637	17494990	7914512	7098726
住户贷款	91614219	61705593	8390689	5131667	4777764
非金融企业及机关团体贷款	149002996	130758045	9104302	2782845	2320962
非银行业金融机构贷款					
境外贷款	755975	658961	65136	7331	3971

注：2017 年起市区含长乐。

11-8 续表 （2023年） 单位：万元

项目	福州市			
	罗源县	闽清县	永泰县	平潭
金融机构各项存款余额	**2170046**	**2537445**	**2796273**	**8270213**
境内存款	2144746	2528073	2792217	8230993
住户存款	1531066	2189418	1787947	4126569
非金融企业存款	334959	174522	732897	2915317
广义政府存款	278721	162692	271373	777154
非银行业金融机构存款		1441		411955
境外存款	25301	9372	4056	39220
金融机构各项贷款余额	**2576306**	**1569020**	**2364269**	**9156332**
境内贷款	2573476	1568217	2363699	9139957
住户贷款	1912888	1241939	1754775	6698905
非金融企业及机关团体贷款	660588	326279	608924	2441053
非银行业金融机构贷款				
境外贷款	2830	803	570	16375

主要统计指标解释

一般公共预算收入 属于地方财政的收入包括营业税，地方企业所得税，个人所得税，城镇土地使用税，固定资产投资方向调节税，城镇维护建设税，房产税，车船使用税，印花税，屠宰税，牧业税，耕地占用税，契税，增值税25%部分，证券交易税（印花税）50%部分和除海洋石油资源税以外的其他资源税。

一般公共预算支出 包括地方行政管理和各项事业费，地方统筹的基本建设、技术改造支出，支援农村生产支出，城市维护和建设经费，价格补贴支出等。

存款 指机构和个人在保留资金或货币所有权条件下，以不可流通的存款凭证为依据，暂时让渡或接受资金使用权所形成的债权或债务。

贷款 指机构或个人在保留资金或货币所有权的条件，以不可流通的贷款凭证或类似凭证为依据，暂时让渡或接受资金使用权所形成的债权或债务。

12 人民生活

12-1 人民生活基本情况

项　　目	单 位	2005年	2010年	2011年	2012年	2013年	2014年	2015年
就业								
城镇居民家庭每户平均人口	人	3.11	3.08	3.11	3.15	2.90	2.97	3.07
城镇居民家庭每户平均就业人口	人	1.58	1.69	1.62	1.69	1.45	1.45	1.47
城镇居民家庭每户平均就业面	%	50.8	54.9	52.1	53.7	50.0	48.8	47.9
城镇居民家庭每一就业者平均负担人数	人	1.97	1.82	1.92	1.86	2.00	2.05	2.09
农村居民家庭每户平均常住人口	人	3.80	3.80	3.80	3.80	3.70	2.96	2.99
农村居民家庭每户整半劳动力	人	2.61	2.71	2.67	2.64	2.39	1.00	2.17
农村居民家庭每一劳动力平均负担人数	人	1.92	1.40	1.43	1.44	1.55	1.47	1.38
城镇登记失业率	%	3.35	3.14	2.36	2.37	2.42	2.42	2.44
收入与支出								
城镇居民人均可支配收入	元	12661	22723	26050	29399	32265	32451	34982
城镇居民人均消费支出	元	8382	15778	17847	20040	21695	23330	24825
农村居民人均可支配（纯）收入	元	5197	8543	10107	11492	12910	14012	15203
农村居民人均消费支出	元	3503	6071	7353	8336	9311	12166	13152
生活质量								
居住条件								
城镇居民人均现住房建筑面积	平方米	25.74	31.22	33.18	32.36	37.03	41.36	42.54
农村居民人均现住房建筑面积	平方米	41.52	45.41	47.89	48.40	49.58	65.56	67.30
城市公用设施								
人均公园绿地面积	平方米	9.60	11.15	11.20	11.30	12.80	12.90	13.50

注：根据国家统计局制定的城乡住户调查一体化改革方案，福州市从2014年起发布住户收支与生活状况调查新口径数据。此调查方案，在调查范围、指标口径、指标名称上与原城乡住户调查制度有所不同。其中，农民收入2013年及以前为纯收入，2014年起为可支配收入，下同。

12–1 续表

项 目	单 位	2016年	2017年	2018年	2019年	2020年	2021年	2022年	2023年
就业									
城镇居民家庭每户平均人口	人	3.18	3.16	3.18	3.21	3.2	3.22	3.21	2.97
城镇居民家庭每户平均就业人口	人	1.50	1.47	1.33	1.35	1.32	1.37	1.36	1.34
城镇居民家庭每户平均就业面	%	47.2	46.5	41.8	41.9	41.1	42.4	42.5	45.1
城镇居民家庭每一就业者平均负担人数	人	2.12	2.15	2.39	2.39	2.43	2.36	2.35	2.22
农村居民家庭每户平均常住人口	人	3.23	3.23	2.98	2.96	2.94	3.2	3.17	2.94
农村居民家庭每户整半劳动力	人	2.32	2.33	2.07	2.03	2.09	2.24	2.25	2.07
农村居民家庭每一劳动力平均负担人数	人	1.39	1.39	1.44	1.46	1.41	1.43	1.41	1.42
城镇登记失业率	%	2.43	2.40						
收入与支出									
城镇居民人均可支配收入	元	37833	40973	44457	47920	49300	53421	55638	58009
城镇居民人均消费支出	元	26392	27427	29849	32662	32019	35664	37181	39174
农村居民人均可支配（纯）收入	元	16346	17865	19419	21320	22669	25201	26826	28636
农村居民人均消费支出	元	14033	15283	16250	17711	17713	20911	21925	23256
生活质量									
居住条件									
城镇居民人均现住房建筑面积	平方米	41.68	42.28	51.56	51.53	51.45	49.98	50.29	47.60
农村居民人均现住房建筑面积	平方米	65.73	66.51	91.07	92.56	93.11	81.66	82.54	78.08
城市公用设施									
人均公园绿地面积	平方米	14.10	14.74	15.05					

12-2 城乡居民家庭人均收入

年份	城镇居民人均可支配收入		农村居民人均可支配（纯）收入	
	数值（元）	比上年增长（%）	数值（元）	比上年增长（%）
1978	295	3.15	129	21.70
1979	304	3.05	131	1.55
1980	314	3.29	135	3.05
1981	346	10.19	187	38.52
1982	415	19.94	221	18.18
1983	450	8.43	287	29.86
1984	506	12.44	349	21.60
1985	678	33.99	423	21.20
1986	829	22.27	463	9.46
1987	888	7.12	535	15.55
1988	1079	21.51	689	28.79
1989	1332	23.45	795	15.38
1990	1537	15.39	864	8.68
1991	1639	6.64	969	12.15
1992	2273	38.67	1109	14.45
1993	2769	21.85	1387	25.07
1994	4108	48.34	1801	29.85
1995	4896	19.18	2303	27.87
1996	5545	13.25	2847	23.62
1997	6417	15.73	3223	13.21
1998	6857	6.85	3490	8.28
1999	7098	3.52	3677	5.36
2000	7944	11.92	3860	4.98
2001	8675	9.20	4020	4.15
2002	9147	5.44	4192	4.28
2003	10123	10.66	4402	5.01
2004	11436	12.98	4815	9.38
2005	12661	10.71	5197	7.93
2006	14206	12.21	5592	7.60
2007	16642	17.14	6286	12.41
2008	19009	16.00	7142	13.62
2009	20289	9.10	7669	7.38
2010	22723	11.99	8543	11.40
2011	26050	14.64	10107	18.30
2012	29399	12.85	11492	13.70
2013	32265	9.75	12910	12.34
2014	32451	9.41	14012	11.20
2015	34982	7.80	15203	8.50
2016	37833	8.20	16346	7.50
2017	40973	8.30	17865	9.30
2018	44457	8.50	19419	8.70
2019	47920	7.80	21320	9.80
2020	49300	2.90	22669	6.30
2021	53421	8.40	25201	11.20
2022	55638	4.10	26826	6.40
2023	58009	4.30	28636	6.70

12–3 主要年份城镇居民家庭基本情况

年份	户均家庭人口（人）	户均就业人数（人）	户均就业面（%）	平均每一就业者负担人数（人）	人均可支配收入（元）	人均消费支出（元）	人均现住房建筑面积（平方米）
1952	5.62	1.87	33.3	3.01	104	98	5.7
1957	5.37	2.22	41.3	2.42	152	141	6.1
1959	5.29	2.22	42.0	2.38	177	164	6.5
1962	4.94	2.26	45.7	2.19	168	158	6.8
1963	4.94	2.27	46.0	2.18	199	155	6.8
1964	4.93	2.28	46.2	2.16	177	167	6.9
1965	4.91	2.29	46.6	2.14	197	185	7.0
1966	4.89	2.29	46.8	2.14	203	191	7.2
1975	4.01	2.02	50.4	1.99	268	260	8.0
1978	3.90	2.02	51.8	1.93	295	288	8.2
1980	3.81	2.00	52.5	1.91	314	308	8.5
1981	3.75	2.00	53.3	1.88	346	316	8.6
1982	3.72	2.01	54.0	1.85	415	379	8.7
1983	3.68	2.00	54.3	1.84	450	402	8.7
1984	3.65	2.01	55.1	1.82	506	453	8.8
1985	3.62	2.00	55.2	1.81	678	638	8.8
1986	3.60	2.00	55.6	1.80	829	771	8.9
1987	3.56	2.02	56.7	1.76	888	845	9.0
1988	3.52	2.02	57.4	1.74	1079	1023	9.0
1989	3.50	2.01	57.4	1.74	1332	1242	9.2
1990	3.44	2.02	58.7	1.70	1537	1381	9.3
1991	3.47	2.00	57.6	1.74	1639	1522	9.3
1992	3.45	2.02	58.6	1.71	2273	1820	9.4
1993	3.39	2.00	59.0	1.70	2769	2281	11.6
1994	3.19	1.90	59.6	1.68	4108	3338	11.6
1995	3.17	1.84	58.0	1.72	4896	4021	11.6
1996	3.21	1.88	58.6	1.71	5545	4307	12.1
1997	3.21	1.88	58.6	1.71	6417	5150	12.4
1998	3.19	1.88	58.9	1.70	6857	5459	12.4
1999	3.23	1.86	57.6	1.74	7098	5364	12.5
2000	3.20	1.80	56.3	1.78	7944	6009	12.6
2001	3.23	1.82	56.3	1.77	8675	6213	14.9
2002	3.11	1.66	53.4	1.87	9147	6635	23.1
2003	3.12	1.69	54.2	1.85	10123	7347	24.8
2004	3.11	1.55	49.8	2.01	11436	8042	25.5
2005	3.11	1.58	50.8	1.97	12661	8382	25.7
2006	3.14	1.68	53.5	1.87	14206	9595	25.9
2007	3.10	1.68	54.2	1.85	16642	11790	26.8
2008	3.10	1.63	52.6	1.90	19009	13541	28.1
2009	3.14	1.66	52.9	1.89	20289	14105	30.4
2010	3.08	1.69	54.9	1.82	22723	15778	31.2
2011	3.11	1.62	52.1	1.92	26050	17847	33.2
2012	3.15	1.69	53.7	1.86	29399	20040	32.4
2013	2.90	1.45	50.0	2.00	32265	21695	37.0
2014	2.97	1.45	48.8	2.05	32451	23330	41.4
2015	3.07	1.47	47.9	2.09	34982	24825	42.5
2016	3.18	1.50	47.2	2.12	37833	26392	41.7
2017	3.16	1.47	46.5	2.15	40973	27427	42.3
2018	3.18	1.33	41.8	2.39	44457	29849	51.6
2019	3.21	1.35	41.9	2.39	47920	32662	51.5
2020	3.20	1.32	41.1	2.43	49300	32019	51.5
2021	3.22	1.37	42.4	2.36	53421	35664	50.0
2022	3.21	1.36	42.5	2.35	55638	37181	50.3
2023	2.97	1.34	45.1	2.22	58009	39174	47.6

12-4 城镇居民人均收支情况

单位：元

项目	2014年	2015年	2016年	2017年	2018年	2019年	2020年	2021年	2022年	2023年
一、可支配收入	**32451**	**34982**	**37833**	**40973**	**44457**	**47920**	**49300**	**53421**	**55638**	**58009**
工资性收入	20516	21956	23619	25356	28054	30288	31101	33707	35072	36816
经营净收入	2861	3128	3408	3654	3912	4123	4238	4581	4724	5007
财产净收入	4015	4355	4738	5468	5769	6436	6662	7213	7490	7606
转移净收入	5059	5543	6067	6495	6722	7073	7299	7920	8352	8581
二、消费支出	**23330**	**24825**	**26392**	**27427**	**29849**	**32662**	**32019**	**35664**	**37181**	**39174**
食品烟酒	7595	8081	8704	9017	9530	10253	10018	10756	11186	11860
衣着	1791	1812	1474	1430	1535	1634	1586	1743	1810	1964
居住	5944	6320	7360	8031	9129	10216	11468	12352	12681	12621
生活用品及服务	1504	1647	1363	1333	1398	1442	1355	1612	1729	1862
交通与通信	2699	2891	3022	3264	3660	3773	3125	3616	3851	4320
教育文化娱乐	2403	2570	2866	2806	3026	3439	2582	3282	3483	3853
医疗保健	848	936	1084	962	1110	1310	1129	1432	1545	1733
其他用品及服务	545	568	518	584	461	594	756	871	896	961

12-5 按县（市）区分城镇居民人均收支情况

（2023年）

县（市）区	人均可支配收入（元）	比上年增长（%）	人均消费支出（元）	比上年增长（%）
福州市	**58009**	**4.3**	**39174**	**5.4**
鼓楼区	68636	4.4	46870	5.5
台江区	63130	4.3	42642	5.4
仓山区	53140	3.1	36413	4.2
晋安区	58999	5.1	39740	6.2
马尾区	64049	4.1	43896	5.2
长乐区	59923	4.4	39069	5.5
福清市	59157	4.4	40173	5.5
闽侯县	55744	4.9	35697	6.0
连江县	47357	5.1	30859	6.2
罗源县	43407	4.8	28163	5.9
闽清县	41419	3.6	27494	4.7
永泰县	40072	3.7	26308	4.8
平　潭	50788	4.0	33759	5.1

12-6 农村居民家庭基本情况

年份	户均常住人口（人）	户均整半劳动力（人）	平均每个劳力负担人口（人）	人均可支配（纯）收入（元）	人均消费支出（元）	人均现住房建筑面积（平方米）
1989	5.26	2.65	1.99	795	699	
1990	5.13	2.54	2.02	864	765	
1991	5.10	2.53	2.01	969	808	
1992	5.04	2.57	1.96	1109	891	
1993	4.88	2.98	1.63	1387	1141	
1994	4.83	3.02	1.59	1801	1434	21.3
1995	4.77	2.97	1.60	2303	1818	23.2
1996	4.72	3.01	1.57	2847	2063	24.6
1997	4.57	2.99	1.53	3223	2329	25.5
1998	4.51	3.02	1.49	3490	2247	26.3
1999	4.46	2.94	1.52	3677	2420	28.3
2000	4.01	2.70	1.48	3860	2921	34.3
2001	3.98	2.42	1.65	4020	2746	34.3
2002	3.90	2.61	1.49	4192	2811	38.0
2003	3.90	2.60	1.95	4402	2968	40.4
2004	3.90	2.60	1.90	4815	3217	41.8
2005	3.80	2.61	1.92	5197	3503	41.5
2006	3.81	2.67	1.53	5592	3904	45.5
2007	3.79	2.67	1.42	6286	4388	46.1
2008	3.78	2.66	1.42	7142	5080	46.9
2009	3.80	2.66	1.43	7669	5502	47.0
2010	3.80	2.71	1.40	8543	6071	45.4
2011	3.80	2.67	1.43	10107	7353	47.9
2012	3.80	2.64	1.44	11492	8336	48.4
2013	3.70	2.39	1.55	12910	9311	49.6
2014	2.96	2.02	1.47	14012	12166	65.6
2015	2.99	2.17	1.38	15203	13152	67.3
2016	3.23	2.32	1.39	16346	14033	65.7
2017	3.23	2.33	1.39	17865	15283	66.5
2018	2.98	2.07	1.44	19419	16250	91.1
2019	2.96	2.03	1.46	21320	17711	92.6
2020	2.94	2.09	1.41	22669	17713	93.1
2021	3.20	2.24	1.43	25201	20911	81.7
2022	3.17	2.25	1.41	26826	21925	82.5
2023	2.94	2.07	1.42	28636	23256	78.1

12-7 农村居民人均收支情况

项目	2021年		2022年		2023年	
	数值（元）	比上年增长（%）	数值（元）	比上年增长（%）	数值（元）	比上年增长（%）
可支配收入	**25201**	**11.2**	**26826**	**6.4**	**28636**	**6.7**
工资性收入	13280	10.7	14175	6.7	15229	7.4
经营净收入	6090	10.2	6396	5.0	6679	4.4
财产净收入	1347	12.6	1417	5.1	1467	3.5
转移净收入	4483	13.4	4839	7.9	5260	8.7
消费支出	**20911**	**18.1**	**21925**	**4.9**	**23256**	**6.1**
食品烟酒	7611	16.7	7969	4.7	8494	6.6
衣着	1220	9.1	1268	3.9	1284	1.3
居住	4985	15.6	5194	4.2	5292	1.9
生活用品及服务	1369	10.4	1419	3.7	1543	8.7
交通通信	1832	29.4	1914	4.4	2110	10.2
教育文化娱乐	1970	27.5	2072	5.2	2238	8.0
医疗保健	1406	29.3	1539	9.5	1696	10.2
其他用品及服务	518	10.1	551	6.4	600	8.9

注：比上年增长使用同口径对比。

12-8 按县（市）区分农村居民人均收支情况

（2023 年）

县（市）区	人均可支配收入（元）	比上年增长（%）	人均消费支出（元）	比上年增长（%）
福州市	**28636**	**6.7**	**23256**	**6.1**
晋安区	28972	7.0	19459	6.4
马尾区	36858	6.5	30476	5.9
长乐区	32445	6.2	26225	5.6
福清市	34284	7.1	27004	6.5
闽侯县	27714	6.6	23042	6.0
连江县	26135	6.6	21544	6.0
罗源县	22120	8.0	18395	7.4
闽清县	21566	6.2	18181	5.6
永泰县	21006	6.0	17048	5.4
平　潭	23787	6.8	19891	6.2

主要统计指标解释

可支配收入　指调查户在调查期内获得的、可用于最终消费支出和储蓄的总和，即调查户可以用来自由支配的收入。可支配收入既包括现金收入，也包括实物收入。按照收入的来源，可支配收入包含四项，分别为：工资性收入、经营净收入、财产净收入和转移净收入。

工资性收入　指就业人员通过各种途径得到的全部劳动报酬和各种福利，包括受雇于单位或个人、从事各种自由职业、兼职和零星劳动得到的全部劳动报酬和福利。

经营净收入　指住户或住户成员从事生产经营活动所获得的净收入，是全部经营收入中扣除经营费用、生产性固定资产折旧和生产税之后得到的净收入。计算方法：

经营净收入=经营收入–经营费用–生产性固定资产折旧–生产税

财产净收入　指住户或住户成员将其所拥有的金融资产、住房等非金融资产和自然资源交由其他机构单位、住户或个人支配而获得的回报并扣除相关的费用之后得到的净收入。财产净收入包括利息净收入、红利收入、储蓄性保险净收益、转让承包土地经营权租金净收入、出租房屋净收入、出租其他资产净收入和自有住房折算净租金等。计算方法:

财产净收入=财产性收入–财产性支出

转移净收入计算方法：

转移净收入=转移性收入–转移性支出

转移性收入　指国家、单位、社会团体对住户的各种经常性转移支付和住户之间的经常性收入转移。包括政府、非行政事业单位、社会团体对居民转移的养老金或退休金、社会救济和补助、惠农补贴、政策性生活补贴、救灾款、经常性捐赠和赔偿以及报销医疗费等；住户之间的赡养收入、经常性捐赠和赔偿以及农村地区（村委会）在外（含国外）工作的本住户非常住成员寄回带回的收入等。

转移性支出　指调查户对国家、单位、住户或个人的经常性或义务性转移支付。包括缴纳的税款、各项社会保障支出、赡养支出、经常性捐赠和赔偿支出以及其他经常转移支出等。

消费支出　指住户用于满足家庭日常生活消费需要的全部支出，既包括现金消费支出，也包括实物消费支出（含自产自用、来自单位、来自政府和其他社会组织）。根据用途不同，消费支出可划分为食品烟酒、衣着、居住、生活用品及服务、交通通信、教育文化娱乐、医疗保健、其他用品及服务八大类。

恩格尔系数　指食物支出占生活消费总支出的比重。计算公式为：恩格尔系数=食物支出/生活消费总支出x100%。恩格尔系数越大，表示生活越贫困；反之，表示生活越富裕。根据国际经验，恩格尔系数60%以上为贫困，50%–60%为温饱，40%–50%为小康，30%–40%为富裕，30%以下为最富裕。

13 科技、教育与文化

13-1 地方国有企事业单位专业技术人员

单位：人

年 份	合 计	#工程技术人员	农业技术人员	卫生技术人员	科学研究人员	教学人员
1988	69257	13649	1935	6336	189	33106
1989	74889	14112	1799	6597	186	37403
1990	76161	13057	1760	6788	182	40065
1991	74915	11725	1536	7185	180	41862
1992	78382	12433	1496	7349	176	42855
1993	75214	11905	1376	7108	175	43574
1994	73403	11941	1241	6740	176	43046
1995	75137	12215	1377	6712	202	44256
1996	81731	12322	1682	8899	220	47899
1997	82992	12378	1987	9664	225	48041
1998	82802	11720	1504	8691	192	50619
1999	86069	11227	1624	9373	198	53388
2000	86722	10401	1560	8533	177	54970
2001	85130	10289	1821	8538	189	55040
2002	84521	9194	1645	9048	217	55646
2003	81703	8052	1588	8765	203	55440
2004	85046	8292	1890	10577	157	56632
2005	83275	7207	1854	10402	272	56481
2006	81323	6069	2010	9622	163	57264
2007	81378	6168	1743	8881	169	56276
2008	79901	5387	1656	11102	179	55714
2009	80755	5912	1515	11068	196	56593
2010	73827	5107	1406	10558	106	51872
2011	76688	5304	1312	11354	157	53229
2012	78406	5143	1327	12161	429	53475
2013	80297	5266	1359	12452	439	54758
2014	82884	6145	1503	13911	468	55508
2015	79409	6548	1483	14546	505	56327
2016	79979	6883	1459	14740	507	56390
2017	80835	7172	1509	14904	525	56725
2018	79586	7221	1462	15248	433	55222
2019	80621	7576	1307	15700	417	55621
2020	83580	9823	1325	15911	510	56011
2021	97032	12313	1508	16508	452	56614
2022	102206	17112	1513	16969	451	57520
2023	105512	18715	1433	17249	464	58601

注：本表为不含省属的市属国有企事业单位专业技术人员数；2010 年起数据不含平潭县。

13-2 按行业分地方国有企事业单位各行业技术人员

项　　目	单 位	2004年	2005年	2006年	2007年	2008年	2009年	2010年	2011年	2012年
合　　计	人	**85046**	**83275**	**81323**	**81378**	**79901**	**80755**	**73827**	**76688**	**78406**
农、林、牧、渔业	人	3007	2809	2650	2427	2114	2062	1911	1707	1557
采矿业	人	3	3	18	12	10				
制造业	人	1515	1017	584	490	303	402	294	229	189
电力、煤气及水的生产和供应业	人	1044	1030	553	617	580	518	497	595	624
建筑业	人	3552	3102	2590	2239	893	1219	1038	1830	1787
交通运输、仓储及邮政业	人	905	811	786	788	780	841	788	624	681
信息传输、计算机服务和软件业	人	54	39	86	57	69	41	29	21	79
批发和零售业	人	957	717	658	590	390	444	482	422	423
住宿和餐饮业	人	133	89	81	82	69	60	66	59	96
金融业	人	71	123	349	409	195	245	217	445	472
房地产业	人	622	630	544	602	214	173	200	421	472
租赁和商务服务业	人	201	272	279	232	113	110	127	82	122
科学研究、技术服务和地质勘查业	人	727	639	598	599	688	654	599	619	944
水利、环境和公共设施管理业	人	1054	1095	1125	1287	1225	1325	1135	1105	1151
居民服务和其他服务业	人	257	240	213	221	197	158	90	166	108
教育	人	57021	57200	57785	56970	56456	56911	52385	53907	54010
卫生、社会保障和社会福利业	人	10620	10539	9914	11037	11515	11748	10920	11823	12334
文化、体育和娱乐业	人	1788	1528	1289	1365	1403	1483	1254	1311	2027
公共管理和社会组织	人	1515	1392	1221	1354	2687	2361	1795	1322	1330

注：本表2010年起数据不含平潭县。

13-2　续表

项　　　目	单　位	2013 年	2014 年	2015 年	2016 年	2017 年	2018 年	2019 年	2020 年	2021 年	2022 年	2023 年
合　　计	**人**	**80297**	**82884**	**90075**	**91827**	**93724**	**86531**	**87854**	**91282**	**97032**	**102206**	**105512**
农、林、牧、渔业	人	1594	1936	1942	1978	1865	1817	1750	1716	1746	1725	1722
采矿业	人											
制造业	人	193	171	160	107	86	283	263	263	71	60	33
电力、煤气及水的生产和供应业	人	638	703	689	712	871	803	857	876	835	898	923
建筑业	人	1829	1806	1939	1786	1861	1747	1757	2125	2971	3898	4192
交通运输、仓储及邮政业	人	697	921	989	1177	1270	1496	1451	1745	5036	7024	7911
信息传输、计算机服务和软件业	人	81	55	48	59	70	93	237	199	61	84	215
批发和零售业	人	433	378	346	341	276	2	252	251	256	268	301
住宿和餐饮业	人	98	77	88	69	74	73	82	95	94	91	125
金融业	人	483	500	480	475	472	465	437	447	508	574	662
房地产业	人	483	501	586	619	656	669	693	795	840	935	957
租赁和商务服务业	人	125	159	158	138	93	144	141	170	188	261	377
科学研究、技术服务和地质勘查业	人	967	1003	1298	1331	1128	1006	1230	2548	2985	3212	3404
水利、环境和公共设施管理业	人	1178	1444	1250	1433	1651	1634	1669	1772	1926	1960	2096
居民服务和其他服务业	人	110	50	69	99	104	95	255	176	190	222	211
教育	人	55306	56132	57506	58004	59107	56306	56767	56993	57889	58979	59878
卫生、社会保障和社会福利业	人	12630	16322	18674	19612	20362	15464	15961	16231	16389	17220	17425
文化、体育和娱乐业	人	2075	1423	1802	1797	1654	1357	1245	1339	1936	1475	1667
公共管理和社会组织	人	1362	1734	2051	2090	2124	3077	2807	3541	3108	3320	3413

13–3 主要年份技术市场基本情况

年 份	合同数（项）	合同金额（万元）
1991	1212	2034.24
1992	4124	5448.40
1993	2851	9171.42
1994	1936	12387.89
1995	2021	15106.43
1996	1782	18184.87
1997	1976	23788.15
1998	2310	28656.56
1999	2625	31550.87
2000	2859	39528.03
2001	3159	43240.92
2002	3229	37707.33
2003	3158	47075.32
2004	3892	40905.92
2005	3725	43932.42
2006	2790	67424.95
2007	3457	96082.04
2008	3303	84513.00
2009	2511	111411.36
2010	2267	105183.66
2011	1967	143780.77
2012	2123	126516.02
2013	2522	153378.62
2014	1876	189881.19
2015	1483	185266.79
2016	1354	127198.95
2017	1465	267140.79
2018	2926	366200.00
2019	3528	501087.65
2020	4449	593645.14
2021	7732	712789.45
2022	7670	852395.48
2023	9253	1052980.15

13-4 技术市场基本情况

项目	2013年		2014年		2015年		2016年	
	合同数（项）	合同金额（万元）	合同数（项）	合同金额（万元）	合同数（项）	合同金额（万元）	合同数（项）	合同金额（万元）
合计	**2522**	**153378.82**	**1876**	**189881.19**	**1483**	**185266.79**	**1354**	**127198.25**
按合同类别分								
技术开发合同	992	89627.66	875	93257.06	836	100458.50	806	91608.72
技术转让合同	115	33415.47	136	75078.85	167	72291.21	178	32408.01
技术咨询合同	1122	10784.83	692	8142.25	318	2431.13	275	2154.22
技术服务合同	293	19550.64	173	13403.03	162	10085.94	95	1028.00
技术许可合同								
按服务目标分								
环境保护、生态建设及污染防治	303	4668.82	251	4261.46	245	12638.09	204	6344.56
能源生产、分配和合理利用	34	2444.13	15	1635.74	14	3844.88	13	2876.95
卫生事业发展	91	1597.71	83	2230.72	60	2819.77	71	2341.02
教育事业发展	17	1126.51	29	1080.98	23	575.86	24	1057.40
基础设施以及城市和农村规划	198	4832.57	166	6849.13	106	4174.67	133	5064.84
社会发展和社会服务	1212	89896.59	781	75597.33	491	56764.75	453	60684.21
地球和大气层的探索与利用	1	35.30	2	78.68	3	16.30	3	177.60
民用空间探测及开发	6	52.68						
农林牧渔业发展	344	7849.24	212	4542.89	110	5610.34	97	3502.84
工商业发展	104	25125.79	202	47352.85	359	91817.23	189	32689.95
非定向研究	1	12.00	7	82.16			38	415.40
其他民用目标	209	15555.27	124	45921.25	72	7004.91	124	11829.28
国防	2	182.00	4	248.00			5	196.90

13-4 续表 1

项目	2017年		2018年		2019年		2020年	
	合同数（项）	合同金额（万元）	合同数（项）	合同金额（万元）	合同数（项）	合同金额（万元）	合同数（项）	合同金额（万元）
合计	**1465**	**267140.79**	**2926**	**366163.30**	**3528**	**501087.65**	**4449**	**593645.10**
按合同类别分								
技术开发合同	999	161810.81	1359	175131.80	1630	232962.53	1583	198690.1
技术转让合同	182	92312.37	213	117961.10	243	162035.34	254	322076.5
技术咨询合同	173	1580.04	112	1673.64	145	2112.55	511	6132.54
技术服务合同	111	11437.57	1242	71396.79	1510	103977.21	2101	66746.06
技术许可合同								
按服务目标分								
环境保护、生态建设及污染防治	97	9515.99	92	3477.88	124	3659.61	198	6683.8
能源生产、分配和合理利用	36	7480.45	46	2724.52	79	3736.65	75	416.96
卫生事业发展	44	5814.01	99	5701.46	81	5715.06	127	18106.51
教育事业发展	43	2616.26	103	2755.94	63	5510.79	62	2475.25
基础设施以及城市和农村规划	98	4704.96	62	5040.17	127	5443.29	191	8625.4
社会发展和社会服务	576	80697.99	992	135926.30	1368	231542.32	1827	180527.2
地球和大气层的探索与利用	1	29.60	2	12.89	1	65.00	1	200
民用空间探测及开发			2	41.98	6	289.80	8	210.21
农林牧渔业发展	107	5510.88	751	11658.28	774	9655.58	1141	10906.5
工商业发展	212	50709.83	276	73054.86	389	58576.29	295	56021.64
非定向研究	55	3883.23	100	1893.79	44	1480.71	34	884.48
其他民用目标	191	82847.59	390	120306.30	462	173024.56	486	304325.6
国防	5	3330.00	11	3569.00	10	2388.00	4	517.55

13-4　续表 2

项　　目	2021 年		2022 年		2023 年	
	合同数（项）	合同金额（万元）	合同数（项）	合同金额（万元）	合同数（项）	合同金额（万元）
合　计	**7732**	**712789.45**	**7670**	**852395.48**	**9253**	**1052980.15**
按合同类别分						
技术开发合同	2519	271364.8	2729	328770.31	2948	355889.09
技术转让合同	343	230444.1	379	238730.45	347	261598.3
技术咨询合同	760	12117.93	784	23962.51	1559	26003.43
技术服务合同	4110	198862.7	3719	252243.92	4107	365608.61
技术许可合同			59	8688.29	292	43880.73
按服务目标分						
环境保护、生态建设及污染防治	381	11967.3	325	16985.13	459	24619.23
能源生产、分配和合理利用	221	10803.44	236	14359.1	245	16047.76
卫生事业发展	197	9999.985	197	9016.84	374	21833.38
教育事业发展	122	7830.42	99	3835.52	71	3668.01
基础设施以及城市和农村规划	300	7796.82	285	46008.39	341	78214.52
社会发展和社会服务	3210	283576.2	3169	358880.85	3976	478629.06
地球和大气层的探索与利用	3	13.86	5	222	11	285.8
民用空间探测及开发	14	849.9	10	280.38	1	15
农林牧渔业发展	1413	15481.99	1616	22362.14	1995	32183.49
工商业发展	483	63648.69	394	77068.82	374	55056.56
非定向研究	120	5468.62	123	5574.69	116	9099.92
其他民用目标	1262	295242.5	1205	295767.84	1285	333142.05
国防	6	109.73	6	2033.8	5	184.37

13-5 各单位技术买卖情况

项目	2013年			2014年			2015年		
	登记合同数（份）	合同成交总金额（万元）	#技术交易额（万元）	登记合同数（份）	合同成交总金额（万元）	#技术交易额（万元）	登记合同数（份）	合同成交总金额（万元）	#技术交易额（万元）
合计	**2522**	**153378.62**	**144075.85**	**1876**	**189881.19**	**186980.95**	**1483**	**185266.79**	**177356.72**
按社会经济目标分									
环境保护、生态建设及污染防治	303	4668.82	4602.20	251	4261.46	4188.63	245	12638.09	9683.97
能源生产、分配和合理利用	34	2444.13	2410.70	15	1635.74	1635.74	14	3844.88	3844.88
卫生事业发展	91	1597.71	1458.70	83	2230.72	2220.72	60	2819.77	2819.77
教育事业发展	17	1126.51	1126.50	29	1080.98	1080.98	23	575.86	575.86
基础设施以及城市和农村规划	198	4832.57	4437.80	166	6849.13	6314.96	106	4174.67	4145.67
社会发展和社会服务	1212	89896.59	88139.00	781	75597.33	73361.43	491	56764.75	54520.64
地球和大气层的探索与利用	1	35.30	35.30	2	78.68	78.68	3	16.30	16.30
民用空间探测及开发	6	52.68	51.97						
农林牧渔业发展	344	7849.24	7831.30	212	4542.89	4505.85	110	5610.34	5514.96
工商业发展	104	25125.79	18448.00	202	47352.85	47345.55	359	91817.23	89283.78
非定向研究	1	12.00	12.00	7	82.16	82.16			
其他民用目标	209	15555.27	15340.00	124	45921.25	45918.25	72	7004.91	89283.78
国防	2	182.00	182.00	4	248.00	248.00			
按卖方类别分									
机关法人				249	16266.36	14319.48	211	18412.91	14807.73
事业法人	727	15642.25	15362.35	396	8755.96	8248.16	269	8396.93	8225.21
社团法人				4	162.10	161.40	6	333.00	276.60
企业法人	1021	129960.82	120986.48	1194	164302.83	163868.31	971	157199.05	153122.28
自然人	771	7695.54	7647.02	4	13.00	13.00	12	262.50	262.50
其他组织	3	80.00	80.00	29	380.94	370.60	14	662.40	662.40

13-5 续表 1

项目	2016年			2017年			2018年		
	登记合同数（份）	合同成交总金额（万元）	#技术交易额（万元）	登记合同数（份）	合同成交总金额（万元）	#技术交易额（万元）	登记合同数（份）	合同成交总金额（万元）	#技术交易额（万元）
合计	**1354**	**127198.95**	**116466.18**	**1465**	**267140.79**	**252541.92**	**2926**	**366163.32**	**358342.42**
按社会经济目标分									
环境保护、生态建设及污染防治	204	6344.56	5612.78	97	9515.99	7836.76	92	3477.88	3121.61
能源生产、分配和合理利用	13	2876.95	1738.59	36	7480.45	7306.02	46	2724.52	2667.05
卫生事业发展	71	2341.02	2332.71	44	5814.01	5648.34	99	5701.46	5701.46
教育事业发展	24	1057.40	1009.40	43	2616.26	2522.76	103	2755.94	2755.94
基础设施以及城市和农村规划	133	5064.84	5060.44	98	4704.96	3614.59	62	5040.17	5040.17
社会发展和社会服务	453	60684.21	54234.66	576	80697.99	72889.30	992	135926.3	131249.85
地球和大气层的探索与利用	3	177.60	177.60	1	29.60	29.60	2	12.89	12.89
民用空间探测及开发							2	41.98	41.98
农林牧渔业发展	97	3520.84	3512.11	107	5510.88	5122.78	751	11658.28	11278.75
工商业发展	189	32689.95	30581.03	212	50709.83	50404.06	276	73054.86	73036.26
非定向研究	38	415.40	412.80	55	3883.23	3872.43	100	1893.79	1893.79
其他民用目标	124	11829.28	11598.71	191	82847.59	81391.07	390	120306.25	117973.68
国防	5	196.90	186.35	5	3330.00	1904.21	11	3569	3569
按卖方类别分									
机关法人									
事业法人	156	5859.84	5841.72	262	13777.79	13489.28	1169	34087.92	33705.36
社团法人	1	13.00	13.00	1	36.00	36.00			
企业法人	893	118618.28	107903.63	1049	242056.31	227745.95	1697	331671.75	324233.42
自然人	304	2707.83	2707.83	153	1270.69	1270.69	60	403.65	403.65
其他组织									

13-5 续表 2

项　　目	2019 年			2020 年			2021 年		
	登记合同数（份）	合同成交总金额（万元）	#技术交易额（万元）	登记合同数（份）	合同成交总金额（万元）	#技术交易额（万元）	登记合同数（份）	合同成交总金额（万元）	#技术交易额（万元）
合　计	**3528**	**501087.65**	**479619.74**	**4449**	**593645.14**	**548997.47**	**7732**	**712789.45**	**687810.84**
按社会经济目标分									
环境保护、生态建设及污染防治	124	3659.61	3649.21	198	6683.8	6378.42	381	11967.3	10907
能源生产、分配和合理利用	79	3736.65	3708.85	75	4160.96	4098.28	221	10803.44	10281.3
卫生事业发展	81	5715.06	5612.83	127	18106.51	18059.51	197	9999.99	9683.79
教育事业发展	63	5510.79	5500.79	62	2475.25	2453.53	122	7830.42	7464.22
基础设施以及城市和农村规划	127	5443.29	5424.45	191	8625.4	6237.9	300	7796.81	7235.15
社会发展和社会服务	1368	231542.32	221714.96	1827	180527.23	155734.23	3210	283576.21	271206.45
地球和大气层的探索与利用	1	65.00	65.00	1	200	200	3	13.86	13.86
民用空间探测及开发	6	289.80	234.80	8	210.21	210.21	14	849.9	849.9
农林牧渔业发展	774	9655.58	9249.75	1141	10906.5	10511.76	1413	15481.99	14886.9
工商业发展	389	58576.29	58049.23	295	56021.64	46242.85	483	63648.68	62458.63
非定向研究	44	1480.71	1480.71	34	884.48	884.48	120	5468.62	5314.44
其他民用目标	462	173024.56	162541.16	486	304325.59	297468.74	1262	295242.5	287399.47
国防	10	2388.00	2388.00	4	517.55	517.55	6	109.73	109.73
按卖方类别分									
机关法人									
事业法人	1669	35931.64	35431.96	2750	45656.49	44461.19	4625	71800.1	69775.93
社团法人				3	57	54.18			
企业法人	1844	465069.81	444101.58	1651	545263.22	501857.47	3074	635120.36	612192.93
自然人	14	59.20	59.20	43	2611.43	2567.63	27	5379.83	5352.83
其他组织	1	27	27	2	57	57	6	489.16	489.16

13-5 续表 3

项目	2022年 登记合同数（份）	2022年 合同成交总金额（万元）	2022年 #技术交易额（万元）	2023年 登记合同数（份）	2023年 合同成交总金额（万元）	2023年 #技术交易额（万元）
合计	**7670**	**852395.48**	**802444.72**	**9253**	**1052980.15**	**1020350.83**
按社会经济目标分						
环境保护、生态建设及污染防治	325	16985.13	15440.85	459	24619.23	23468.94037
能源生产、分配和合理利用	236	14359.1	13930.74	245	16048.76	14978.43256
卫生事业发展	197	9016.84	8330.5	374	21833.38	20295.4939
教育事业发展	99	3835.52	3815.02	71	3668.01	3449.5329
基础设施以及城市和农村规划	285	46008.39	29868.16	341	78214.52	77473.24786
社会发展和社会服务	3169	358880.85	336008.87	3976	478629.06	462114.7762
地球和大气层的探索与利用	5	222	222	11	285.8	285.8
民用空间探测及开发	10	280.38	280.38	1	15	15
农林牧渔业发展	1616	22362.14	22088.53	1995	32183.49	30811.29165
工商业发展	394	77068.82	76398.01	374	55056.56	53803.10292
非定向研究	123	5574.69	5379.47	116	9099.92	8866.070937
其他民用目标	1205	295767.84	289528.54	1285	333142.05	324634.7765
国防	6	2033.8	1153.66	5	184.37	154.368
按卖方类别分						
机关法人						
事业法人	4405	89866.92	86888.58	5673	107360.21	101707.7179
社团法人	10	594.3	594.3	11	274.05	273.550943
企业法人	3218	753243.44	706460.03	3566	944606.39	917630.065
自然人	36	6748.18	6559.18	3	739.5	739.5
其他组织	1	1942.64	1942.64			

13–6 主要年份各类学校数

单位：所

年份	普通高等学校	中等专业学校	职业中学	普通中学	#高中	小学	幼儿园
1952	3	11		30	13	1468	80
1957	3	8		49	26	2044	513
1962	7	11	25	101	37	2597	634
1965	5	7	104	120	40	3600	700
1970	2			111	31	3265	148
1975	2	17	2	156	115	3977	523
1980	5	22	2	178	122	3441	746
1985	8	29	42	199	81	3323	695
1990	12	42	75	247	81	3280	1521
1995	12	44	68	327	82	3047	2503
2000	13	45	53	364	97	2455	2294
2001	14	46	77	374	109	2272	1809
2002	13	41	74	375	103	2250	1753
2003	31	115		377	102	2081	1681
2004	29	104		273	109	1982	1612
2005	36	95		467	124	1842	1765
2006	37	113		374	132	1729	1737
2007	35	91		377	125	1633	1694
2008	34	84		373	124	1497	1719
2009	34	71		367	124	1350	1649
2010	31	69		326	105	1173	1015
2011	31	61		316	104	1013	1136
2012	32	61		317	102	927	1183
2013	32	56		322	104	905	1204
2014	32	53		321	104	905	1203
2015	32	53		322	103	893	1196
2016	32	52		319	101	900	1186
2017	35	49		315	101	897	1206
2018	34	47		320	102	895	1217
2019	35	45		326	102	893	1243
2020	34	40		328	104	890	1247
2021	35	40		328	105	883	1253
2022	35	40		334	108	876	1260
2023	35	41		346	116	876	1226

注：2003 年起"普通高等学校"统计口径包括各类学院；"中等专业学校"改为"中等职业学校"，统计口径包括各类职业中学；2010 年起教育部门数据不含平潭县，下同。

13–7 主要年份各类学校专任教师数

单位：人

年 份	普通高等学校	中等专业学校	职业中学	普通中学	#高 中	小 学	幼儿园
1952	307	529		1002		4888	139
1957	767	347		1772		7410	876
1962	1987	527	97	3322		11794	1242
1965	1672	355	401	4008		14258	1362
1970	320			2216		15513	360
1975	1288	295	12	6265		23239	940
1980	2537	928	15	9906		23166	2115
1985	3890	1432	589	10787		23456	3563
1990	4329	2303	1301	13140	2430	22702	26829
1995	4047	2610	1862	16461	2328	26483	6370
2000	4754	2572	2114	20305	3946	29189	7047
2001	5267	2379	2186	21204	4780	28540	28540
2002	7031	2130	2081	22181	6678	29062	5719
2003	9027	5492		23228	6373	28244	5774
2004	9979	5588		24011	6909	27635	6629
2005	12698	5045		25158	7798	27031	2350
2006	12793	5271		26226	8645	27094	8078
2007	13924	4793		26638	9106	26742	8508
2008	14786	4648		26574	9197	26524	9373
2009	15763	4641		26406	9124	26093	10008
2010	17209	4603		24390	8431	24541	9356
2011	17910	4817		23897	8384	24474	10809
2012	18470	4967		23932	8408	24553	11980
2013	19248	4697		24276	8378	25394	12866
2014	19639	4690		24177	8095	26303	13260
2015	19982	4703		24091	8027	27251	13831
2016	19822	4573		24243	8016	26421	14214
2017	20191	4343		24466	8099	27990	14787
2018	20523	4354		24737	8048	29337	15279
2019	21334	4357		25216	8146	30484	15371
2020	22133	4340		27806	8268	30971	15846
2021	22106	4577		27026	8652	33578	18650
2022	24002	4797		28250	9164	34647	18434
2023	24653	4973		29745	9895	34173	17060

13-8 主要年份各类学校在校生数

单位：人

年 份	普通高等学校	中等专业学校	职业中学	普通中学	#高 中	小 学	幼儿园
1952	2135	6158		22825	3525	200313	6612
1957	5058	3472		44051	11038	294147	31306
1962	12158	2728	1782	125392	15341	372757	39004
1965	8256	3509	8769	79803	17142	507762	40912
1970	245			52444	7209	457894	10541
1975	4276	1925	364	159131	45872	609622	29207
1978	8157	4694	614	210678	74057	572849	41704
1979	11418	6951	382	182015	66906	602954	63736
1980	14410	7368	502	193919	44796	617674	75114
1985	22018	9360	10033	190026	37529	675345	105909
1990	28188	21551	18144	213767	27269	605452	141959
1995	34162	36973	36532	285031	30045	650417	163579
2000	65737	53916	40179	378207	60473	602680	136026
2001	88714	55579	41304	380100	74894	587371	133418
2002	97140	53717	37860	383009	85572	572809	122580
2003	129942	120403		399185	95719	538609	122889
2004	148217	122280		412417	106711	514274	123917
2005	194073	122728		417772	119653	488897	159548
2006	216288	129629		412757	130235	493134	170465
2007	233133	127565		404841	131725	480127	183520
2008	250281	129107		396730	130044	462635	200488
2009	265682	148631		379903	124938	446285	213075
2010	281680	136177		327105	111881	417019	216173
2011	292678	170184		308200	109504	432486	230612
2012	305386	195095		301951	108488	451238	246667
2013	318343	166265		298123	105037	469174	253933
2014	320844	122777		298133	101435	499302	256812
2015	320965	101619		300024	100157	522914	262638
2016	317477	92392		307509	101237	537312	269879
2017	313857	84331		321763	102304	547999	276605
2018	319943	86149		321625	103166	564595	281118
2019	340330	89490		349443	105660	589118	277908
2020	363738	96992		367626	110894	597211	287075
2021	386547	96533		383690	116752	568556	279772
2022	413386	102428		394280	123379	614083	268356
2023	483681	105036		401498	131109	625030	237096

13-9 主要年份各类学校招生数

单位：人

年 份	普通高等学校	中等专业学校	职业中学	普通中学	#高 中	小 学	幼儿园
1952				11958	1974	85024	80
1957				15574	3833	74435	272
1962	1037	97	1053	24051	5721	90163	232
1965	1847	1337	4289	29527	5961	116443	320
1970	245			31214	4402	116488	2446
1975	1251	1015	259	93793	23723	125394	15739
1978	3359	2332	341	93333	34344	126165	28087
1979	3612	2816	158	83450	31463	134173	41892
1980	3027	2937	147	52753	2050	118921	44667
1985	7365	4350	6091	69845	12606	113646	82804
1990	7903	6811	7313	82682	10033	105420	101440
1995	10232	13001	14568	113713	11140	108007	102065
2000	26070	15272	15206	131173	25713	85902	74072
2001	31800	13499	15303	129122	99045	85763	74637
2002	26052	16825	13121	130734	30984	85922	64644
2003	51137	43637		150026	35116	77138	63786
2004	58978	41789		141191	41197	72233	63363
2005	67095	42997		137202	44455	67978	79407
2006	69305	52167		135094	45390	76430	81277
2007	75247	46881		135487	44371	78082	87272
2008	82954	46842		134206	44058	76384	90968
2009	83444	69300		119601	39897	77747	94499
2010	87328	46045		103683	37969	76917	98420
2011	89735	90810		99076	37178	81294	95458
2012	92999	92080		100277	35515	84486	103226
2013	96502	39886		99247	33428	88700	104504
2014	90196	38029		98709	33409	95993	103152
2015	87396	37960		103275	34652	96586	119211
2016	85829	33943		107945	34509	92589	109957
2017	87175	28879		113173	34348	95048	110509
2018	95023	33987		116096	35242	108207	100361
2019	107017	35328		121916	36976	108094	105733
2020	111566	33918		131005	39417	103436	121072
2021	117040	33826		133064	40939	105527	100234
2022	133881	37022		132001	43577	102018	90410
2023	152280	36221		138072	46978	105602	80501

13-10 主要年份各类学校毕业生数

单位：人

年 份	普通高等学校	中等专业学校	职业中学	普通中学	#高 中	小 学	幼儿园
1952	580	1022		4698	803	15422	
1957	442	804		10694	2933	32248	172
1962	2421	1464	103	14798	4196	41178	289
1965	3325	247	288	17572	4417	50536	330
1970				16520	3780	62902	1373
1975	1033	283	54	49474	19460	80697	16121
1978	1652	103	127	86993	23935	75245	21025
1979	186	1018	191	100215	37143	68249	27621
1980	2027	2510	46	25020	21381	72388	23917
1985	3714	3224	1276	43577	9905	86842	81668
1990	8420	5342	5401	49717	10046	100434	88357
1995	9542	8984	9116	73218	10434	110461	94609
2000	10251	12849	12005	115002	13345	108329	71663
2001	14051	10911	12014	114127	14319	101556	71630
2002	15362	14788	10114	113176	18894	112876	71291
2003	26200	36328		124464	25571	111327	59769
2004	28878	35584		119166	28163	101769	63363
2005	32886	33786		121847	29575	95042	63246
2006	46596	37965		138806	33323	92877	67097
2007	55672	32156		133883	38943	92705	71514
2008	62966	31287		130122	41469	92142	72230
2009	64307	38157		121895	41439	82921	75507
2010	66861	38594		109210	37140	68594	70428
2011	75360	41317		111256	37081	63855	75253
2012	76365	50038		102303	33935	66855	83049
2013	78972	36729		100822	35837	68110	87783
2014	82108	36402		95829	35661	66673	92949
2015	81694	33909		96733	33964	70194	93012
2016	83321	39359		95994	31719	75062	93244
2017	84912	33402		94657	31652	80135	91477
2018	83241	26385		99604	33423	82604	84294
2019	80965	25351		103675	32641	86167	98945
2020	85717	21522		109999	33232	87533	98798
2021	89697	26660		113261	33922	93477	102590
2022	103787	28195		119024	35856	89599	101196
2023	123207	30154		127584	38121	92708	105540

13-11 平均每一专任教师负担学生数

单位：人

年 份	普通高等学校	中等专业学校	职业中学	普通中学	#高 中	小 学	幼儿园
1952	7.59	11.98		22.40		40.98	47.57
1957	6.59	12.07		25.23		40.32	35.74
1962	5.76	7.36	18.37	17.89		30.63	31.40
1965	5.34	10.46	21.87	20.29		34.64	30.04
1970	0.77	4.71		19.91		27.89	29.28
1975	3.48	5.08	30.33	13.74		28.26	31.07
1978	4.12	9.65		20.00		25.23	19.72
1980	4.93	8.07	33.47	19.33		27.56	35.51
1985	5.58	6.97	17.03	17.18		28.03	29.72
1990	6.07	9.36	13.92	16.27	11.22	26.57	13.25
1995	8.44	14.17	15.69	17.31	12.91	24.56	39.64
2000	13.83	20.96	19.04	18.63	15.33	20.65	19.30
2001	16.84	23.36	18.89	17.93	15.67	20.56	25.36
2002	13.82	25.22	18.19	17.27	12.81	17.71	21.43
2003	14.39	21.92		17.19	15.04	19.07	21.28
2004	14.85	21.88		17.17	15.45	18.61	18.69
2005	15.28	24.33		16.61	15.34	18.09	21.71
2006	16.91	24.59		15.74	15.06	18.20	21.10
2007	16.74	26.61		15.20	14.47	17.95	21.57
2008	16.93	27.78		14.93	14.14	17.44	21.39
2009	16.85	32.03		14.39	13.69	17.10	21.29
2010	16.37	29.58		13.41	13.27	16.99	23.11
2011	16.34	35.33		12.90	13.06	17.67	21.34
2012	16.53	39.28		12.62	12.90	18.38	20.59
2013	16.53	35.40		12.28	12.50	18.48	19.74
2014	16.34	26.18		12.33	12.53	18.98	19.37
2015	16.06	21.60		12.45	12.48	19.19	19.00
2016	16.02	20.20		12.68	12.63	20.34	18.99
2017	15.54	19.42		13.15	12.63	19.58	18.71
2018	15.59	19.79		13.00	12.82	19.25	18.40
2019	15.95	20.53		13.85	12.97	19.32	18.08
2020	16.43	22.35		13.22	13.41	19.28	18.12
2021	17.49	21.09		14.20	13.49	16.93	15.00
2022	17.22	21.35		13.96	13.46	17.72	14.56
2023	19.62	21.12		13.50	13.25	18.29	13.90

13-12 各类文化事业机构数

单位：个

年 份	艺术事业		公共图书馆	博物馆	群众文化事业		
	表演团体	表演场所			艺术馆	文化馆	文化站
1987	12	7	13	1	1	13	11
1988	18	16	15	4	2	13	11
1989	18	9	15	6	2	13	11
1990	18	16	15	6	2	13	11
1991	12	7	15	6	1	13	11
1992	12	7	15	6	1	13	26
1993	12	7	15	6	1	13	7
1994	12	7	15	6	1	13	26
1995	12	7	15	6	1	13	37
1996	12	7	15	11	1	13	173
1997	12	6	14	16	1	13	188
1998	13	6	14	16	1	13	167
1999	14	6	14	17	1	13	165
2000	12	5	14	17	1	13	153
2001	12	7	15	14	1	12	181
2002	12	6	14	14	1	12	167
2003	13	6	14	14	1	12	194
2004	13	6	14	14	1	12	194
2005	13	3	14	15	1	13	191
2006	13	2	14	15	1	13	191
2007	13	2	14	15	1	13	188
2008	13	2	14	15	1	13	188
2009	13	2	14	15	1	13	188
2010	12	2	13	15	1	12	173
2011	12	2	13	15	1	12	173
2012	12	2	13	15	1	12	173
2013	12	2	13	15	1	12	173
2014	12	2	13	15	1	12	173
2015	9	1	13	16	1	12	173
2016	9	1	13	16	1	12	173
2017	10	1	13	16	1	12	173
2018	10	1	13	16	1	12	173
2019	10	1	14	16	1	12	173
2020	10	1	14	16	1	12	173
2021	10	1	14		0	13	173
2022	10	1	13		0	13	173
2023	9	1	13		0	13	173

注：表中2010年起数据不含平潭县。

13-13 规模以上工业企业科技活动情况

（2023年）

项 目	有R&D活动企业数（个）	有研发机构企业数（个）	R&D人员合计（人）	R&D经费内部支出（万元）	R&D经费外部支出（万元）
总 计	**1023**	**236**	**49370**	**1881755.7**	**36394.6**
一、按企业规模分					
大型企业	58	29	20556	970247.9	12248.2
中型企业	190	63	13442	458579.9	5154.1
小型企业	745	142	15166	443991.5	18885.5
微型企业	30	2	206	8936.4	106.8
二、按登记注册类型分					
内资企业	871	182	39395	1558271.3	29854.7
私营有限责任公司	735	133	21414	726899.1	7513.1
其他有限责任公司	66	18	7272	366487.8	13226.6
私营股份有限公司	55	25	4810	197140.3	8206.0
其他股份有限公司	13	6	5768	258822.3	909.0
全民所有制企业(国有企业)					
集体所有制企业(集体企业)					
股份合作企业					
联营企业					
合伙企业					
其他内资企业					
港澳台商投资	86	33	5910	192195.8	4431.7
港澳台投资有限责任公司	77	28	5466	172791.0	3965.0
港澳台投资股份有限公司	9	5	444	19404.8	466.7
港澳台投资合伙企业					
其他港澳台投资企业					
外商投资	66	21	4065	131288.6	2108.2
外商投资有限责任公司	60	20	2907	94461.2	1858.6
外商投资股份有限公司	4	1	1075	30606.5	
农民专业合作社（联合社）					
个体工商户					
其他市场主体					

13-13 续表 1

（2023 年）

项　　　目	有 R&D 活动企业数（个）	有研发机构企业数（个）	R&D 人员合计（人）	R&D 经费内部支出（万元）	R&D 经费外部支出（万元）
三、按国民经济行业大类分					
采矿业					
煤炭开采和洗选业					
石油和天然气开采业					
黑色金属矿采选业					
有色金属矿采选业					
非金属矿采选业					
开采专业及辅助性活动					
其他采矿业					
制造业	1004	233	45616	1780919.5	34218.2
农副食品加工业	74	11	1903	87854.5	406.1
食品制造业	23	5	632	12635.8	547.3
酒、饮料和精制茶制造业	9	1	114	2354.4	
纺织业	80	17	2945	74226.5	706.5
纺织服装、服饰业	11	3	255	4935.4	200.0
皮革、毛皮、羽毛及其制品和制鞋业	16	5	603	9120.7	31.5
木材加工及木、竹、藤、棕、草制品业	8	3	257	7291.6	
家具制造业	23	6	457	9524.1	
造纸及纸制品业	11	3	262	7907.2	7.5
印刷业和记录媒介的复制	11	1	108	4938.3	
文教、工美、体育和娱乐用品制造业	43	8	1249	32967.0	
石油加工、煤炭及其他燃料加工业	5		62	6992.3	
化学原料及化学制品制造业	36	12	1071	91288.0	7257.8
医药制造业	24	9	950	29879.1	2109.6
化学纤维制造业	18	4	1639	120173.2	
橡胶和塑料制品业	51	9	1723	49235.1	164.4
非金属矿物制品业	82	9	3339	89805.5	109.8
黑色金属冶炼和压延加工业	7	3	1717	218434.7	1001.1
有色金属冶炼和压延加工业	19	6	926	59371.5	1297.6
金属制品业	42	6	731	17707.8	
通用设备制造业	55	12	2458	66784.5	2517.2
专用设备制造业	47	8	1134	27603.8	265.2
汽车制造业	54	13	2318	61108.1	4034.6
铁路、船舶、航空航天和其他运输设备制造业	7	2	645	31706.6	20.5
电气机械和器材制造业	84	20	3010	91891.7	2824.2
计算机、通信和其他电子设备制造业	108	40	12775	508189.9	3477.4
仪器仪表制造业	43	15	1849	48253.6	6785.4
其他制造业	2		304	4263.8	56.6
废弃资源综合利用业	6		81	1540.3	
金属制品、机械和设备修理业	4	1	76	1930.2	366.5
电力、热力、燃气及水生产和供应业	19	3	3754	100836.2	2176.4
电力、热力生产和供应业	13	2	3542	96046.8	2086.9
燃气生产和供应业	2		42	1393.4	
水的生产和供应业	4	1	170	3396.0	89.5

13-13 续表 2 （2023 年）

项　　目	专利申请数（件）	#发明专利（件）	新产品开发项目数（项）	新产品销售收入（万元）	技术改造经费支出（万元）	引进境外技术经费支出（万元）
总　　计	**9942**	**3849**	**5810**	**12741174.0**	**118852.1**	**8702.6**
一、按企业规模分						
大型企业	3331	1994	1539	7375210.7	56090.6	797.3
中型企业	2311	823	1473	3259510.3	47133.3	5705.1
小型企业	4222	1021	2745	2101010.2	15611.7	2200.2
微型企业	78	11	53	5442.8	16.5	
二、按登记注册类型分						
内资企业	8200	3263	4901	8829337.5	66616.8	6559.4
私营有限责任公司	4506	1037	3033	3974628.2	19527.2	57.0
其他有限责任公司	2120	1372	1023	1775676.8	6792.0	
私营股份有限公司	1111	567	606	1716525.6	14289.7	5705.1
其他股份有限公司	444	282	228	1362506.9	26007.9	797.3
全民所有制企业(国有企业)						
集体所有制企业(集体企业)						
股份合作企业						
联营企业						
合伙企业						
其他内资企业						
港澳台商投资	779	252	606	2778726.4	32823.8	2127.2
港澳台投资有限责任公司	707	229	506	2771819.8	31001.9	2127.2
港澳台投资股份有限公司	72	23	100	6906.6	1821.9	
港澳台投资合伙企业						
其他港澳台投资企业						
外商投资	963	334	303	1133110.1	19411.5	16.0
外商投资有限责任公司	441	59	271	595369.8	2816.4	16.0
外商投资股份有限公司	425	260	24	537740.3		
农民专业合作社（联合社）						
个体工商户						
其他市场主体						

13-13 续表 3 （2023 年）

项　　目	专利申请数（件）	# 发明专利（件）	新产品开发项目数（项）	新产品销售收入（万元）	技术改造经费支出（万元）	引进境外技术经费支出（万元）
三、按国民经济行业大类分						
采矿业						
煤炭开采和洗选业						
石油和天然气开采业						
黑色金属矿采选业						
有色金属矿采选业						
非金属矿采选业						
开采专业及辅助性活动						
其他采矿业						
制造业	8283	2717	5386	12705623.2	98143.7	8702.6
农副食品加工业	286	98	356	461132.2	1356.2	
食品制造业	124	26	94	112490.9	816.9	
酒、饮料和精制茶制造业	45	9	27	9947.5	93.6	
纺织业	457	59	344	525585.6	9719.2	
纺织服装、服饰业	83	9	46	49684.5		
皮革、毛皮、羽毛及其制品和制鞋业	51	2	38	50466.2	121.0	
木材加工及木、竹、藤、棕、草制品业	34	8	25	33106.2	554.5	
家具制造业	103	15	76	40870.0	75.3	
造纸及纸制品业	78	17	44	98087.3	389.4	
印刷业和记录媒介的复制	42	7	23	20572.7	799.7	
文教、工美、体育和娱乐用品制造业	107	28	124	80839.0	694.7	
石油加工、煤炭及其他燃料加工业	16	2	15		56.2	
化学原料及化学制品制造业	154	58	158	610321.8	10.3	
医药制造业	173	61	209	182663.4	6032.2	
化学纤维制造业	277	62	115	1200907.5		
橡胶和塑料制品业	429	125	409	446549.5	1550.1	
非金属矿物制品业	811	346	251	407509.8	5070.0	
黑色金属冶炼和压延加工业	80	11	104	275941.5	1433.0	
有色金属冶炼和压延加工业	158	77	121	652854.4	3332.1	
金属制品业	196	31	132	136155.9		
通用设备制造业	422	109	240	338110.7	546.1	
专用设备制造业	450	99	207	155491.1	3704.4	2127.2
汽车制造业	393	96	325	1174980.4	11304.6	16.0
铁路、船舶、航空航天和其他运输设备制造业	44	7	55	383377.8	17484.8	797.3
电气机械和器材制造业	924	215	419	1369519.4	4351.2	
计算机、通信和其他电子设备制造业	1564	876	1072	3519293.5	26067.7	5705.1
仪器仪表制造业	676	228	276	311289.9		
其他制造业	58	20	48	47604.4		
废弃资源综合利用业	16	6	13	5183.0		
金属制品、机械和设备修理业	28	6	9	4895.3	1364.5	57.0
电力、热力、燃气及水生产和供应业	1659	1132	424	35550.8	20708.4	
电力、热力生产和供应业	1603	1118	387	32909.5	20545.8	
燃气生产和供应业	4	4	2	2641.3	162.6	
水的生产和供应业	52	10	35			

13-14 规模以上非工业企业科技活动情况

（2023年）

项目	有R&D活动企业数（个）	有研发机构企业数（个）	R&D人员合计（人）	R&D经费内部支出（万元）	R&D经费外部支出（万元）	专利申请数（件）	#发明专利（件）
总计	**443**	**102**	**21571**	**580423.8**	**32219.3**	**3748**	**1529**
一、按企业规模分							
大型企业	75	30	12113	381662.0	13794.9	1796	689
中型企业	138	30	5651	105851.3	8927.1	923	414
小型企业	220	42	3729	86784.5	8980.4	1019	421
微型企业	10		78	6126.0	516.9	10	5
二、按登记注册类型分							
内资企业	430	99	19309	533119.7	29955.8	3525	1328
国有独资公司	8	1	796	29410.7	344.5	75	48
私营有限责任公司	291	65	8545	188381.1	7023.8	1297	478
其他有限责任公司	86	20	5859	241915.5	16461.4	1826	623
私营股份有限公司	34	11	3599	62981.0	6073.8	232	153
其他股份有限公司	7	2	374	8049.5	52.3	57	18
全民所有制企业(国有企业)	2		72	1127.1		11	3
集体所有制企业(集体企业)	2		64	1254.8		27	5
股份合作企业							
联营企业							
个人独资企业							
合伙企业							
其他内资企业							
港澳台商投资	8	1	1203	33034.4	680.2	142	130
港澳台投资有限责任公司	8	1	1203	33034.4	680.2	142	130
港澳台投资股份有限公司							
港澳台投资合伙企业							
其他港澳台投资企业							
外商投资	5	2	1059	14269.7	1583.3	81	71
外商投资有限责任公司	5	2	1059	14269.7	1583.3	81	71
外商投资股份有限公司							
外商投资合伙企业							
其他外商投资企业							
农民专业合作社（联合社）							
个体工商户							
其他市场主体							

13-14 续表 （2023 年）

项　　目	有 R&D 活动企业数（个）	有研发机构企业数（个）	R&D 人员合计（人）	R&D 经费内部支出（万元）	R&D 经费外部支出（万元）	专利申请数（件）	#发明专利（件）
三、按国民经济行业大类分							
建筑业	78	30	6063	218454.0	1707.4	1351	330
房屋建筑业	44	19	3456	160598.0	590.7	988	225
土木工程建筑业	15	5	1558	40900.2	216.3	255	81
建筑安装业	9	4	919	13608.3	812.4	62	12
建筑装饰、装修和其他建筑业	10	2	130	3347.5	88.0	46	12
服务业	364	72	15500	361764.6	30511.9	2397	1199
交通运输、仓储和邮政业	12		237	9326.9	96.5	34	10
铁路运输业							
道路运输业	9		203	8825.2	83.9	18	5
航空运输业							
管道运输业							
装卸搬运和仓储业	2		20	241.3	12.6	10	5
邮政业							
信息传输、软件和信息技术服务业	199	44	10829	250523.8	24443.9	1142	805
电信、广播电视和卫星传输服务	8		582	8312.7	5941.8	46	40
互联网和相关服务	26	8	730	14890.2	1925.3	101	52
软件和信息技术服务业	165	36	9517	227320.9	16576.8	995	713
租赁和商务服务业	29	5	597	18037.2	1030.2	145	69
租赁业	3		85	1386.3	1.9	50	11
商务服务业	26	5	512	16650.9	1028.3	95	58
科学研究和技术服务业	108	21	3282	74760.3	4729.8	962	274
研究和试验发展	5	1	103	2357.2		52	33
专业技术服务业	97	20	3116	70600.6	4729.8	888	237
科技推广和应用服务业	6		63	1802.5		22	4
水利、环境和公共设施管理业	6	1	350	3738.7	13.6	60	23
生态保护和环境治理业	2	1	72	1292.0		60	23
公共设施管理业	3		248	1971.0	3.0		
土地管理业							
卫生和社会工作	8	1	184	5009.7	122.4	50	14
卫生	8	1	184	5009.7	122.4	50	14
社会工作							
文化、体育和娱乐业	2		21	368.0	75.5	4	4

主要统计指标解释

科技活动 指在自然科学、农业科学、医药科学、工程与技术科学、人文与社会科学领域（简称科学技术领域）中，与科学知识的产生、发展、传播和应用密切相关的有组织的活动。可分为研究与试验发展（R&D）、研究与试验发展成果应用及相关的科技服务三类活动。

专业技术人员 指从事专业技术工作和专业技术管理工作的人员，即企事业单位中已经聘任专业技术职务从事专业技术工作和专业技术管理工作的人员，以及未聘任专业技术职务，现在专业技术岗位上工作的人员。包括工程技术人员，农业技术人员，卫生技术人员，科学研究人员，教学人员，经济人员，会计人员，统计人员，翻译人员，图书资料、档案、文博人员，新闻出版人员，律师，公证人员，广播电视播音人员，工艺美术人员，体育人员，艺术人员及企业政治思想工作人员，共十七个专业技术职务类别，用来反映科技人力资源情况。

科学家与工程师 指科技活动人员中具有高、中级技术职称（职务）的人员和不具有高、中级技术职称（职务）的大学本科以上学历人员。

发明（专利） 指对产品、方法或其改进所提出的新的技术方案。是国际通行的反映拥有自主知识产权技术的核心指标。

实用新型（专利） 指对产品的形状、构造或者其结合所提出的适于实用的新的技术方案。反映具有一定技术含量的技术成果情况。

外观设计（专利） 指对产品的形状、图案、色彩或者其结合所作出的富有美感并适于工业上应用的新设计。反映拥有自主知识产权的外观设计成果情况。

普通高等学校 指按照国家规定的设置标准和审批程序批准举办，通过全国普通高等院校统一招生考试，招收高中毕业生为主要培养对象，实施高等教育的全日制大学、独立设置的学院和高等专科学校、高等职业学校和其他机构。

成人高等学校 指按照国家规定的设置标准和审批程序举办的，通过全国成人高等学校统一招生考试，招收具有高中毕业或同等学力的在职从业人员为主要培养对象，利用函授、业余、脱产等多种形式对其实施高等学历教育的学校。包括广播电视大学、职工高等学校、农民高等学校、管理干部学院、教育学院、独立函授学校、其他机构等。

小学学龄儿童入学率=已入小学学习的学龄儿童数/校内外学龄儿童总数*100%

文化事业机构 指从事专业文化工作和为专业文化工作服务的独立建制的单位，不包括这些单位另外举办独立核算的其他机构和各部门的业余文化组织。

艺术表演团体 指从事戏曲、音乐、舞蹈、杂技等专业艺术表演，有独立账户的单位，不包括半工半艺、半农半艺和民间职业剧团。

14 卫生、体育与其他

14-1　主要年份卫生事业基本情况

年　份	卫生机构（个）	# 医院、卫生院	卫生技术人员（人）	# 医　生	# 护师（士）	医疗床位（张）	# 医　院
1952	280	41	3178	1484		1820	1800
1957	456	96	6199	2289		4377	4176
1962	979	123	9187	3173		7279	5321
1965	1056	138	10370	3490		8870	6404
1970	565	135	8698	2646		6658	5339
1975	871	153	12967	4164		10745	7685
1978	887	160	13969	4325		11138	8027
1979	855	161	14603	4511		11762	8278
1980	955	200	15622	4214		11757	8711
1985	1091	207	18508	5664		13334	10427
1990	1208	198	23593	9330	6550	16267	13557
1995	1067	199	24180	10275	6959	17137	14760
2000	1633	242	23034	10639	7999	19125	16686
2001	1607	244	23224	9369	7554	19079	13390
2002	1601	243	23164	9349	7544	17675	12635
2003	1265	240	22552	9678	7342	18008	13075
2004	1371	237	23763	10298	8246	18792	13902
2005	1675	240	25203	11056	9308	19425	14667
2006	1875	225	25695	11484	9440	19497	15005
2007	1872	221	27255	11601	10192	20159	15710
2008	1988	207	29496	12619	11056	22178	17303
2009	1899	216	32356	13413	12425	23389	18579
2010	1837	202	34366	13813	13480	24035	19290
2011	1934	204	38640	15004	15693	25886	20689
2012	1950	226	42397	16140	17519	28611	22592
2013	1959	230	46466	16880	18652	31175	24926
2014	1908	230	48830	17847	19903	31632	25495
2015	2020	232	49934	18307	20913	33106	26932
2016	1995	230	51703	18841	22373	33877	27554
2017	1839	232	53412	19803	23373	34878	28887
2018	2065	243	56607	21189	25123	37455	31510
2019	2252	255	60878	23588	26839	38277	32227
2020	2539	264	65608	25459	28735	41102	34495
2021	2741	268	70622	26894	31265	42934	36546
2022	2846	269	73240	27807	32526	44290	37978
2023	3116	273	78752	29835	35236	47592	41066

注：1996 年起卫生机构数含个体办诊所；表中 2010 年起数据不含平潭县，下同。

14-2 每千人拥有卫生机构情况

年 份	每千人拥有卫生技术人员数（人/千人）	# 医 生	护师（士）	每千人拥有医疗床位数（张/千人）	# 医院床位数
1952	1.34	0.63		0.77	0.76
1957	2.29	0.85		1.62	1.54
1962	3.01	1.04		2.38	1.74
1965	3.16	1.06		2.70	1.95
1970	2.43	0.74		1.86	1.49
1975	3.17	1.02		2.63	1.88
1978	3.19	1.00		2.55	1.00
1979	3.29	1.02		2.65	1.86
1980	3.47	0.94		2.61	1.94
1985	3.79	1.16		2.73	2.13
1990	4.41	1.77	1.24	3.04	2.53
1995	4.30	1.83	1.24	3.05	2.63
2000	4.23	1.80	1.36	3.08	2.83
2001	4.27	1.85	1.27	3.21	2.25
2002	4.21	1.82	1.26	3.15	2.20
2003	3.75	1.56	1.36	3.01	2.19
2004	3.89	1.69	1.35	3.08	2.28
2005	3.49	1.46	1.31	3.15	2.38
2006	4.15	1.84	1.51	3.13	2.40
2007	4.03	1.71	1.50	2.98	2.32
2008	4.32	1.85	1.62	3.25	2.53
2009	4.71	1.95	1.81	3.40	2.70
2010	5.67	2.28	2.23	3.97	3.18
2011	6.35	2.46	2.58	4.25	3.40
2012	6.91	2.63	2.85	4.66	3.68
2013	6.70	2.43	2.69	4.49	3.59
2014	6.97	2.55	2.84	4.51	3.64
2015	7.07	2.59	2.96	4.69	3.81
2016	7.25	2.64	3.14	4.75	3.86
2017	7.41	2.75	3.24	4.84	4.01
2018	7.86	2.99	3.46	5.14	4.33
2019	8.29	3.21	3.66	5.21	4.39
2020	8.30	3.22	3.64	5.20	4.37
2021	8.79	3.35	3.89	5.35	4.55
2022	9.08	3.45	4.04	5.50	4.71
2023	9.74	3.69	4.36	5.88	5.08

注：2013 年前千人均指标按户籍人口计算，2013 年改为按常住人口计算。

14-3 按经济类型分卫生事业基本情况

项目	2015年				
	卫生机构数（个）	卫生技术人员（人）	# 医生	医疗床位（张）	# 医院
总计	**2020**	**49934**	**18307**	**33106**	**26932**
国有单位	424	34053	11730	26439	24037
集体单位	205	6131	1891	4162	305
私营	1347	8966	3924	2137	2135
其他	44	784	762	368	455

项目	2016年				
	卫生机构数(个)	卫生技术人员(人)	# 医生	医疗床位（张）	# 医院
总计	**1995**	**51703**	**18841**	**33877**	**27554**
国有单位	361	35085	11984	26623	24132
集体单位	188	6383	2367	4225	395
私营	1415	9381	4071	2319	2317
其他	31	854	419	710	710

项目	2017年				
	卫生机构数(个)	卫生技术人员(人)	# 医生	医疗床位（张）	# 医院
总计	**1839**	**53412**	**19803**	**34878**	**28887**
国有单位	263	36349	12820	26990	24738
集体单位	184	6051	1999	4054	390
私营	1321	9554	4184	2977	2977
其他	71	1458	800	857	782

14-3 续表 1

项目	2018年				
	卫生机构数（个）	卫生技术人员（人）	# 医生	医疗床位（张）	# 医院
总计	**2065**	**56607**	**21189**	**37455**	**31510**
国有单位	282	37753	13172	28890	26460
集体单位	191	6088	2076	3904	390
私营	1494	11058	5226	3683	3641
其他	98	1708	715	978	1019

项目	2019年				
	卫生机构数(个)	卫生技术人员(人)	# 医生	医疗床位（张）	# 医院
总计	**2252**	**60878**	**23588**	**38277**	**32227**
国有单位	277	39336	14087	29145	26685
集体单位	207	6881	2652	4012	440
私营	1641	12069	5612	4013	4013
其他	127	2592	1237	1107	1089

项目	2020年				
	卫生机构数（个）	卫生技术人员(人)	# 医生	医疗床位（张）	# 医院
总计	**2539**	**65608**	**25459**	**41102**	**34495**
国有单位	285	42442	15151	31022	28361
集体单位	261	7948	2459	4708	440
私营	1947	14250	6576	5208	5208
其他	46	968	1273	164	486

14-3 续表 2

项 目	2021年				
	卫生机构数（个）	卫生技术人员（人）	# 医生	医疗床位（张）	# 医院
总 计	**2741**	**70622**	**26894**	**42934**	**36546**
国有单位	275	43832	15295	31105	28977
集体单位	209	7923	2926	4793	533
私营	2006	14941	6890	4984	4984
其他	251	3926	1783	2052	2052

项 目	2022年				
	卫生机构数（个）	卫生技术人员（人）	# 医生	医疗床位（张）	# 医院
总 计	**2846**	**73240**	**27807**	**42934**	**36546**
国有单位	276	45789	15980	31909	29842
集体单位	213	8175	3001	4788	543
私营	2112	15207	6998	5317	5317
其他	245	4069	1828	920	844

项 目	2023年				
	卫生机构数（个）	卫生技术人员（人）	# 医生	医疗床位（张）	# 医院
总 计	**3116**	**78752**	**29835**	**47592**	**41066**
国有单位	273	48937	16983	34113	31935
集体单位	228	8398	3156	4881	533
私营	2316	16561	7612	5542	5542
其他	299	4856	2084	3056	3056

14-4 各类卫生事业机构医疗床位数

单位：张

项　目	1995 年	2000 年	2005 年	2006 年	2007 年	2008 年	2009 年	2010 年	2011 年	2012 年
总　计	**17137**	**19125**	**19425**	**19497**	**20159**	**22178**	**23389**	**24035**	**25886**	**28611**
# 医院、卫生院	12360	13598	17461	17714	18595	20335	21746	22434	24175	26696
疗养院、所	1020	1133	712	390	230	270	100	100	194	284
门诊部、所	127	6	10	28	35	10	30	20	20	
社区卫生服务中心			160	205	155	268	336	278	168	163
专科疾病防治所、站	423	273	305	345	150	290	198	198	168	195
妇幼保健所、站	27	166	759	800	979	995	979	990	1161	1273
其他卫生事业机构	650	721	18	15	15	10		15		
医学科研机构	100	100								
高等医药院校	30	40								

项　目	2013 年	2014 年	2015 年	2016 年	2017 年	2018 年	2019 年	2020 年	2021 年	2022 年	2023 年
总　计	**31175**	**31632**	**33106**	**33877**	**34878**	**37455**	**38277**	**41102**	**42934**	**44290**	**47592**
# 医院、卫生院	29146	29563	30946	31637	32843	35276	36075	38727	40787	42219	45441
疗养院、所	299	299	299	299		1					
门诊部、所			2	2	27						
社区卫生服务中心	199	189	189	169	166	236	226	214	241	256	277
专科疾病防治所、站	207	257	258	258	322	283	263	253	268	268	77
妇幼保健所、站	1324	1324	1412	1512	1520	1659	1713	1908	1638	1547	1797
其他卫生事业机构											
医学科研机构											
高等医药院校											

注：1997 年起“门诊部、所”数不包括“门诊所”数，仅包括“门诊部”数，下同。

14–5　各类卫生事业机构数

单位：个

项　　目	1995 年	2000 年	2005 年	2006 年	2007 年	2008 年	2009 年	2010 年	2011 年	2012 年
总　计	**1067**	**1633**	**1675**	**1875**	**1872**	**1988**	**1899**	**1837**	**1934**	**1950**
医院、卫生院	199	242	240	225	221	207	216	202	204	226
疗养院、所	5	5	5	3	2	1	1	1	2	2
社区卫生服务中心			11	22	22	34	38	45	46	47
门诊部、所	32	32	51	52	49	75	80	98	130	129
急救中心（站）			2	2	2	2	3	1	1	1
专科防治所、站	11	11	11	10	9	10	10	9	8	8
疾病预防控制中心	17	16	15	15	15	15	15	14	15	15
卫生监督所			6	9	10	10	10	9	9	9
妇幼保健所、站	11	14	16	16	16	16	16	14	14	14
药品检验所、站	6	6								
其他卫生事业机构	10	15	3	1	4	2	7	5	7	7
医学科研机构	5	5	3	3	3	3	3	3	3	3
高等医药院校	2	2								
医学在职培训机构	11	12	2	1	3	1	1	1	1	1
诊所	740	1273	902	1079	1079	1259	1201	1105	1175	1178
社区卫生服务站			136	147	147	137	129	136	127	127
其他			272	290	290	216	169	194	192	183

注：1997 年起“门诊部、所”数不包括“门诊所”数，仅包括“门诊部”数，下同。

14-5 续表 单位：个

项目	2013年	2014年	2015年	2016年	2017年	2018年	2019年	2020年	2021年	2022年	2023年
总计	**1959**	**1908**	**2020**	**1995**	**1839**	**2065**	**2252**	**2539**	**2741**	**2846**	**3116**
医院、卫生院	230	230	232	230	232	243	255	264	268	269	273
疗养院、所	2	2	2	2		1					
社区卫生服务中心	49	49	49	49	49	50	50	49	50	50	50
门诊部、所	131	129	128	143	170	259	301	373	471	496	542
急救中心（站）	1	1	1	1	1	1	2	2	2	2	2
专科防治所、站	7	7	7	7	9	7	7	6	6	6	4
疾病预防控制中心	15	15	15	15	15	15	15	15	15	15	15
卫生监督所	9	9	9	9	9	9	9	9	9	9	9
妇幼保健所、站	14	14	14	14	14	14	14	14	14	14	14
药品检验所、站											
其他卫生事业机构	8	8	159	71							
医学科研机构	4	4	4	4	4	4	4	4	3	3	3
高等医药院校											
医学在职培训机构	1	1	1	1	4	1			1	1	1
诊所	1172	1135	1107	1145	1199	1312	1446	1636	1521	1587	1790
社区卫生服务站	124	120	115	123	128	140	132	143	189	193	499
其他	192	184	177	181	5	9	17	24	192	201	214

14–6 各类卫生事业机构卫生技术人员数

单位：人

项　　目	1995年	2000年	2005年	2006年	2007年	2008年	2009年	2010年	2011年	2012年
总　计	**24180**	**23034**	**25203**	**25695**	**27255**	**29496**	**32356**	**34366**	**38640**	**42397**
医院、卫生院	16291	18024	17962	17930	19111	20302	22755	24678	27224	29750
疗养院、所	389	361	200	50	49	48	15	23	37	81
门诊部、所	2983	652	714	738	845	1059	1093	1351	1945	2077
社区卫生服务中心			187	516	611	939	1039	1160	1258	1283
专科防治所、站	249	256	237	308	256	311	344	344	296	303
卫生疾病预防控制中心	1054	979	823	759	700	795	795	752	821	818
卫生监督所			156	192	210	188	184	172	258	269
妇幼保健所、站	256	383	966	990	1037	1162	1109	1183	1731	1911
药品检验所、站	118	48								
其他卫生事业机构	353	408	107	74	109	127	188	68	89	107
医学科研机构	412	375	101	57	52	51	50	49	46	44
医学在职培训机构	679	451	2	2	9	2	2	1	1	1
中等医药院校	196	190								
诊所	1200	907	2330	2578	2632	3087	3423	2999	3341	4083
其他			1418	1501	1634	1425	1359	1586	1593	1670

14-6 续表 单位：人

项 目	2013年	2014年	2015年	2016年	2017年	2018年	2019年	2020年	2021年	2022年	2023年
总 计	**46466**	**48830**	**49934**	**51703**	**53412**	**56607**	**60878**	**65608**	**70622**	**73240**	**78752**
医院、卫生院	32809	34389	35687	37235	39420	41387	43626	46236	43604	51714	54044
疗养院、所	81	74	74	42		1					
门诊部、所	2193	2118	2038	2105	2461	3958	4580	5375	6581	6641	7449
社区卫生服务中心	1529	1497	1562	1689	1756	1879	1970	2146	2269	2397	2354
专科防治所、站	303	314	313	326	364	333	330	333	375	384	166
卫生疾病预防控制中心	838	818	825	795	787	786	776	906	1086	1168	2499
卫生监督所	232	214	210	189	143	199	200	197	197	190	182
妇幼保健所、站	1992	2048	2255	2497	2616	2620	2664	2798	2734	2793	3286
药品检验所、站											
其他卫生事业机构	123	111	688	138							
医学科研机构	120	101	68	59	38	40	39	31	20	23	21
医学在职培训机构	1	1	1	1	1	1			3	1	1
中等医药院校											
诊所	4360	4287	4077	4143	3951	3977	4211	4823	4271	4347	5027
其他	1885	2858	2136	2484	1875	1426	2482	2763	9482	3582	3723

14-7 各类卫生事业机构医生数

单位：人

项　　目	1995年	2000年	2005年	2006年	2007年	2008年	2009年	2010年	2011年	2012年
总　计	**10275**	**10639**	**11056**	**11484**	**11601**	**12619**	**13413**	**13813**	**15004**	**16140**
医院、卫生院	6479	7276	7329	7385	7569	7914	8558	8967	9502	10039
疗养院、所	138	134	56	16	10	13	3	12	14	26
门诊部、所	1435	360	385	384	423	532	567	704	991	1041
社区卫生服务中心			94	236	280	390	424	480	476	476
专科防治所、站	112	115	117	136	113	145	150	147	129	128
急救中心站			6	6	6	8	7	7	7	7
卫生疾病预防控制中心	683	621	482	397	403	411	468	446	467	439
卫生监督所			94	117		80				
妇幼保健所、站	134	181	366	452	430	501	493	515	602	669
药品检验所、站	5	2								
其他卫生事业机构	33	82	25	11	19	28	44	12	16	15
医学科研机构	176	164	30	27	27	29	28	27	24	23
高等医药院校	391	263								
医学在职培训机构			1	1	5	1	1			
诊所	372	549	1307	1565	1565	1833	1990	1753	2001	2389
其他			764	751	751	734	680	743	775	888

14-7 续表

单位：人

项目	2013年	2014年	2015年	2016年	2017年	2018年	2019年	2020年	2021年	2022年	2023年
总计	**16880**	**17847**	**18307**	**18841**	**19803**	**21189**	**23588**	**25459**	**26894**	**27807**	**29835**
医院、卫生院	10959	11530	11862	12349	13357	14091	15083	15949	16682	17389	18416
疗养院、所	26	25	25	16		1					
门诊部、所	1104	1102	1054	1095	1254	2106	2421	2840	3479	3577	3864
社区卫生服务中心	523	533	582	604	637	680	736	764	795	813	833
专科防治所、站	125	134	135	139	150	137	143	142	165	162	83
急救中心站	7	7	7	9	9	9	12	11	11	11	11
卫生疾病预防控制中心	432	437	465	447	450	448	446	494	524	532	665
卫生监督所											
妇幼保健所、站	681	699	765	826	938	943	987	1039	974	1032	1199
药品检验所、站											
其他卫生事业机构	14	16	273	83							
医学科研机构	71	54	45	39	28	25	25	20	14	17	16
高等医药院校											
医学在职培训机构											
诊所	2049	1958	2179	2185	1906	2106	2305	2655	2391	2407	2748
其他	889	1352	915	1049	1074	643	1430	1545	1859	1867	2000

14-8 各类医院数

单位：个

项目	1995年	2000年	2005年	2006年	2007年	2008年	2009年	2010年	2011年	2012年
医院	**60**	**71**	**84**	**78**	**77**	**73**	**82**	**82**	**85**	**103**
综合医院	15	16	46	43	44	38	41	43	43	55
中医医院	10	10	14	12	12	12	13	12	14	15
中西医结合医院	4	5	1	1	1	1	1	1	1	1
传染病院	1	1	1	1	1	1	1	1	1	1
精神病院	2	2	2	3	3	4	4	4	4	6
结核病院	1	1	1	1	1	1	1	1	1	1
口腔医院	1	1	1	1	1	1	1	1	1	1
眼科医院			2	2	2	2	1	1	1	2
儿童医院	1	1	1	1	1	1	1	1	1	1
骨科医院			1	1	1	1	1			1
美容医院	1	1	2	2	2	2	2	2	2	2
肿瘤医院	1	1	2	1	1	1	1	1	1	1
其他专科医院	1	1	5	5	7	8	14	14	15	16
其他医院	6	6	5	4						
卫生院	**152**	**171**	**156**	**147**	**144**	**134**	**134**	**120**	**119**	**123**

14-8 续表

单位：个

项目	2013年	2014年	2015年	2016年	2017年	2018年	2019年	2020年	2021年	2022年	2023年
医　院	**107**	**107**	**109**	**107**	**109**	**120**	**132**	**139**	**144**	**146**	**150**
综合医院	57	57	58	57	55	63	65	67	70	70	67
中医医院	16	16	16	16	16	16	16	17	16	15	16
中西医结合医院	1	1	2	2	2	3	3	2	2	2	2
传染病院	1	1	1	1	1	1	1	1	1	1	1
精神病院	6	6	5	5	5	7	8	10	12	12	15
结核病院	1	1	1	1	1	1	1	1	1	1	1
口腔医院	1	1	2	2	4	5	6	6	6	8	10
眼科医院	3	3	3	3	2	4	6	8	9	9	9
儿童医院	1	1	1	1	1	1	1	2	2	2	2
骨科医院	1	1	1	1	2	3	3	4	4	4	4
美容医院	3	3	3	3	4	3	4	4	4	4	4
肿瘤医院	1	1	1	1	4	1	1	1	1	1	1
其他专科医院	15	15	15	14	12	12	17	16	9	9	10
其他医院											
卫生院	**123**	**123**	**123**	**123**	**123**	**123**	**123**	**123**	**124**	**123**	**123**

14-9 各类医院卫生技术人员数

单位：人

项　　目	1995年	2000年	2005年	2006年	2007年	2008年	2009年	2010年	2011年	2012年
医　院	**12762**	**13511**	**14522**	**14825**	**15958**	**16828**	**19049**	**20760**	**23088**	**25159**
综合医院	4501	4913	9591	9785	10723	10871	12583	13880	14577	15616
中医医院	780	814	1754	1722	1843	2161	2309	2498	3282	3749
中西医结合医院	3065	3172	625	806	814	979	982	1153	1236	1350
传染病院	288	221	238	244	245	246	252	272	277	407
精神病院	620	440	410	426	433	500	522	509	594	656
结核病院	313	306	291	281	295	303	302	308	332	337
口腔医院	418	444	110	113	112	123	129	140	151	149
眼科医院			127	134	166	207	210	212	254	230
儿童医院	151	137	155	152	154	156	171	193	226	263
骨科医院			8	17	14	12	19			20
美容医院			44	49	54	62	64	78	82	65
肿瘤医院	532	667	798	797	825	868	909	900	1242	1395
其他专科医院	576	608	117	125	280	340	597	617	835	922
其他医院	883	939	254	174						
卫生院	**4424**	**4493**	**3440**	**3105**	**3153**	**3474**	**3706**	**3918**	**4136**	**4591**

14–9 续表 单位：人

项　　目	2013年	2014年	2015年	2016年	2017年	2018年	2019年	2020年	2021年	2022年	2023年
医　院	**27900**	**29595**	**30879**	**32235**	**34281**	**36324**	**38346**	**40610**	**43604**	**45634**	**47849**
综合医院	17432	18295	19047	20027	21226	22141	23405	24000	25290	26571	27951
中医医院	4330	4615	4839	5002	5134	5485	5638	5845	6154	6454	6920
中西医结合医院	1452	1779	1782	1833	1938	2027	2007	2032	2087	2092	2075
传染病院	454	476	487	521	541	555	591	588	645	713	906
精神病院	708	696	710	756	813	984	1137	1355	1585	1725	2120
结核病院	350	348	346	337	350	531	511	505	546	539	559
口腔医院	164	330	364	389	456	566	667	704	721	774	914
眼科医院	342	322	337	337	319	482	649	708	709	708	701
儿童医院	264	264	274	295	365	390	401	1216	1659	1709	1578
骨科医院	21	25	25	30	152	293	132	374	421	419	439
美容医院	90	96	112	108	174	140	166	218	275	213	225
肿瘤医院	1467	1525	1650	1671	1636	1628	1717	1820	1911	1972	2036
其他专科医院	826	824	906	929	1177	1102	1325	1245	568	621	612
其他医院											
卫生院	**4909**	**4794**	**4808**	**5000**	**5139**	**5063**	**5280**	**5626**	**5880**	**6080**	**6195**

14-10 各类医院医生数

单位：人

项目	1995年	2000年	2005年	2006年	2007年	2008年	2009年	2010年	2011年	2012年
医院	**4621**	**5226**	**5738**	**5948**	**6158**	**6460**	**7088**	**7494**	**8068**	**8449**
综合医院	1744	1850	3782	3907	4014	4202	4675	4931	5016	5133
中医医院	273	351	793	775	869	892	949	1013	1203	1364
中西医结合医院	978	1229	279	367	343	348	311	377	475	442
传染病院	58	61	61	71	78	78	86	93	91	107
精神病院	110	102	104	108	119	131	137	146	153	183
结核病院	95	93	91	84	98	111	110	115	134	132
口腔医院	150	176	67	73	78	84	82	90	112	115
眼科医院			60	52	70	74	57	59	89	86
儿童医院	87	49	67	64	67	69	81	84	107	89
骨科医院			3	6	5	5	6			
美容医院			19	24	19	28	24	27	29	33
肿瘤医院	224	214	246	282	291	309	340	337	361	381
其他专科医院	252	244	69	73	107	129	230	222	298	384
其他医院	393	420	97	62						
卫生院	**1813**	**2032**	**1591**	**1437**	**1411**	**1454**	**1470**	**1473**	**1434**	**1590**

14-10 续表

单位：人

项目	2013年	2014年	2015年	2016年	2017年	2018年	2019年	2020年	2021年	2022年	2023年
医院	**9369**	**9772**	**10290**	**10732**	**11708**	**12407**	**13323**	**14112**	**14805**	**15449**	**16445**
综合医院	5674	5857	6224	6564	7167	7423	8027	8409	8697	8978	9552
中医医院	1638	1741	1822	1828	1945	2113	2207	2295	2314	2394	2623
中西医结合医院	532	594	581	608	634	654	716	710	748	753	745
传染病院	120	147	149	143	179	187	213	210	223	243	311
精神病院	183	179	188	190	201	259	272	318	343	377	430
结核病院	135	133	127	123	122	164	144	142	161	158	184
口腔医院	124	161	172	186	213	255	312	325	336	361	422
眼科医院	127	124	131	129	122	172	197	247	232	234	237
儿童医院	91	91	95	105	159	170	195	356	502	564	591
骨科医院	7	11	11	12	52	94	95	115	130	129	150
美容医院	42	45	46	47	76	62	83	83	119	107	100
肿瘤医院	401	410	441	469	471	476	494	485	514	571	598
其他专科医院	295	279	303	328	367	378	368	417	171	210	223
其他医院											
卫生院	**1590**	**1558**	**1572**	**1617**	**1649**	**1684**	**1760**	**1837**	**1877**	**1940**	**1971**

14-11 各类医院护士数

单位：人

项目	1995年	2000年	2005年	2006年	2007年	2008年	2009年	2010年	2011年	2012年
医院	**4707**	**5610**	**6201**	**6247**	**6928**	**7288**	**8495**	**9424**	**10673**	**11844**
综合医院	1852	2164	4175	4139	4741	4774	5782	6500	7011	7603
中医医院	199	243	633	630	661	800	889	978	1258	1450
中西医结合医院	1002	1341	232	308	341	435	475	564	635	697
传染病院	100	109	127	122	116	116	116	126	131	217
精神病院	293	279	256	261	257	295	289	297	351	366
结核病院	170	162	163	144	143	149	149	151	155	156
口腔医院	159	167	29	29	28	28	28	28	26	27
眼科医院			33	53	63	65	87	87	101	132
儿童医院	56	58	62	60	58	57	59	67	79	125
骨科医院			3	4	4	6	6			8
美容医院			21	20	18	25	27	31	31	28
肿瘤医院	200	313	357	367	391	406	369	371	564	626
其他专科医院	210	236	35	34	107	132	219	224	331	409
其他医院	305	321	75	76						
卫生院	**921**	**1083**	**1058**	**939**	**994**	**1106**	**1159**	**1254**	**1387**	**1586**

14-11 续表

单位：人

项　　目	2013年	2014年	2015年	2016年	2017年	2018年	2019年	2020年	2021年	2022年	2023年
医　院	**13076**	**14034**	**14847**	**15902**	**16837**	**17913**	**18913**	**19818**	**21733**	**22690**	**24048**
综合医院	8456	8950	9430	10236	10634	11206	11840	11955	12860	13496	14464
中医医院	1709	1850	1925	2014	2124	2265	2339	2417	2594	2783	2976
中西医结合医院	694	889	925	975	1032	1042	1031	1002	1064	1066	1059
传染病院	232	252	254	258	265	266	278	279	325	329	433
精神病院	393	397	410	448	502	585	682	848	999	1078	1378
结核病院	159	159	162	160	158	260	253	245	269	263	266
口腔医院	27	120	158	164	202	271	313	343	342	356	418
眼科医院	190	177	182	174	162	243	297	316	332	338	339
儿童医院	126	126	130	140	141	148	142	606	789	813	718
骨科医院	11	11	11	12	72	163	169	201	211	211	209
美容医院	40	41	51	46	82	70	74	126	143	91	111
肿瘤医院	657	657	751	825	840	848	896	879	1021	1001	1045
其他专科医院	382	405	458	450	623	546	599	601	299	319	304
其他医院											
卫生院	**1685**	**1680**	**1737**	**1864**	**1935**	**1921**	**2025**	**2161**	**2282**	**2350**	**2397**

14-12 各类医院医疗床位数

单位：张

项目	1995年	2000年	2005年	2006年	2007年	2008年	2009年	2010年	2011年	2012年
医院	**11713**	**13573**	**14667**	**15005**	**15710**	**17303**	**18579**	**19290**	**20689**	**22592**
综合医院	4094	4533	9189	9287	10046	10631	11570	11701	12286	13529
中医医院	570	810	1571	1521	1597	1872	2102	2242	2392	2592
中西医结合医院	2239	2658	622	848	753	753	941	1200	1359	1568
传染病院	300	300	300	300	300	450	350	446	516	516
精神病院	930	880	890	1090	1090	1366	1190	1290	1290	1490
结核病院	500	500	355	355	355	555	597	564	566	566
口腔医院	300	289	30	30	30	30	30	30	30	30
眼科医院			70	100	90	99	90	90	90	189
儿童医院	100	100	100	100	100	200	200	218	245	245
骨科医院			20	20	20	20	20			20
美容医院			40	40	27	40	27	27	32	32
肿瘤医院	627	722	1030	1058	1088	1099	1069	1088	1300	1149
其他专科医院	489	435	139	144	214	188	393	394	583	666
其他医院	1061	1083	311	112						
卫生院	**2884**	**3088**	**2794**	**2709**	**2885**	**3032**	**3167**	**3144**	**3486**	**4104**

14–12　续表　　　　单位：张

项　　目	2013年	2014年	2015年	2016年	2017年	2018年	2019年	2020年	2021年	2022年	2023年
医　院	**24926**	**25495**	**26932**	**27554**	**28887**	**31510**	**32227**	**34495**	**36546**	**37978**	**41066**
综合医院	14965	15165	16178	16270	16678	17922	18165	18849	19456	20503	22397
中医医院	3140	3215	3451	3466	3568	3983	4237	4526	4560	4655	5161
中西医结合医院	1568	1748	1716	1716	1713	1753	1743	1669	1669	1625	1665
传染病院	556	556	584	570	534	549	552	550	638	667	900
精神病院	1576	1608	1705	1875	2210	2930	2859	3780	4302	4514	5048
结核病院	566	570	570	570	570	570	570	594	594	636	569
口腔医院	30	45	45	45	85	100	110	110	110	135	165
眼科医院	279	279	279	279	279	364	479	538	596	573	566
儿童医院	261	261	257	308	380	456	509	558	1004	1029	1088
骨科医院	20	20	20	20	126	250	250	365	365	365	401
美容医院	60	60	60	60	80	60	80	80	80	80	80
肿瘤医院	1300	1400	1400	1400	1536	1581	1668	1668	1664	1672	1676
其他专科医院	605	568	667	975	1128	992	1005	1208	622	618	648
其他医院											
卫生院	**4220**	**4068**	**4014**	**4083**	**3956**	**3766**	**3848**	**4232**	**4241**	**4241**	**4375**

14-13 县及县以上医院工作基本情况

年　份	诊疗人数（人次）	#门（急）诊	入院人数（人）	出院人数（人）	病死率（%）	病床周转数（次）
1990	5625373	5576648	174436	174079	1.40	19.1
1993	5053064	4733380	132788	131257	0.80	18.6
1994	4675285	4336221	134944	134493	0.70	18.3
1995	4492111	4212624	124230	124017	0.70	17.1
1996	4838732	4508640	115656	115516	1.00	15.0
1997	4921130	4506292	111251	111370	0.57	14.4
1998	4960208	4580265	109636	109460	0.62	14.5
1999	4995665	4639718	116629	116048	0.65	13.0
2000	5542899	5123333	131586	132433	0.64	16.7
2001	5118519	4651382	134047	134328	0.61	17.4
2002	5441286	5051767	141038	140998	0.60	18.2
2003	5842174	5567886	157800	158143	0.47	21.5
2004	10729268	10467794	275582	275558	0.53	21.3
2005	11933688	11581875	294901	300831	0.53	23.6
2006	11863906	11704586	339960	341670	0.48	23.7
2007	13071508	12966732	393348	389684	0.43	26.1
2008	14018644	13845141	425068	454620	0.38	25.2
2009	15711417	15565915	488820	487759	0.32	26.3
2010	17411149	17282069	563722	562486	0.25	28.9
2011	19596512	19501695	637965	635741	0.22	30.8
2012	22297764	22083839	747587	746702	0.16	33.5
2013	23707151	23396453	780387	778388	0.15	32.2
2014	25049655	24792488	807117	805076	0.15	31.6
2015	24316429	24134919	824644	823293	0.13	30.2
2016	24333447	24167877	850444	848621	0.17	30.4
2017	24047991	23905118	903944	901735	0.11	31.7
2018	21607684	21404634	772888	771755	0.14	33.7
2019	25064126	24882656	1014984	1009437	0.18	37.4
2020	20761804	20516903	955080	955495	0.13	29.2
2021	21957270	21870105	931520	931226	0.12	32.9
2022	21808635	21649991	955719	959386	0.13	32.6
2023	23270398	23185939	1189564	1182548	0.14	38.8

14-14 各类医院工作基本情况

（2023 年）

项　　目	诊疗人数（人次）	#门（急）诊	入院人数（人）	出院人数（人）	病床周转数（次）
医院	**25548132**	**25388792**	**1338217**	**1330021**	**33.5**
综合医院	14702435	14593735	806159	801123	37.5
中医医院	4884900	4872779	164603	163928	33.7
中西医结合医院	1159316	1152952	64728	64378	39.1
传染病院	347581	347581	28992	28754	32.9
精神病院	434576	433532	18917	19362	3.9
结核病院	280079	280079	18025	17665	29.0
口腔医院	594633	585057	292	292	3.1
眼科医院	504128	504128	26825	26823	51.5
儿童医院	1229698	1229698	59619	59321	63.2
骨科医院	91960	75559	10230	9990	24.9
美容医院	147951	147951	1293	1283	17.9
肿瘤医院	415551	415551	116282	115000	68.6
其他专科医院	168161	163881	11599	11528	19.6
其他医院					
卫生院	**6386184**	**5280963**	**72637**	**72272**	**17.2**

14–15 体育设施情况

单位：个

年　份	体育场	体育馆	运动场	足球场	游泳池	有固定看台灯光球场
1995	185		6	1	36	10
2000	365	1	11	1	44	23
2005	403	1	16	1	79	14
2006	416	1	15	1	85	25
2007	418	1	17	1	88	27
2008	418	1	17	2	49	28
2009	418	1	18	2	86	28
2010	418	1	18	2	86	28
2011	418	3	18	2	86	28
2012	418	3	18	2	86	28
2013	419	17	365	58	166	135
2014	49	17	365	58	166	135
2015	50	20	356	70	167	135
2016	50	21	356	81	168	135
2017	50	21	356	85	182	135
2018	44	18	684	594	261	4774
2019	44	20	707	672	347	5214
2020	45	19	702	691	355	4560
2021	43	19	725	823	378	5466
2022	47	20	743	843	401	5422
2023	47	24	754	857	413	5582

注：1.2014 年的体育场是指标准体育场，不含操场等不规范场地。

2.2018 年以后指标及数据来自全国体育场地统计调查，全市范围，不含平潭，含教育系统。

3.2018 年数据根据统计结果有进行修正。

14–16 县级以上运动会

年 份	次数（次）	参加人数（万人）
1995	21	8
2000	36	11
2005	22	10
2006	36	25
2007	270	60
2008	315	75
2009	13	9
2010	8	10
2011	5	8
2012	3	6
2013	4	7
2014	12	15
2015	14	18
2016	16	20
2017	18	22
2018	20	22
2019	20	20
2020	13	10
2021	14	10
2022	13	8
2023	13	10

注：表中 2010 年起数据不含平潭县，下同。

14–17 获国际和全国比赛冠军数

年 份	全国冠军世界冠军		全国冠军	
	项数（项）	人数（人次）	项数（项）	人数（人次）
1990	7	14	7	8
1991	1	2	1	2
1992	1	2		
1993	5	6		
1994	3	4		
1995	3	4	4	8
1996	1	1		
1997	1	1	5	7
1998	4	4	6	14
1999	6	8	4	6
2000	6	15	4	15
2001	2	2	2	7
2002	12	12	36	36
2003	5	4	23	23
2004			2	2
2005			8	8
2006	3	1	11	13
2007	3	3	13	12
2008	1	1	10	11
2009			4	8
2010	5	3	19	14
2011	10	5	23	28
2012	10	8	46	23
2013	4	8	10	26
2014			4	4
2015	2	2	41	41
2016	5	6	16	16
2017	7	7	32	32
2018	6	5	15	11
2019	25	25	71	81
2020			30	28
2021	2	2	23	24
2022	1	1	10	5
2023	2	1	9	9

14-18　律师　公证　调解工作基本情况

项　　目	单　位	2013年	2014年	2015年	2016年	2017年	2018年	2019年	2020年	2021年	2022年	2023年
一、律师工作												
律师事务所	个	118	130	139	195	216	230	270	293	332	357	406
取得法律职业资格	人	752	789	725	759	1029		1161	1040	1241	1398	
#专职律师	人	980	1128	1250	2651	2912	3194	3673	3875	4155	4649	4882
兼职律师	人	63	63	81	203	200	199	202	204	208	224	225
当年办理诉讼代理总数	件	12084	13061	15221	30314	45941	44747	60253	67184	89437	93670	106622
#经济诉讼代理	件											
民事诉讼代理	件	8298	9439	11326	24525	37454	36519	48004	55201	70070	79174	89512
刑事诉讼辩护及代理	件	3360	3138	3396	4356	6074	5797	9070	8630	15025	10531	13225
行政诉讼代理	件	426	484	499	1433	2413	2431	3179	3353	4342	3965	3885
聘请常年法律顾问单位	个	1372	1403	1765		4495	5838	6347	6708	7387	7607	8169
非诉讼法律事务	件	1814	3461	3903	4213	5464	8490	15819	14876	14195	14007	10788
代写法律事务文书	件	34172	32186	35081	3438	47889	21374	18558	17549	14825	11526	12087
二、公证工作												
公证处	个	14	14	14	14	14	16	16	16	16	16	16
公证人员	人	240	245	257	248	272	325	341	334	336	353	365
#公证员	人	88	89	94	95	101	102	100	103	101	115	112
办理公证书	件	215468	216430	224785	245607	238795	235423	230089	104614	130489	141459	262984
国内公证	件	55582	54261	55813	67894	79286	83526	68223	45812	58153	54393	71169
涉港澳台公证	件	12169	12577	11995	11976	10730	10099	10532	3993	4202	4691	11183
涉外公证	件	147717	149592	156977	165737	148779	141798	151334	54809	68134	82375	180632
三、调解工作												
专职司法助理员	人	358	372	405	392	387	399	391	402	404	100	231
人民调解委员会	个	2947	4787	3068	3068	3129	3155	3149	2965	2933	2993	3035
调解人员	人	15511	12529	13062	13071	13571	13646	11514	8325	8536	10263	10887
调解民事纠纷	件	17157	15272	14958	15088	14762	15038	14805	21620	28155	37750	54734

14–19　国内公证文书办理情况

单位：件

项　　目	2013 年	2014 年	2015 年	2016 年	2017 年
合　计	**55582**	**54261**	**55813**	**67894**	**79286**
合同（协议）	2528	2118	2687	1749	1164
继　承	7807	7844	6959	5184	5264
单方法律行为	23774	10973	5960	13383	9133
现场监督	67	28	75	42	39
保全证据	469	400	293	221	268
公司章程	1	2	24	3	14
组织资格	3	123	11	7	
财产权	25				
身　份		1	8	5	7
收养关系	10	9	36		10
婚姻状况	17	48	76	59	61
亲属关系	580	526	758	652	741
有无违法犯罪记录	2	8	51	16	27
其他有法律意义事实	1507	2477	596	280	2710
证书（执照）	134	161	121	173	3890
签名（印鉴）	3597	14781	20257	29748	11694
文本相符	7514	8309	11415	11524	36327
赋予执行效力	390	82	31	28	3
执行证书				1	
抵押登记	1				
提　存	1				1
保　管					
其　他	7155	6371	6455	4819	7933

14–19 续表

单位：件

项　　目	2018 年	2019 年	2020 年	2021 年	2022 年	2023 年
合　计	**130379**	**134057**	**44523**	**58153**	**141459**	**71169**
合同（协议）	275	875	660	1147	1082	1321
继　承	8818	9720	7314	10958	9831	13524
单方法律行为			17791	26666		28006
现场监督	108	237	171	223	489	502
保全证据	2079	2538	2643	6905	5793	3422
公司章程	5	3	1		2	
组织资格			42			
财产权			58	60		
身　份			62	8	155	3
收养关系			1			
婚姻状况			35	82	17334	28
亲属关系			590	658		926
有无违法犯罪记录	24454	20250	7	7	14192	40
其他有法律意义事实			45	51		58
证书（执照）	11694	24344	466	743	16112	206
签名（印鉴）	10609	8386	527	1	3673	2225
文本相符	53952	66478	7248	8229	30167	19461
赋予执行效力	220	74	181	205	366	244
执行证书		14	5	9	9	9
抵押登记						
提　存		7	11	47	83	131
保　管			14			
其　他	18165	1131	6649	2154	42171	1063

主要统计指标解释

卫生机构 包括医疗机构、疾病预防控制中心（防疫站）、采供血机构、卫生监督及监测（检验）机构、医学科研和在职培训机构、健康教育所等。医疗机构包括医院、社区卫生服务中心（站）、疗养院、卫生院、门诊部、诊所（卫生所、医务室）妇幼保健院（所、站）、专科疾病防治院（所、站）急救中心（站）和临床检验中心。

医院 包括综合医院、中医医院、中西结合医院、民族医院、各类专科医院和护理院。

卫生技术人员 指卫生机构中医生、护理人员、药剂人员、检验人员等卫生技术人员。

等级运动员人数 指经考核正式批准授予等级运动员称号的人数。运动员等级分为国际级运动健将、运动健将、一级运动员、二级运动员、三级运动员、少年级运动员。

等级裁判员人数 指经考核正式批准授予等级裁判员称号的人数。裁判员等级分为国际裁判、国家级裁判、一级裁判、二级裁判、三级裁判。

律师 指依法取得律师执业证书，担任法律顾问，民事（刑事、行政）案件代理人、刑事案件辩护人，办理非诉讼业务，解答法律询问，代写法律事务文书等，为社会提供法律服务的人员。

公证人员 指在公证处工作的人员总称，包括公证处主任、副主任、公证员、公证员助理（助理公证员）和其他从事辅助性工作的人员。

公证文书 指公证处根据当事人申请，依照事实和法律，按照法定程序制作的，具有法律效力的司法证明文书。根据公证书用途和使用地，公证书分为国内公证书、国内经济公证书、涉外民事公证书和涉外经济公证书四类。

调解员 指在人民调解委员会担负调解民间纠纷的工作人员，包括调解委员会的委员和调解小组的调解员。

调解民间纠纷 指调解委员会依照法律规定，根据自愿原则，用说服教育的方法调解民间发生的有关民事权利和义务的争执，促成当事双方达到协议和谅解，解决纠纷。包括婚姻家庭纠纷，财产权益纠纷等，不包括法院受理调解的民事案件数。

15 城市比较

15-1 全省及九个设区市主要经济指标

（2023 年）

项　　目	单位	全省		福州市		厦门市		莆田市	
		绝对数	比上年增长（%）	绝对数	比上年增长（%）	绝对数	比上年增长（%）	绝对数	比上年增长（%）
年末常住总人口	万人	4183.0	–0.1	846.9	0.3	532.7	0.4	317.9	–0.6
城镇化率	%	71.0	0.9	73.9	0.6	90.8	0.6	65.0	1.0
地区生产总值	亿元	54355.10	4.5	12928.47	5.2	8066.49	3.1	3070.73	3.6
第一产业	亿元	3217.66	4.2	721.59	4.0	27.73	–4.0	149.94	3.5
第二产业	亿元	23966.43	3.7	4675.12	4.8	2867.94	–2.8	1503.32	2.9
第三产业	亿元	27171.01	5.2	7531.77	5.5	5170.81	7.0	1417.47	4.4
农林牧渔业总产值	亿元	5729.21	4.3	1235.28	4.1	59.35	–2.8	281.75	3.6
一般公共预算总收入	亿元	5907.88	9.8	1189.77	12.3	1577.06	5.6	252.35	15.3
一般公共预算收入	亿元	3591.87	7.6	754.08	8.0	932.10	5.5	162.81	7.8
社会消费品零售总额	亿元	22109.57	5.0	4963.76	6.1	2743.33	2.9	1872.64	3.8
城镇居民人均可支配收入	元	56153	4.3	58009	4.3	72880	3.4	48371	3.8
农村居民人均可支配收入	元	26722	6.9	28636	6.7	34206	5.8	26316	6.5
城镇非私营单位在岗职工平均工资	元	111401	4.1	123169	6.6	126571	1.7	89050	5.2

注：地区生产总值为快报数，下同。

15-1 续表 1 （2023 年）

项目	单位	三明市		泉州市		漳州市	
		绝对数	比上年增长（%）	绝对数	比上年增长（%）	绝对数	比上年增长（%）
年末常住总人口	万人	242.9	-1.1	888.3	0.1	506.3	-0.1
城镇化率	%	65.9	1.5	70.8	0.8	64.2	0.9
地区生产总值	亿元	3007.10	1.8	12172.33	4.8	5728.43	5.9
第一产业	亿元	355.08	4.6	261.66	3.9	599.34	5.5
第二产业	亿元	1342.53	0.0	6469.12	4.1	2694.45	5.5
第三产业	亿元	1309.49	3.0	5441.55	5.7	2434.64	6.5
农林牧渔业总产值	亿元	600.61	4.6	474.20	3.9	1117.88	5.5
一般公共预算总收入	亿元	170.99	8.2	1018.47	10.6	407.80	19.6
一般公共预算收入	亿元	117.97	5.9	580.79	10.3	279.30	11.5
社会消费品零售总额	亿元	914.17	3.5	6271.34	4.8	2080.09	9.2
城镇居民人均可支配收入	元	46517	4.2	60697	5.1	48736	5.1
农村居民人均可支配收入	元	24822	6.9	29596	7.3	27788	7.7
城镇非私营单位在岗职工平均工资	元	108908	0.5	93989	4.9	104254	0.5

15-1　续表 2

（2023 年）

项　　目	单位	南平市		龙岩市		宁德市	
		绝对数	比上年增长（%）	绝对数	比上年增长（%）	绝对数	比上年增长（%）
年末常住总人口	万人	263.0	-0.8	269.3	-0.9	315.7	0.0
城镇化率	%	62.3	1.4	65.4	1.3	64.0	1.1
地区生产总值	亿元	2270.00	5.0	3317.96	3.8	3807.33	8.6
第一产业	亿元	381.60	4.4	322.86	3.9	401.13	3.9
第二产业	亿元	809.95	6.1	1339.06	2.3	2136.12	11.8
第三产业	亿元	1078.45	4.3	1656.04	5.0	1270.08	4.6
农林牧渔业总产值	亿元	675.32	4.4	566.54	4.0	718.28	4.0
一般公共预算总收入	亿元	164.06	11.4	362.53	1.7	361.51	32.6
一般公共预算收入	亿元	113.37	8.9	172.70	4.4	209.88	25.3
社会消费品零售总额	亿元	842.56	6.5	1487.08	4.2	934.58	2.5
城镇居民人均可支配收入	元	42867	4.3	47879	4.1	44639	4.4
农村居民人均可支配收入	元	23327	7.1	26056	6.8	24819	7.4
城镇非私营单位在岗职工平均工资	元	95388	1.4	108487	6.2	111960	6.4

15-2 全国26个省会城市主要经济指标

（2023年）

地区	地区生产总值		第一产业增加值		第二产业增加值	
	绝对数（亿元）	比上年增长（%）	绝对数（亿元）	比上年增长（%）	绝对数（亿元）	比上年增长（%）
福州	**12928.47**	**5.2**	**721.59**	**4.0**	**4675.12**	**4.8**
广州	30355.73	4.6	317.78	3.5	7775.71	2.6
成都	22074.72	6.0	594.86	3.0	6370.87	3.0
南京	17421.40	4.6	317.75	1.7	5929.00	2.8
哈尔滨	5576.30	3.1	630.10	–1.4	1293.60	–0.6
沈阳	8122.05	6.1	334.43	5.0	2953.11	7.2
长春	7002.10	6.6	531.00	4.8	2616.50	6.8
济南	12757.42	6.1	429.53	4.1	4312.01	7.8
武汉	20011.65	5.7	474.38	4.2	6800.91	5.1
西安	12010.76	5.2	325.20	3.4	4146.92	6.2
杭州	20058.98	5.6	347.10	3.7	5666.88	1.8
石家庄	7534.20	6.1	576.90	4.1	2309.20	7.2
太原	5573.74	3.8	45.98	–3.9	2341.68	2.2
合肥	12673.78	5.8	377.20	3.5	4642.21	7.1
南昌	7203.50	4.1	248.60	3.6	3484.61	4.6
郑州	13617.80	7.4	172.20	1.0	5373.40	11.1
长沙	14331.98	4.8	451.89	3.5	5365.53	5.6
南宁	5469.06	4.0	636.40	4.5	1194.58	1.1
贵阳	5154.75	6.0	207.48	4.0	1805.28	5.8
昆明	7864.76	3.3	353.43	4.1	2281.88	–2.3
兰州	3487.30	4.4	73.10	5.0	1120.60	0.4
西宁	1801.13	8.6	65.06	4.7	692.59	14.0
银川	2685.63	7.2	99.47	8.2	1302.90	10.1
海口	2358.44	9.3	103.48	4.5	432.93	7.6
乌鲁木齐	4168.46	6.0	33.12	13.7	1146.74	0.9
呼和浩特	3801.55	10.0	167.53	7.7	1337.70	15.4

15-2 续表 1 （2023 年）

地区	第三产业增加值		社会消费品零售总额		出口总额
	绝对数（亿元）	比上年增长(%)	绝对数（亿元）	比上年增长（%）	绝对数（亿元）
福州	**7531.77**	**5.5**	**4963.76**	**6.1**	**2558.50**
广州	22262.24	5.3	11012.62	6.7	6502.64
成都	15108.99	7.5	10001.60	10.0	4538.60
南京	11174.65	5.6	8201.07	4.7	3333.12
哈尔滨	3652.50	5.1	2384.00	8.6	212.80
沈阳	4834.51	5.5	4210.40	9.0	524.51
长春	3854.60	6.7	2109.80	10.6	331.30
济南	8015.88	5.2	5199.03	6.6	1373.40
武汉	12736.36	6.2	7531.90	8.6	2167.30
西安	7538.64	4.7	4811.60	3.7	2334.00
杭州	14045.00	7.2	7670.57	5.2	5338.72
石家庄	4648.10	5.9	2751.20	12.9	774.30
太原	3186.08	4.8	1912.88	8.6	826.94
合肥	7654.38	5.1	5270.83	5.0	2327.07
南昌	3470.29	3.7	3012.00	4.6	954.89
郑州	8072.20	5.1	5623.10	7.7	3569.10
长沙	8514.55	4.3	5561.67	6.2	1896.89
南宁	3638.08	4.8	2424.80	2.8	623.04
贵阳	3142.00	6.2	2526.77	5.2	380.35
昆明	5229.45	5.9	3574.28	5.5	--
兰州	2293.60	6.2	1796.30	12.4	47.30
西宁	1043.48	5.8	624.81	17.5	38.83
银川	1283.26	4.6	806.46	1.9	88.20
海口	1822.03	9.9	1088.83	8.6	291.82
乌鲁木齐	2988.60	7.8	1231.34	19.2	545.55
呼和浩特	2296.32	7.6	1202.59	13.5	118.10

15-2 续表2 （2023年）

地 区	一般公共预算收入		城镇居民人均可支配收入		农村居民人均可支配收入	
	绝对数（亿元）	比上年增长（%）	绝对数（元）	比上年增长（%）	绝对数（元）	比上年增长（%）
福 州	**754.08**	**8.0**	**58009**	**4.3**	**28636**	**6.4**
广 州	1944.15	4.8	80501	4.8	38607	6.4
成 都	1929.30	12.0	–	4.7	–	6.9
南 京	1619.98	4.0	79858	4.2	36789	6.1
哈尔滨	313.10	19.4	45784	4.1	23647	6.2
沈 阳	800.85	12.2	53650	3.8	24197	8.3
长 春	576.52	25.4	45480	5.2	20443	8.1
济 南	1060.82	6.0	62506	5.1	25587	7.3
武 汉	1601.20	6.4	61693	5.6	31560	7.7
西 安	951.61	14.1	51178	5.7	19826	8.4
杭 州	2616.81	6.8	80587	4.6	48180	6.6
石家庄	737.90	6.6	47564	6.3	21242	7.1
太 原	449.24	2.7	45835	4.9	24488	7.3
合 肥	929.63	2.2	59609	6.1	31140	8.4
南 昌	457.68	–5.6	52622	4.3	24218	5.7
郑 州	1165.80	3.1	48740	5.3	30383	7.6
长 沙	1227.07	2.1	67276	3.2	43200	6.2
南 宁	400.88	2.1	44469	4.3	20369	7.2
贵 阳	446.20	11.0	48364	4.6	23640	7.8
昆 明	558.00	10.4	55501	3.1	22144	6.9
兰 州	255.30	15.5	48039	6.1	18604	8.3
西 宁	144.09	9.4	41917	4.3	17076	8.1
银 川	197.76	17.1	46983	5.6	20859	7.8
海 口	266.87	8.0	46321	6.4	22203	8.9
乌鲁木齐	369.79	17.5	49034	6.0	28290	8.3
呼和浩特	238.06	14.5	57085	4.5	25518	6.6

15-3 福州与15个副省级城市主要经济指标

（2023年）

地　区	地区生产总值		社会消费品零售总额		出口总额
	绝对数（亿元）	比上年增长（%）	绝对数（亿元）	比上年增长（%）	绝对数（亿元）
福　州	**12928.47**	**5.2**	**4963.76**	**6.1**	**2558.50**
广　州	30355.73	4.6	11012.62	6.7	6502.64
成　都	22074.72	6.0	10001.60	10.0	4538.60
南　京	17421.40	4.6	8201.07	4.7	3333.12
哈尔滨	5576.30	3.1	2384.00	8.6	212.80
沈　阳	8122.05	6.1	4210.40	9.0	524.51
长　春	7002.10	6.6	2109.80	10.6	331.30
济　南	12757.42	6.1	5199.03	6.6	1373.40
武　汉	20011.65	5.7	7531.90	8.6	2167.30
西　安	12010.76	5.2	4811.60	3.7	2334.00
杭　州	20058.98	5.6	7670.57	5.2	5338.72
大　连	8752.90	6.0	2008.60	8.8	2080.80
青　岛	15760.34	5.9	6319.00	7.3	4713.60
宁　波	16452.83	5.5	5212.56	6.5	8287.82
深　圳	34606.40	6.0	10486.19	7.8	24552.08
厦　门	8066.49	3.1	2743.33	2.9	4474.49

15-3 续表 （2023年）

地　　区	一般公共预算收入		城镇居民人均可支配收入		农村居民人均可支配收入	
	绝对数（亿元）	比上年增长（%）	绝对数（元）	比上年增长（%）	绝对数（元）	比上年增长（%）
福　州	**754.08**	**8.0**	**58009**	**4.3**	**28636**	**6.4**
广　州	1944.15	4.8	80501	4.8	38607	6.4
成　都	1929.30	12.0	--	4.7	--	6.9
南　京	1619.98	4.0	79858	4.2	36789	6.1
哈尔滨	313.10	19.4	45784	4.1	23647	6.2
沈　阳	800.85	12.2	53650	3.8	24197	8.3
长　春	576.52	25.4	45480	5.2	20443	8.1
济　南	1060.82	6.0	62506	5.1	25587	7.3
武　汉	1601.20	6.4	61693	5.6	31560	7.7
西　安	951.61	14.1	51178	5.7	19826	8.4
杭　州	2616.81	6.8	80587	4.6	48180	6.6
大　连	750.20	12.0	53689	3.4	26430	6.8
青　岛	1337.80	5.1	65751	5.1	29736	7.3
宁　波	1785.86	6.3	80144	4.5	48350	6.3
深　圳	4112.78	2.5	76910	5.8	--	--
厦　门	932.10	5.5	72880	3.4	34206	5.8

16 附　录

2023 年福州市国民经济和社会发展统计公报

福州市统计局
国家统计局福州调查队
2024 年 3 月 28 日

一、综合

初步核算，全年实现地区生产总值 12928.47 亿元，比上年增长 5.2%。其中，第一产业增加值 721.59 亿元，增长 4.0%；第二产业增加值 4675.12 亿元，增长 4.8%；第三产业增加值 7531.77 亿元，增长 5.5%。第一产业增加值占地区生产总值的比重为 5.6%，第二产业增加值比重为 36.1%，第三产业增加值比重为 58.3%。全年人均地区生产总值 152846 元，比上年增长 4.9%。

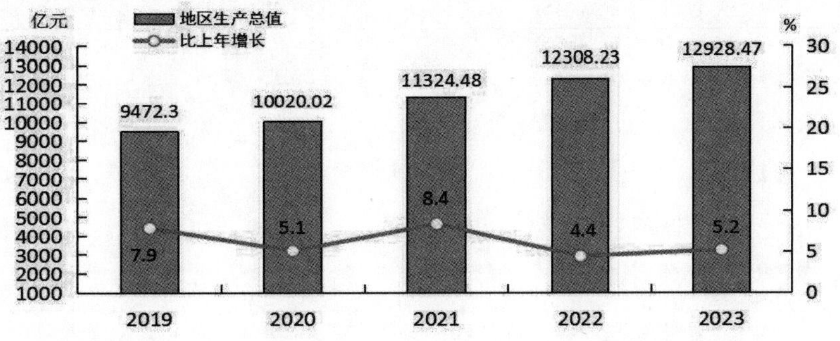

图 1　2019–2023 年地区生产总值及其增长速度

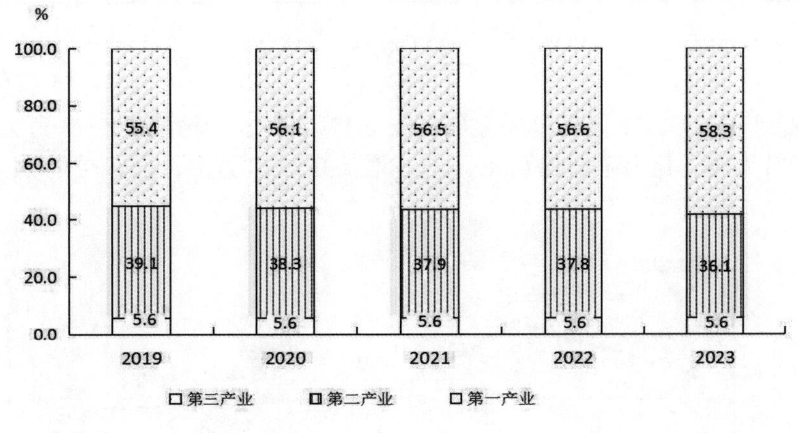

图 2　2019–2023 年三次产业增加值占地区生产总值比重

2023 年末常住人口 846.9 万人，比上年末增加 2.1 万人。其中，城镇常住人口 625.9 万人，占总人口比重（常住人口城镇化率）为 73.91 %，比上年末提高 0.64 个百分点。年末户籍人口数为 733.63 万人，比上年末增加 4.79 万人。全年人口出生率为 7.26‰，人口死亡率为 4.34‰，自然增长率为 2.92‰。

全年城镇新增就业 13.63 万人。就业困难人员实现再就业 5852 人，失业人员再就业 39561 人。

全年居民消费价格比上年上涨 0.2%。

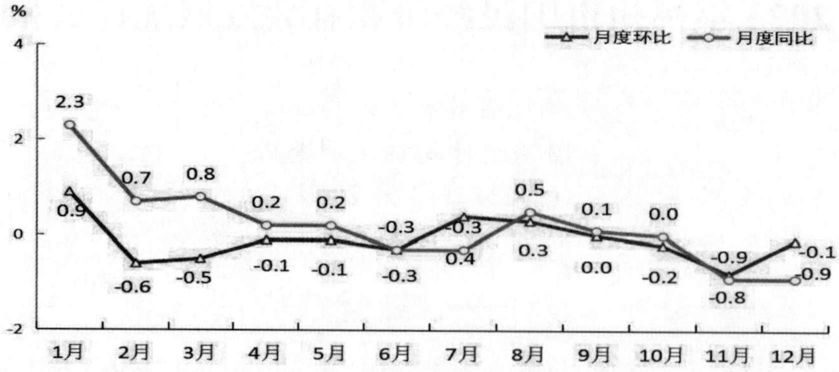

图 3 2023 年市区居民消费价格月度涨跌幅度

表 1 2023 年市区居民消费价格比上年涨跌幅度

指　　标	市 区（%）
居民消费价格	0.2
食品烟酒	1.2
衣着	1.7
居住	0.0
生活用品及服务	0.3
交通和通信	-3.5
教育文化和娱乐	0.8
医疗保健	0.4
其他用品和服务	3.6

二、农业

全年农林牧渔业总产值 1235.28 亿元，比上年增长 4.1%。粮食种植面积 8.73 万公顷，比上年增加 0.06 万公顷。粮食产量 49.63 万吨，比上年增加 0.26 万吨，增长 0.5%。其中，稻谷产量 24.04 万吨，减少 0.06 万吨，下降 0.2%。

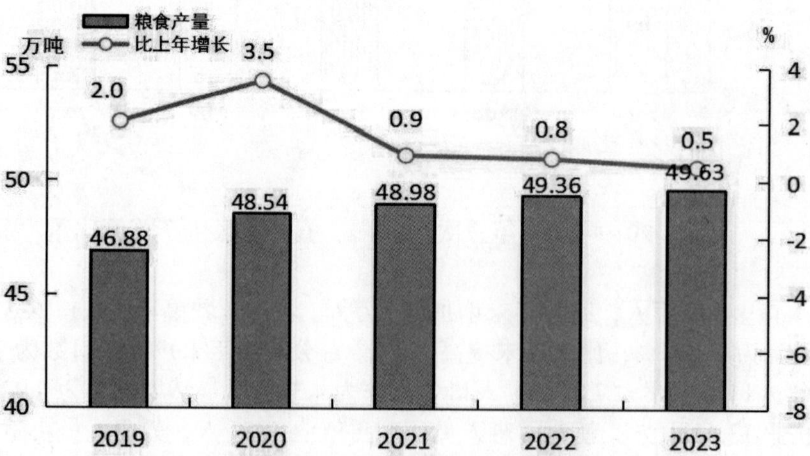

图 4 2019-2023 年粮食产量及其增长速度

表 2 2023 年主要农产品产量

产品名称	产量(万吨)	比上年增长(%)
粮食	49.63	0.5
春收	5.82	0.7
夏收	6.07	–0.5
秋收	37.74	0.7
油料	5.92	2.2
其中：花生	5.53	1.7
油菜籽	0.39	10.0
甘蔗	4.15	1.5
茶叶	5.07	3.6
水果	106.29	5.6
蔬菜	488.29	4.2
食用菌	27.62	–1.1

全年肉蛋奶总产量 37.15 万吨，比上年增长 5.4%。肉类总产量 22.51 万吨，增长 4.7%。其中，猪肉产量 17.53 万吨，增长 5.2%。禽蛋产量 14.08 万吨，增长 8.3%。牛奶产量 5548.1 吨，下降 22.7%。年末生猪存栏 115.58 万头，比上年末下降 4.9 %；全年生猪出栏 218.83 万头，比上年增长 0.7%。

2023 年全年水产品总产量 307.47 万吨，比上年增长 2.6%。其中，淡水产品产量 28.63 万吨，增长 2.6%；近海捕捞 39.39 万吨，下降 1.3%；远洋捕捞 44.80 万吨，下降 6.9%；海水养殖 194.66 万吨，增长 5.9%。

三、工业和建筑业

全年全部工业增加值比上年增长 2.7%。规模以上工业增加值增长 3.3%。其中，轻工业下降 9.0%，重工业增长 9.9%；采矿业增长 13.3%，制造业增长 2.8%，电力、热力、燃气及水生产和供应业增长 7.2%。工业产品销售率 95.11%。

全年规模以上工业的 35 个行业大类中有 19 个增加值实现正增长。其中，化学原料和化学制品制造业增长 39.6%，黑色金属冶炼和压延加工业制造业增长 14.0%，电气机械和器材制造业增长 8.8%，电力、热力生产和供应业增长 5.9%，汽车制造业增长 2.3%，非金属矿物制品业增长 1.0%。高技术制造业增加值下降 4.0%。装备制造业增加值下降 0.7%。

全年规模以上工业企业利润比上年增长 20.3%。全年规模以上工业企业每百元营业收入中的成本为 87.06 元，比上年下降 0.91 元；营业收入利润率为 5.43%，提高 0.9 个百分点。年末规模以上工业企业资产负债率为 57.6%，比上年末下降 0.3 个百分点。

全年建筑业增加值比上年增长 9.0%。具有资质等级的总承包和专业承包建筑业企业完成建筑业总产值增长 5.3%。

四、服务业

全年批发和零售业增加值 1668.69 亿元，比上年增长 8.9%；交通运输、仓储和邮政业增加值 501.76 亿元，增长 6.5%；住宿和餐饮业增加值 188.74 亿元，增长 9.9%；金融业增加值 1719.85 亿元，增长 7.8%；房地产业增加值 584.68 亿元，下降 9.7%。规模以上服务业企业营业收入比上年增长 7.9%。

年末公路里程（不含平潭）11749 公里，比上年增长 0.9%。其中高速公路总里程 764 公里；年末铁路总里程 599.29 公里（干线 533.2 公里、支线 66.09 公里），其中高速铁路总里程 466.6 公里。

表 3 2023 年各种运输方式完成运输量情况

指　　标	单位	绝对数	比上年增长（%）
公路			
货物发送量	万吨	21440.1	7.9
旅客发送量	万人次	3320.0	16.6
水路			
货物发送量	万吨	12679.8	12.6
旅客发送量	万人次	38.0	75.2
铁路			
货物发送量	万吨	728	18.2
旅客发送量	万人次	2774.83	89.3
民航			
货邮吞吐量	万吨	9.26	0.82
旅客吞吐量	万人次	1320.47	130.1

全年沿海港口完成货物吞吐量 25362.83 万吨，比上年增长 8.8%。其中，外贸货物吞吐量 6836.42 万吨，增长 23.3 %。集装箱吞吐量 349.62 万标箱，增长 6.2%。

年末民用汽车保有量 177.80 万辆，其中私人汽车保有量 151.18 万辆。

全年完成邮政业务总量 103.22 亿标准量，增长 14.6%；完成电信业务总量 137.9 亿元，增长 13.9%。邮政业务收入 116.29 亿元，下降 0.3%；电信业务收入 139.13 亿元，增长 8.6%。邮政业全年完成邮政函件业务 1066.5 万件，快递业务量 61652.47 万件。年末全市电话用户总数 1144.57 万户，其中：固定电话用户 147.71 万户；移动电话用户 996.86 万户，其中 5G 电话用户 470.82 万户，全市年末互联网宽带接入用户（不含手机上网用户）454 万户，增加 26 万户。

五、国内贸易

全年社会消费品零售总额 4963.76 亿元，比上年增长 6.1%。限额以上零售总额按经营地统计，城镇消费品零售额 2383.14 亿元，增长 3.9%；乡村消费品零售额 89.27 亿元，下降 1.3%；按消费形态统计，商品零售额 2218.80 亿元，增长 2.7%；餐饮收入 253.61 亿元，增长 13.5%。

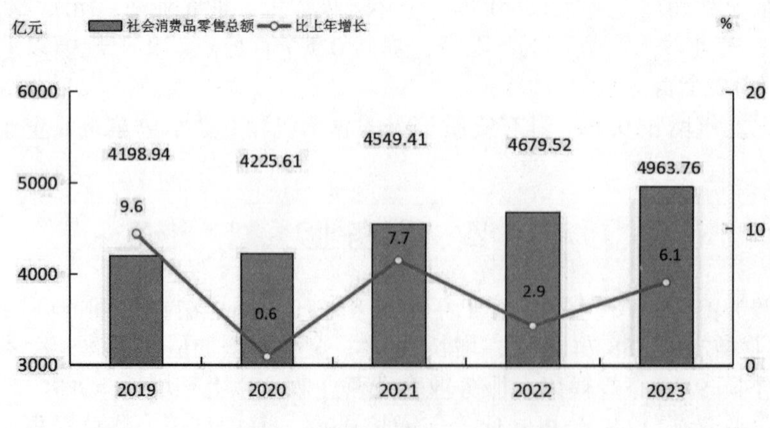

图 5 2019–2023 年社会消费品零售总额及其增长速度

限额以上单位商品零售额中，粮油、食品类零售额比上年增长 7.5%，饮料类增长 2.8%，烟酒类增长 10.3%，服装、鞋帽、针纺织品类下降 6.4%，化妆品类增长 3.9%，金银珠宝类增长 13.2%，日用品类增长 9.4%，家用电器和音像器材类增长 15.2%，中西药品类增长 0.0%，文化办公用品类增长 12.7%，家具类下降 0.7%，通讯器材类增长 8.0 %，建筑及装潢材料类下降 20.9%，石油及制品类增长 6.7%，汽车类下降 3.2%。

全年限额以上通过公共网络实现的商品销售额累计比上年增长 14.7%。

六、固定资产投资

全年固定资产投资比上年增长 3.2%。第一产业投资增长 9.2%；第二产业投资增长 31.4%，其中，工业投资增长 30.2%；第三产业投资下降 5.2%。基础设施投资增长 18.3%。全年到位资金比上年下降 3.0%。

表 4 2023 年分行业固定资产投资情况

行　　业	比上年增长(%)
农、林、牧、渔业	9.1
采矿业	51.2
制造业	36.6
电力、热力、燃气及水生产和供应业	7.1
建筑业	–65.2
批发和零售业	22.0
交通运输、仓储和邮政业	28.2
住宿和餐饮业	17.6
信息传输、软件和信息技术服务业	20.3
金融业	–2.9
房地产业	–29.5
租赁和商务服务业	79.7
科学研究和技术服务业	52.7
水利、环境和公共设施管理业	21.0
居民服务、修理和其他服务业	96.2
教育	14.5
卫生和社会工作	26.7
文化、体育和娱乐业	9.9
公共管理、社会保障和社会组织	85.3

全年房地产开发企业投资比上年下降 35.3%。其中，住宅投资下降 38.1%。

全年各类棚户区改造投资额 134.83 亿元，各类棚户区改造新开工建设套数 15838 套；保障性安居工程投资额 152.97 亿元，保障性安居工程新开工建设套数 41070 套。

表 5 2023 年房地产开发和销售主要指标增长速度

指　标	比上年增长(%)
投资完成额	–35.3
其中：住宅	–38.1
其中：90 平方米及以下	–37.7
房屋施工面积	–17.7
其中：住宅	–18.3

指　标	比上年增长(%)
房屋新开工面积	-8.9
其中：住宅	-2.8
房屋竣工面积	-17.2
其中：住宅	-22.5
商品房销售面积	-26.1
其中：住宅	-23.8
本年实际到位资金	-36.6
其中：国内贷款	-12.6
个人按揭贷款	-57.1
土地购置费	-33.6

七、对外经济

全年进出口总额 3435.3 亿元，比上年下降 5.7%。其中，出口额 2558.5 亿元，增长 0.2%；进口额 876.8 亿元，下降 19.6%。

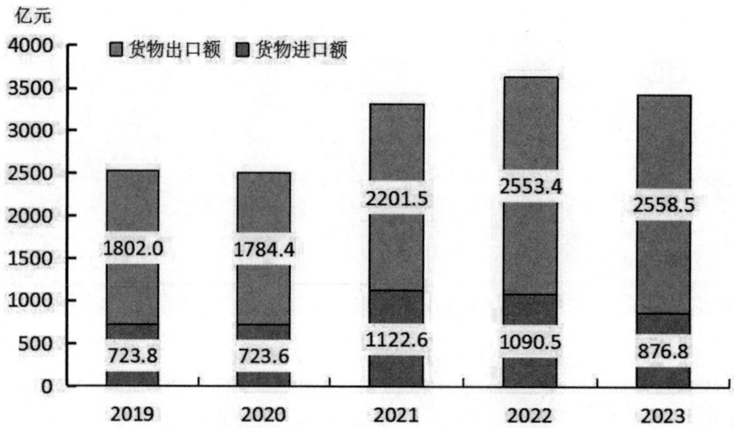

图 6 2019-2023 年货物进出口总额

表 6 2023 年对主要国家和地区进出口情况

国家和地区	出口额(亿元)	比上年增长(%)	进口额(亿元)	比上年增长(%)
美国	420.7	-8	52.7	17.4
欧盟	306.6	-4.1	65.3	-14.3
东盟	700.5	22.8	198.2	-9
日本	104	1.2	46.6	30.9
中国香港	87.2	24.6	9.8	-8.5
中国台湾	94.7	-36.3	44	-24.3
韩国	53.1	9	47.2	-7.7
俄罗斯联邦	25.8	45	5	36.5

实际利用外资额 9.2 亿美元，合同外资额 83.15 亿美元。新设外资企业数 585 家。新批境外投资项目 76 项，新批境外协议投资总额 22.3 亿美元，其中，中方协议投资额 20.04 亿美元。本年新设台资企业数 268 家。

全年对外承包工程完成营业额 6.52 亿美元，下降 25.2%。对外承包工程期末在外人员 615 人，下降 55.3%。劳务人员实际收入总额 3.93 亿美元，增长 4.5%；对外劳务合作期末在外人员 31328 人，增长 5.9%。

八、财政金融

全年一般公共预算总收入 1189.77 亿元，比上年增长 12.3%，其中，地方一般公共预算收入 754.08 亿元，增长 8.0%。一般公共预算支出 1007.78 亿元，增长 0.2%。

年末金融机构本外币各项存款余额 23547.2 亿元，比上年末增长 10.8%；金融机构本外币各项贷款余额 24490.73 亿元，比上年末增长 6.3%。

表 7 2023 年末全部金融机构本外币存贷款情况

指　　标	年末数(万元)	比上年末增长(%)
各项存款	235472049	10.8
其中：住户存款	105372330	15.1
非金融企业存款	66277736	3.2
其中：人民币存款	231247501	11.0
各项贷款	244907270	6.3
其中：短期贷款	55505947	6.6
中长期贷款	174428424	4.6
其中：人民币贷款	242733011	6.4

年末境内上市公司 54 家，总市值 8512.45 亿元，增长 1.5%。全市股票、基金交易额 113739.53 亿元，全年期货交易额 41428.01 亿元。年末股民资金开户数 565.71 万户，新增 30.67 万户；年末期货公司 3 家，期货营业部 40 个；证券公司 2 家，营业部 129 个；外资金融机构（不包含保险和证券机构）在福州设立的分行 10 个。

全年保险公司保费收入 457.87 亿元，比上年增长 13.4%。其中，财产险保费收入 103.79 亿元，人身险保费收入 354.09 亿元。全年赔付支出 165.14 亿元，比上年增长 20.8%。其中，财产险 93.77 亿元，人身险 71.38 亿元。

九、居民收入消费和社会保障

全年居民人均可支配收入 48861 元，比上年增长 5.3%。按常住地分，农村居民人均可支配收入 28636 元，增长 6.7%；城镇居民人均可支配收入 58009 元，增长 4.3%。

全年居民人均生活消费支出 34216 元，比上年增长 5.9%。按常住地分，农村居民人均生活消费支出 23256 元，增长 6.1%；城镇居民人均生活消费支出 39174 元，增长 5.4%。

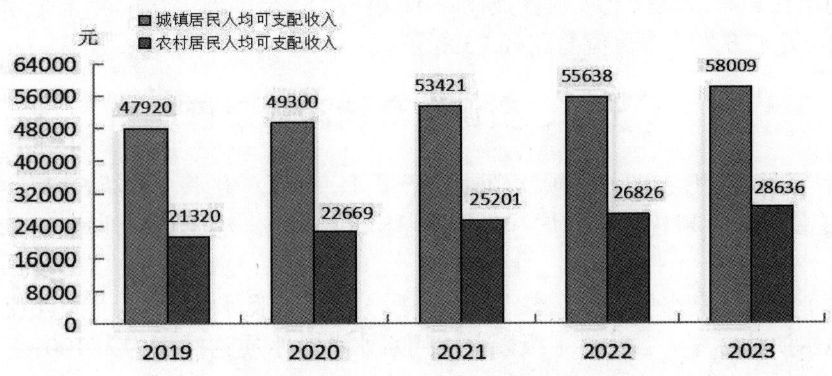

图 7 2019-2023 年居民人均可支配收入

年末基本养老保险参保人数550.57万人，比上年增加 38.54万人。参保城镇企业职工295.71万人，城乡居民养老保险人员233.46万人，机关事业单位养老保险人员21.4万人。被征地农民养老保障人员68.51万人。

年末基本医疗保险参保人数684.55万人，其中职工基本医疗保险参保人数223.77万人，城乡居民基本医疗保险参保人数460.78万人。年末生育保险参保人数160.26万人。全市失业保险参保人数159.05万人。年末工伤保险参保人数196.81万人。

年末领取失业保险金人数38925人次，纳入城市最低生活保障的居民9501人，纳入农村最低生活保障的居民62601人。全年保障特困人员供养对象6628人。

年末各类养老床位数57053张，每千名老人拥有养老床位38.27张。

十、科学技术和教育

拥有国家重点实验室3个、省创新实验室2个、省级重点实验室134个、国家级工程技术研究中心4个、省级工程技术研究中心136个、省级新型研发机构77家。现有高新技术企业4509家。专利授权23545件，其中，发明专利授权5379件。截至年末，有效发明专利29398件，比上年末增长18.6%，每万人口发明专利拥有量36.35件。全年共登记各类技术合同9239项，成交金额105.10亿元。

全年研究生教育招生16871人，在校研究生48838人。普通高等教育招生135409人，在校生434843人。中等职业教育招生36221人，在校生105036人。全市普通高中招生46978人，在校生131109人。初中招生91094人，在校生270389人。普通小学招生105602人，在校生625030人。特殊教育在校生2127人。学前教育在园幼儿222880人。市级示范园92所，省级达标中学78所。初中毕业升学率98.8%。

十一、文化旅游、卫生健康和体育

年末全市文化系统共有艺术表演团体9个，公共图书馆 13个，文化馆13个，剧场、剧院数1个，市属博物馆、纪念馆26个。各类艺术表演团体演出826场，公共图书馆藏书量1422.4万册，市属博物馆、纪念馆收藏文物2.71万件，图书流动点1015个，乡镇综合文化站173个，农家书屋2200个。

年末共有影院84个。广播电台8座，广播节目11套，电视节目11套。年末广播综合人口覆盖率、电视综合人口覆盖率均为100%。

全年接待境内外游客（含一日游）11262.63万人次，比上年增长43.3%。其中，接待境外游客26.67万人次，增长284.3%；国内游客11235.97万人次，增长43.0%。旅游总收入983.89亿元，比上年增长65.0%，旅游外汇收入3.39亿美元，增长707.1%。年末星级酒店31家，星级酒店客房6604间，A级景区64个。

年末全市共有各级各类医疗卫生机构5205个，其中医院150个，乡镇卫生院123个，村卫生室2089个。年末卫生机构床位47592张。年末卫生技术人员78752人，其中，执业医生、执业（助理）医师29835人，注册护士35236人，乡镇卫生院卫技人员6195人，村卫生室卫技人员1011人。每千人拥有卫生机构床位5.88张，每千人拥有医院床位5.08张，每千人拥有卫生技术人员9.74人，每千人拥有医生3.69人。

全年我市运动员在国家级及以上级别各类比赛中共获得55金13银17铜。年末全市共有体育场馆数27705个，总面积2123.13万平方米，全民健身路径7590条。

十二、资源、环境和应急管理

全年人工更新造林总面积2593.6公顷。商品材产量41.97万立方米，下降6.3%。年末公园数100座，公园绿地面积5577.3公顷。年末建成区新增绿地面积354.84公顷，建成区绿地率40.3%。人均公园绿地面积14.93平方米。

闽江（福州段）干流优良水质比例、敖江（福州段）干流优良水质比例、 龙江流域优良水质比例、5个市级饮用水水源地水质达标率、县（市）级以上饮用水水源地水质达标率均为100%。

区域环境噪声（昼间）56.3分贝，区域道路交通噪声（昼间）69.9分贝，城区环境空气达标天数358天，城区环境空气达标率98.1%，空气质量综合指数2.5。年末省级以上自然保护区5个，其中国家级自然保护区

2个。

全市污水处理率96.5%，城镇、农村生活垃圾无害化处理率均为100.0%。

发生各类生产安全事故105起、死亡59人，按可比口径，分别比上年下降7.9%、7.8%。

注：1.本公报未包括连江县的马祖列岛。

2.本公报所列数据为初步统计数，部分合计数或相对数由于单位取舍不同而产生的计算误差，均不做机械调整。

3.本公报福州市地区生产总值、各产业增加值按现价计算，增长速度按可比价格计算。

资料来源：

本公报中城镇新增就业、社会保障数据来自市人社局；医疗保险、生育保险数据来自市医疗保险局；财政数据来自市财政局；公路里程、公路运输、水运数据来自市交通运输局；港口货物吞吐量数据来自福州港口发展中心；铁路数据、民航数据来自市发改委；户籍人口数据来自市公安局；民用汽车数据来自市公安局交通管理局；保障性住房数据来自市住房保障和房产管理局；城市污水处理数据来自市城乡建设局；公园绿地面积数据来自市园林中心；人工造林、森林覆盖率数据来自市林业局；货物进出口、外商直接投资、对外直接投资、对外承包工程、对外劳务合作等数据来自市商务局；邮政业务数据来自市邮政管理局；电话用户、电信业务总量等数据来自市通信发展管理办公室；货币金融数据来自人行福建省分行；上市公司数据来自市地方金融监督管理局；保险业数据来自国家金融监督管理总局福建监管局；高新技术企业、技术合同数据来自市科技局；专利申请量数据来自市市场监管局；教育数据来自市教育局；水产品产量数据来自市海洋渔业局；广播、电视、图书、艺术表演团体、公共图书馆、文化馆、旅游数据来自市文化和旅游局；博物馆数据来自市文物局；电影数据来自市委宣传部；体育数据来自市体育局；卫生数据来自市卫健委；低保、养老数据来自市民政局；环境监测数据来自市生态环境局；安全生产数据来自市应急管理局；其他数据来自福州市统计局和国家统计局福州调查队。

《福州统计年鉴 2024》光盘（CD-ROM）介绍

《福州统计年鉴 2024》（光盘）是一部信息高度密集的统计资料书的电子版。全书系统收录了 2023 年福州市及所辖各县（市）、区、各部门经济和社会发展等方面的统计数据，以及历史重要年份福州市国民经济主要指标的统计数据。

全书内容分为 16 个篇目：（一）综合；（二）国民经济核算；（三）人口；（四）就业与职工工资；（五）农林牧渔业；（六）工业与交通；（七）建筑业；（八）批发零售、住宿餐饮与旅游业；（九）对外经济；（十）价格指数；（十一）财政金融；（十二）人民生活；（十三）科技、教育与文化；（十四）卫生、体育与其他；（十五）城市比较；（十六）附录。在城市比较部分，收集了福建省各设区市、全国省会城市及副省级城市主要经济指标对比资料，各篇末均附有《主要统计指标解释》。

系统要求：

中文 Windows 2000/XP/Win7；建议使用 IE 浏览器

使用方法：

1.将《福州统计年鉴 2024》光盘插入光驱，光盘自动运行进入主页，如不能自动启动，请进入光盘所在的驱动器，点击 Start.exe，即可启动。

2.光盘启动后，会自动运行 FLASH，然后进入主页面，点击“浏览光盘”即可以进入光盘正文。

3.光盘分为两帧，左边目录，右边正文。目录分为两级，点击目录可以进入正文，显示于光盘的右边。

4.正文分 WEB 页和 EXCEL 两种格式的文档，点击左边目录上图标可以进行转换。

5.点击主页面的“退出动画”即可退出光盘。